“十四五”职业教育国家规划教材

U0891357

铁路
员工职业素养

奚进 毛鹤 主编
苏培 蔡磊 李月 副主编
白有林 杨艳梅 主审

人民交通出版社股份有限公司
北京

内 容 提 要

本书是“十四五”职业教育国家规划教材。主要内容包括：职业与职业化、铁路职业道德、铁路职业意识与职业心理、铁路员工职业化素养、铁路员工职业化行为规范、铁路员工职业化技能、铁路员工职业化能力、铁路职业化员工培养等。

本书可作为高职、中职院校铁道运输类专业教材，也可作为铁路行业从业人员培训教材。

＊本书配有教学课件，读者可加入“职教铁路教学研讨群（教师专用 QQ 群 211163250）”免费获取。

图书在版编目（CIP）数据

铁路员工职业素养/ 奚进，毛鹤主编. —北京 ：人民交通出版社股份有限公司，2019.8

ISBN 978-7-114-15588-8

Ⅰ.①铁… Ⅱ.①奚… ②毛… Ⅲ.①铁路企业—职工—职业道德—高等职业教育—教材 Ⅳ.①F530.6

中国版本图书馆 CIP 数据核字(2019)第 121123 号

“十四五”职业教育国家规划教材

书　　名：铁路员工职业素养
著 作 者： 奚　进　毛　鹤
责任编辑： 袁　方
责任校对： 张　贺　龙　雪
责任印制： 张　凯
出版发行： 人民交通出版社股份有限公司
地　　址：（100011）北京市朝阳区安定门外外馆斜街 3 号
网　　址： http://www.ccpress.com.cn
销售电话：（010）59757973
总 经 销： 人民交通出版社股份有限公司发行部
经　　销： 各地新华书店
印　　刷： 北京印匠彩色印刷有限公司
开　　本： 787×1092　1/16
印　　张： 10.75
字　　数： 257 千
版　　次： 2019 年 8 月　第 1 版
印　　次： 2023 年 7 月　第 7 次印刷
书　　号： ISBN 978-7-114-15588-8
定　　价： 33.00 元

（有印刷、装订质量问题的图书，由本公司负责调换）

前　　言

铁路自1825年诞生以来,作为运输业先进生产力的代表,长期在陆地交通运输中处于垄断地位,成为拉动经济社会发展的重要力量。马克思曾高度评价铁路是“和现代生产资料相适应的交通联络工具”,是“实业之冠”。因此,铁路是人类文明进步的产物,是现代工业和交通运输的先驱。21世纪的今天,以高速、重载和信息化、自动化、智能化等高新技术武装起来的铁路,更加充满生机与活力,凭借其良好的性能和独特的技术经济优势,在世界经济和人类社会发展中发挥着重要作用。

铁路作为重要的基础设施、国民经济的大动脉,始终是我国交通运输的骨干力量,在社会主义现代化建设中扮演“先行官”的重要角色。作为一名准铁路职工,了解我国铁路的发展历史和规划,掌握铁路的主要特点,熟悉铁路职工应该具备的职业素质和职业道德,明确铁路行业规范,设计好职业生涯规划,是当好铁路职工、做好铁路工作的重要前提和保证。

本书在编写过程中,汲取了相关教材的精华,并结合现场实际,深化校企合作,注重新技术、新设备、新标准的引入。本书可作为铁道交通运营管理专业和铁路物流管理专业的基础课教材,也可作为铁路行业从业人员的培训教材。

全书由武汉铁路职业技术学院白有林、中国铁路兰州局集团有限公司杨艳梅担任主审,由武汉铁路职业技术学院奚进、毛鹤担任主编,武汉铁路职业技术学院苏培、蔡磊、李月担任副主编。参与编写的有:奚进(模块一),苏培(模块二),毛鹤(模块三、四),武汉铁路职业技术学院蔡磊(模块五),中国铁路武汉局集团有限公司吴卫东(模块六),武汉铁路职业技术学院李月(模块七、八)。

在编写过程中,各兄弟院校的教师、武汉铁路局和兰州铁路局现场技术人员等给予了大力帮助,提出许多宝贵意见,在此表示衷心感谢。书中参考引用了部分铁路职业道德方面的文章文献,列出了主要参考文献,在此对其作者也表示衷心的感谢。

由于编者水平有限,书中难免有疏漏和错误之处,恳请读者批评指正。

编　者

2019年3月

目　　录

模块一　职业与职业化

学习目标

【知识目标】

1. 掌握职业的概念与职业的意义;
2. 了解工作、职业、事业之间的关系;
3. 掌握职业化概念与内涵;
4. 了解职业化的作用与职业化观点。

【能力目标】

1. 能正确认识职业的意义;
2. 能够掌握职业化所必需的条件。

【素质目标】

培育自身爱岗敬业的职业化素养。

建议学时:2 学时

理论知识

单元一　职　　业

一、职业的概念

职业作为一种社会现象,不是在人类诞生之初就有的,而是生产发展和社会分工的产物,随着生产力水平的提高和生产需要的增加而不断发展。在漫长的原始社会里,人类的劳动最早只按性别进行分工,男性去打猎、捕鱼,女性采摘果实、挖掘茎块,所以不存在职业。到原始社会末期,出现了畜牧业和种植业、手工业和农业之间的两次社会大分工,真正意义上的职业随之产生,出现了农民、牧民、渔民以及各类工匠等。

随着科学技术的进步,生产社会化和专业化程度越来越高,社会分工越来越细,涉及人类社会生产生活方方面面的各行各业也随之出现。1999 年 5 月,人力资源和社会保障部组织制定、颁布我国第一部《中华人民共和国职业分类大典》,将职业分为 8 个大类、66 个中类、413 个小类、1838 个细类。2015 年 7 月 29 日,国家职业分类大典修订工作委员会表决通过新修订的 2015 年版《中华人民共和国职业分类大典》,将职业分为 8 个大类、75 个中类、434 个小类、1481 个职业。

对于"职业"一词的具体含义,不同学者有不同的解释:

(1)美国社会学者塞尔兹认为:职业是一个人为了不断地取得收入而连续地从事的某种具有市场价值的特殊活动,它决定着从事该项活动的人的社会地位。

(2)日本就业问题专家保谷六郎认为:职业是具有劳动能力的人为了生活和贡献社会而发挥其能力连续从事的劳动。

(3)美国教育学家、哲学家杜威认为:职业不是别的,是从中可以得到收益的一种活动。

(4)《现代汉语词典》对职业的解释是:职业是个人在社会中所从事的作为主要生活来源的工作。

(5)我国经济学家潘金棠认为:职业是劳动者比较稳定地从事某项有酬工作而获得的劳动角色。

目前大家普遍认为,所谓“职业”就是:参与社会分工,利用专门的知识和技能,为社会创造物质财富和精神财富,获得合理报酬,作为物质生活来源并满足精神需求的工作。这个概念可以从四个层面来理解:一是,与人类的需求和职业结构相关,强调社会分工;二是,与职业的内在属性相关,强调利用专门的知识和技能;三是,与社会伦理相关,强调创造物质财富和精神财富,获得合理报酬;四是,与个人生活相关,强调职业是物质生活来源,并满足精神生活的需求。

从经济的观点来看,职业生涯就是个人在人生中所经历的一系列职位和角色,它们和个人的职业发展过程相联系,是个人接受培训教育以及职业发展所形成的结果。

二、工作、职业、事业之间的关系

1. 工作

工作(Work)就是劳动者通过劳动(包括体力劳动和脑力劳动)将生产资料转换为生活资料,以满足人们生存和继续社会发展事业的过程。在社会主义国家,工作是社会工作中每个劳动者体现社会价值和自我价值的角色定位。工作没有高低贵贱之分,只有社会分工的不同,一个人的工作是他在社会中所扮演的角色。工作可以在任何一个出卖自己的劳动力即能获得报酬的地方找到。

2. 职业

职业可分为一般性职业和专门性职业。一般性职业不需要从业者经过专门的培训与教育,相当于中文里通常所说的“工作”,英文即“Occupation”一词;而专门性职业则要求从业者经过专门的培训与教育,具有较高深的和独特的专门知识与技能,中文里通常称为“专业”,英文用“Profession”一词表示。随着专业水平的不断提高,一般性职业会逐渐发展为专门性职业,这是一个发展过程。所以,在外延上,职业包含了专业,专门性职业即是专业。

职业也是一种上班过程。在此过程中,职业人需要考虑的是职业是否符合自己的性格、气质、能力、意识、价值观、爱好和专业等个人资源需求。在寻找工作时,他们会不管路途有多遥远,不管事情有多繁杂,也不管工资收入高与低,只要适合他们的个人资源需求就会乐意去从事。他们考虑的是长期职业发展,也许目前工资收入不高,但是一旦职业得到了发展,薪资将不成问题。

3. 事业

所谓事业(Career),是指人们所从事的,具有一定目标、规模和系统的,对社会发展有影响的经常性活动,有时也指个人的成就。事业并不是所有的人都乐意去努力或者所有的人都能实现的,虽然很多人常说我们要拥有自己的事业,但它其实是个很高层次的概念。事业是需要一个人一辈子为之奋斗的,是需要一个坚持不懈地努力的。它是解决人类最高层次的需求,是社会认可和自我价值的真正实现。事业是由职业人自己确定的人生目标和理想,并不惜一切个人资源和努力为之奋斗,包括自己的人生(图1-1)。

图1-1 奋斗

事业不仅是上班过程，还可能包括人生过程。简单地讲，“工作”只需要出力即可；“职业”除了出力还要出汗；而“事业”除了出力出汗外，还有可能需要出血（简称“三出”）。也就是从工作过渡到职业，从职业过渡到事业，人与钱的关系越来越弱。例如，白求恩大夫不远万里来到中国，帮助中国人民抗战，路途远吗？很远，不远万里；事情多吗？很多，每天工作14小时以上；工资收入高吗？很低，几乎没有，白求恩甚至在给聂荣臻将军的遗书中请求将军转一点钱给他的妻子。显然，白求恩干的是事业，不是职业，更不是工作，他是以自己的事业来实现他反法西斯战争的理想的。

三、职业的意义

在当今社会，职业具有十分重要的意义：一是，谋生手段；二是，社会角色；三是，自我实现之路。

职业首先是一种谋生手段，是人们为获取主要生活来源而从事的社会活动。职业活动最基本的意义就是谋利，人们从事职业活动，获得现金或实物等经济上合理的报酬，以作为生活的来源。

职业作为一种社会现象，也是与社会分工和生产内部的劳动分工相联系的。有了社会分工就有了职业，职业总是与一定的业务工作范畴相联系的。从事一定的职业就是扮演社会角色，就必须承担与这一社会角色相应的职责。

职业如果仅仅作为一种角色、义务和责任，就失去了人的主体活动的目的性。成功的职业生活不只是获得多少报酬或是否尽到岗位责任，还意味着人们在参与社会职业生活中，在一定程度上将自己的能力、才华和创造力发挥出来，促进社会的进步。

单元二　职　业　化

一、职业化概念与内涵

当今的企业，不仅强调管理的标准化、制度化、程序化和人性化，而且强调员工的职业化。员工职业化程度的高低已经成为众多企业日益关注的焦点。但是，到底什么才是职业化呢？

职业化（Professionalism）可以定义为：普通的非专业性的职业从业人员，通过培训和开发，具备符合专业标准的道德、知识、技能和文化等素养，并获得相应的社会专业地位的动态过程。简单地讲，职业化就是一种工作状态的标准化、规范化、制度化，包含在工作中应该遵循的职业行为规范、职业素养和职业技能。即在合适的时间、合适的地点，用合适的方式，说合适的话，做合适的事，不为个人感情所左右，冷静且专业。职业化使员工在知识、技能、观念、思维、态度、心理上符合职业规范和标准。具体地讲，职业化包含职业化素养、职业化行为规范和职业化技能三部分内容。

职业化是一种潜在的文化氛围，是一种在职场中专用的语言和行事规则。职场中的人都用这种语言说话，都用这种行事规则办事，而一个非职业的人往往不能拥有这种语言和行事规则。

职业化是国际化的职场准则，是职业人必须遵循的第一游戏规则，是作为职场人士的基本素质，是国家与国家之间、企业与企业之间、企业与员工之间、员工与员工之间必须遵守的道德与行为准则。想参与职场竞争，想成为职场中的成功者，想取得职业生涯的辉煌，就必须懂得和坚守这个规则。

职业化就是为了达到职业的要求所要具备的素质和追求成为优秀职业人的历程。职业化既有很多外在的素质表现，如看重形象、礼仪、礼节等；也有很多内在的意识要求，如思考问题的模式、心智模式、内在的道德标准等。

职业化就是以最小的成本，追求最大的效益；就是细微之处做得专业；就是用理性的态度对待客户、企业、同事、领导和自身；就是专业优秀，别人不能够轻易替代；就是不断地且富有成效地学习。

职业化是一种精神、一种力量、一套规则，即职业化是不断追求事业成功的精神，是追求自身价值体现的力量，是实现事业成功的一套规则。

职业化员工是既能够按照既定的行为规范和标准开展工作，又能够掌握、运用一定的工作方法与技巧的员工。

如果说企业是一架飞机的话，那么企业的职业化程度就如同飞机的发动机，决定了它可以飞多远、飞多高、飞多快。

关于职业化的常见错误认识有如下几方面：衣着规范，就是职业化；职业化是新员工的事情；我的职业化没问题；老员工、经理人、高学历者不缺少职业化；职业化就是对员工的约束；职业化对企业有用，于员工无益；职业化就是专职化，就是专业化；职业化就是只专注自己的事情；等等。

以国际通行的概念分析职业化的内涵，至少包括以下四个方面：一是以“人事相宜”为追求，优化人们的职业资质；二是以“胜任愉快”为目标，保持人们的职业体能；三是以“创造绩效”为主导，开发人们的职业意识；四是以“适应市场”为基点，培养人们的职业道德。

二、职业化的内容

1. 职业化素养

职业道德、职业意识、职业心态是职业化素养的重要内容，也是职业化的最根本内容。如果我们把整个职业化比喻为一棵树，那么职业化素养则是这棵树的树根。美国著名的《哈佛商业评论》评出九条职业人应该遵循的职业道德，即诚实、正直、守信、忠诚、公平、关心他人、尊重他人、追求卓越、承担责任。这些都是最基本的职业化素养。

企业对员工职业化素养没有强制性的约束力，职业化素养更多地体现在员工的自律上。企业应对所有员工的职业化素养进行培养和引导，帮助员工在良好的氛围下逐渐形成良好的职业化素养。

2. 职业化行为规范

职业化行为规范更多地体现在遵守行业和公司的行为规范上，包含职业化思想、职业化语言、职业化动作三个方面的内容。每个行业有每个行业的行为规范，每个企业有每个企业的行为规范。一个职业化程度高的员工，能在进入某个行业的某个企业的较短时间内，严格按照相应行为规范要求自己，使思想、语言、动作符合自己的身份。

职业化行为规范更多地体现在做事情的章法上，而这些章法的来源是长期工作经验的积累。职业化行为则是在企业规章制度要求下，通过培训、学习形成。当进入一家公司，对公司的评判首先就是对公司员工所表现出的行为规范的评判。通常，企业通过监督、激励、培训、示范形成统一的员工行为规范。

3. 职业化技能

职业化技能是企业员工对工作的一种胜任能力，通俗地讲就是有没有这个能力来担当这个工作任务。职业化技能大致包括以下两个方面的内容：

（1）职业资质

一是学历认证。学历认证是基础的职业资质，大学专科、本科、硕士、博士等通常就是进入某个行业某个级别的通行证。二是资格认证。资格认证是对某种专业化的技能的一种专业认证。学历认证和资格认证都是有证书的认证，在现实中还有一种没有证书的认证，就是社会认证。社会认证通常就是个人在社会中的地位，如某个行业著名的专家、学者，即便没有证书，但是能够被社会承认，这就代表着他在这个行业（领域）的资质。我们也把这种认证称为头衔认证。

（2）职业通用管理能力

每个人在企业中都不是一个独立的个体，必须与上司、下属、同事等交往，形成一系列的关系链。在这些关系链中必然产生向上级的工作汇报，向下级的任务分配以及同事之间的沟通、协作与配合。同时，一个员工还必须对自己进行有效管理，如心态管理、突发事件处理能力管理等。这些通用管理能力是生活和工作中必须具备的，通用管理能力的高低在某种程度上也决定着实际工作能力的高低，它与职业资质互为补充，形成员工的实际工作能力。可以这样说，一个职业资质和通用管理能力都比较高的员工，他的整体工作能力一定是良好的，即他的职业化程度较高。一个职业化程度高的员工，必将成为一个优秀的员工；一个团体职业化程度高的企业，必将成为一个受社会尊敬的企业。

三、职业化的特征

员工只有在外表、工作行为、知识、技能、态度、职业价值观等方面实现全面的转变，才可能成为职业化的正式员工。从职业化的内涵来看，外表以及工作行为的改变是相对容易的，而知识、技能的获得以及态度的转变则需要较长的时间，核心部分是职业价值观的形成则需要更长的时间，这就决定了职业化过程的长期性特征。此外，职业化过程中的专业化要求，决定了职业化过程中知识学习的重要性；职业化过程中的社会化要求决定了这一过程的广泛认可性和文化性特征；职业化主体角色的重要性决定了其自我约束的特征。

概括而言，职业化的特征包括以下几个方面：

1. 长期性

职业者需要通过长期的训练才能取得该职业所需要的系统技能。

2. 知识性

职业者都有以广博的知识为基础的权威性，这种权威性是以职业者高度专门化的能力为基础的。

3. 广泛认可性

实施这种权威要得到广泛的社会准许和认可，通过社会给予职业者某些权力和特权而批准职业者在某一领域内实施这种权威。

4. 文化性

由职业者相互影响、相互作用构成独特的职业文化。

5. 自我约束性

职业化要通过某种道德标准来调整职业者与客户、同事之间的关系，职业者的自我约束被当作社会控制的基础。

四、职业化的作用

1. 职业化是21世纪的第一竞争力

21世纪，对于快速发展的中国来说，充满了各种各样的机遇和挑战。有专家预言：中国将进入一个崭新的职业化时代。

据调查资料显示：中国90%以上的企事业单位已认识到，制约其发展的最大因素是缺乏高度职业化人才。事实也确实如此，在一个职业化程度很低的企事业单位里，再高明的战略也不能得到执行，再怎么强调细节也无法得到贯彻，其他方面也是一样。

企业管理的关键在人，而人在职场发展的关键在于职业化。经理人和员工职业化的问题，已成为企业管理的核心问题。企业要想在竞争中保持不败，必须打造一支高度职业化的人才队伍。正如世界著名管理学家彼得·德鲁克所说：职业化已成为21世纪的第一竞争力。

2. 职业化程度与工作价值成正比

职业化的作用还体现在，工作价值等于个人能力和职业化程度的乘积，即工作价值＝个人能力×职业化程度。如果一个人有100分的能力，而职业化的程度只有50%，则其工作价值显然只发挥了一半。如果一个人的职业化程度很高，那么其个人能力、工作价值就能够得到充分、稳定的发挥，而且是逐步上升的。如果一个人的能力比较强，却自觉发挥得很不理想，总有"怀才不遇"的感慨，那很可能是自身的职业化程度不够造成的，这样就使得个人的工作价值大为降低。

五、职业化的基本观点

职业化的基本观点可概括为一个中心、三个基本点。

1. 一个中心

职业化的一个中心是提供客户满意的服务。以客户为中心的第一个含义是能够对客户产生影响。职业者的核心目标是客户满意。职业人总是准备提供超过客户期望值的服务，这里的客户包括上司、同事、家人、下属和生意场上的客户。能够使客户满意意味着职业者必须具有一定的能力，使客户接受其所提供的服务，也就是有能力才能产生影响。以客户为中心的第二个含义是互赖，也就是在职业圈子里创造互赖的关系，这样才能协调好各个环节，使其功能发挥达到最佳状态。

职业化的一个中心从另一种意义来说就是提升客户的竞争力，使员工的价值得到提升。以客户为中心还意味着必须关注对整体的把握，人们关注整体就意味着要关注那些限制整体发展的因素。木桶理论说明，限制最大产出的是数量最少的资源。职业者的要务之一就是帮助客户以尽量小的投入获得尽量大的产出。

2. 三个基本点

（1）职业者要为高标准的产出负责。主要做到两点：一是行为思考的出发点是客户最感兴趣的。二是有义务保守与客户合作的所有秘密。对公司领导而言，职业者应具有竞争力优势和特殊才能。职业者很重要的一点是用数据说话：首先，所有方案是有数据支持的；其次，所有行动方案是可以实现的，并有量化指标；最后，结果是可以考量的。

（2）职业者必须注重团队协作。作为职业者，必须记住一点，只有团队协作，才能够提供高标准的服务。这里讲述的不是专业人士，而是职业人士。专业人士是学有专精的人，职业人士则是注重团队合作的专业人士。尤其是在分工越来越细的现代社会,团队协作更应该被强调。

(3)职业者必须为自己的职业生涯负责。要提升客户的竞争力,首先要提升自己的竞争力。处在急剧发展的时代,职业者必须不断地学习,否则只能被社会淘汰。所以说,应变的唯一之道是学习。

案例

【案例 1-1】

爱若和布若

爱若和布若差不多同时受雇于一家超级市场,开始时他们都从最底层干起。可不久爱若受到总经理的青睐,一再被提升,从领班升到部门经理;布若却成长不快。终于有一天,布若向总经理提出辞职,并抱怨总经理用人不公平。总经理耐心地听着,他知道这个小伙子工作肯吃苦,但似乎缺少了点什么,缺什么呢? 他忽然有了个主意。

"布若先生,"总经理说,"请您马上到集市上去,看看今天有什么卖的。"布若很快从集市回来说,刚才集市上有一个农民拉了车土豆卖。

"价格多少?"总经理问。布若再次跑到集市上。

总经理望着跑得气喘吁吁的布若说:"请休息一会儿吧,您可以看看爱若是怎么做的。"说完,总经理叫来爱若,对他说:"爱若先生,请您马上到集市去看看今天有什么卖的。"

爱若很快从集市回来了,汇报说到现在为止只有一个农民在卖土豆,有 10 袋,价格适中,质量很好,他带回几个让总经理看。他还了解到,这个农民过一会儿还有几筐西红柿上市,据他看价格还算公道,可以进一些货。考虑到这个价格的西红柿总经理可能会要,所以他不仅带回了几个西红柿样品,还把那个农民也带来了,现在正在外面等回话呢。

总经理看了一眼红了脸的布若,说:"请他进来。"

案例分析:这则故事阐释了主动意识不同,工作的效果也有很大的差异。由于爱若比布若多了几分主动意识,于是在工作中得到了重用,相信他肯定会获得更大的成功。主动意识强的人对工作的态度是积极负责的,能将工作目标与结果统一起来考虑,并主动地为达成工作目标付出更多的努力。缺乏主动意识的人往往对待工作消极被动,机械地服从命令,对结果不负责任,缺乏创造性,所以很难得到提升与重用的机会。

初入职场的大学生,大多要从底层职位做起,即便如此也应把简单的工作做好,创造性地完成任务,这样才能有更多的发展机会。

【案例 1-2】

致加西亚的信

19 世纪末,美西战争爆发。当时美国急于跟西班牙反抗军首领加西亚将军取得联系,但加西亚将军隐藏在古巴辽阔的崇山峻岭中(没有人知道确切的地点),因此无法送信给他。但是,美国总统威廉·麦金莱(美国第 29 届总统)必须尽快与他建立合作关系,怎么办呢?有人对总统说:"有一个名叫罗文的人,如果有人能找到加西亚将军,那个人一定就是他。"于是,他们将罗文找来,交给他一封写给加西亚将军的信。罗文接过信后,并没有问他在哪里,而是将信装进一个油纸袋里,吊在脚口藏好。几个星期后,罗文不负重托,历经险境,徒步穿越一个危机四伏的国家,最终将信交到加西亚将军手上,罗文因此成了民族英雄。

案例分析：这就是阿特·哈伯德所创作的《致加西亚的信》中讲述的故事，这本书曾一度被翻译成多国家的文字版本，畅销全球。许多政府和企业都将此书赠送给职员，作为培养职业守则的必读材料。

美国总统把这封写给加西亚的信交给罗文，而罗文接过信后，并没有问"他在哪里""如何才能完成任务"，罗文为什么没有提问？显然他知道问也没有结果。但他在接过这封信的时候，就以一个军人的敬业精神和高度的责任感接受了一个神圣的任务，即便他也许会因为这个任务而付出生命。

这个送信人的传奇故事之所以在全世界广为流传，主要在于它倡导了一种伟大的精神：忠诚、敬业、勤奋，正是人性中光辉的一面。"送信"变成了一种具有象征意义的东西，变成了一种忠于职守，一种承诺，一种敬业、服从和荣誉的象征。年轻人所需要的不仅是从书本上学习的知识，也不只是聆听他人的教诲，更需要一种敬业精神，对上级的托付立即采取行动，全心全意去完成任务。然而，当人们对工作的难易程度、待遇高低、工作环境好坏斤斤计较、怨声载道的时候，有没有经常自我反省，与社会提供的回报相比，自己是否付出了足够的努力、是否对工作足够敬业？我们这个时代，我们这个社会，最需要的就是敬业精神，也就是常谈到的职业道德。具有这种精神的人无论走到哪里，都会受到欢迎，都会得到社会的认可。大学生在步入职场之前，就要努力具备这种精神，像罗文一样对待工作。

思考题

1. 什么是职业？职业有什么意义？
2. 简述工作、职业、事业之间的关系。
3. 什么是职业化？职业化有哪些特征？职业化有什么作用？
4. 职业化的基本观点主要有哪些？

模块二　铁路职业道德

学习目标

【知识目标】

1. 了解铁路职业道德宗旨和规范;

2. 了解铁路员工职业道德修养。

【能力目标】

掌握职业素养的分类。

【素质目标】

能够将职业道德内化于心的职业道德修养。

建议学时:4 学时

理论知识

单元一　铁路职业道德概述

一、职业道德的基本内涵

所谓职业道德,就是同人们的职业活动紧密联系的符合职业特点所要求的道德准则、道德情操与道德品质的总和。每个从业人员不论从事何种职业,在职业活动中都要遵守职业道德,如教师要遵守教书育人、为人师表的职业道德,医生要遵守救死扶伤的职业道德,等等。职业道德不仅是从业人员在职业活动中的行为标准和要求,而且是本行业对于社会所承担的道德责任和义务。职业道德是社会道德在职业生活中的具体化。

二、铁路职业道德的性质和特征

1. 铁路职业道德的性质

我国社会主义制度的本质决定了铁路职业道德具有以下性质:

(1)铁路职业道德与社会主义社会所提倡的集体主义道德是一致的。在社会主义社会,铁路是人民的铁路,因而铁路的职业道德不再被用来维护不合理、不平等的职业关系和社会关系,而成为调整铁路职工个人利益、集体利益和社会利益的重要手段。这种利益关系的调整以集体主义原则为指导,是社会主义道德在铁路行业的体现。“为人民服务”是社会主义职业道德的总的要求,体现在铁路职业道德上就是“人民铁路为人民”这一根本宗旨。社会主义劳动态度体现在铁路职业道德规范上则是尊客爱货、热情周到,遵章守纪、保证安全,团结协作、顾全大局,注重质量、讲究信誉,艰苦奋斗、勇于奉献,等等。

(2)铁路职业道德的原则、规范和要求同铁路职工职业活动的目的是一致的。由于在社会主义社会中人与人是平等的,人和人之间是互助友好的合作关系,个人利益、集体利益、国家利益也是根本一致的。所以铁路职工从事运输生产活动,一方面,是为了个人利益;另一方面,是为了社会整体利益。铁路职业道德是社会主义道德与铁路职业理想的统一。

(3)铁路职工具有践行铁路职业道德的高度主动性和自觉性。铁路职业道德与职工群众的根本利益是一致的,因而铁路职工具有主动加强职业道德修养与磨炼的积极性,主动将铁路职业道德内化为自律的要求,并外化为自觉的行动。

2. 铁路职业道德的特征

铁路运输生产以及铁路职业活动的特点,决定了铁路职业道德具有自身独具的特征。

(1)铁路职业道德既包含服务性行业的要求,又包含工业企业的特定要求。铁路运输服务于旅客、货主,要把尊客爱货、优质服务作为基本的职业道德规范。旅客、货主买了车票、托运了货物,就同铁路企业构成了一种合同关系,理应得到热情周到的服务。铁路职工要树立"旅客、货主是上帝"的意识,注重保护消费者的合法权益。同其他服务性行业相比,铁路的客货运输服务有其特殊性,即铁路职工要在一定时间内为一个特定的群体——旅客、货主群体服务。旅客、货主群体中个体情况差异较大,需求多种多样,这就要求铁路职工不仅要熟练掌握职业知识和技能,更要具备良好的职业道德素质,为旅客、货主提供差异化、高质量的服务。同时,铁路行业又具有工业企业的特征,工业企业的一些职业道德规范也适用于铁路,如讲究质量、注重信誉也是铁路部门的基本职业道德要求。由此可见,铁路职业道德是一个包括铁路所有部门和工种职业道德的内涵丰富的体系。

(2)铁路职业道德与铁路职业纪律是密不可分的。铁路企业是半军事化的企业,铁路运输生产活动的特点决定了它必须以铁的纪律和严格的规章制度来维护正常的生产秩序。铁路职业道德的许多要求,往往是通过各种规章守则、条例、制度表现出来的,具有法规的性质和强制性的特点。同时,许多带有强制性的纪律要求由于长时间的贯彻和执行,已经内化为职工的内心信念,并外化为其自觉自愿的行动,使遵守职业纪律本身成为一种道德行为,良好的职业道德又为职工自觉遵守职业纪律提供了有效的思想保证和舆论支持(图2-1)。

图2-1　铁路员工

(3)铁路职业道德的影响范围非常广泛。铁路职业道德的状况,对内直接关系到能否形成良好的路风,对外直接影响到整个社会的精神风貌。铁路纵横全国,旅客南来北往,货物四通八达,尤其是"窗口"单位,直接面向人民群众,同社会有着十分广泛的联系,是社会关注的焦点。社会各界特别是媒体对铁路一直十分重视,以各种方式对铁路职业道德的状况进行监督和评价。

三、铁路职业道德建设的意义

铁路职业道德是社会主义社会对铁路提出的行业道德要求,是在社会主义革命和建设过程中形成与发展的铁路行业道德规范。同以往的职业道德相比,铁路职业道德的特征、地位和作用都发生了很大变化,加强铁路职业道德建设具有重要意义。

1. 加强铁路职业道德建设是实现铁路运输安全和优质服务的客观要求

铁路运输服务的特点及其构成要素直接决定了铁路运输生产过程具有自己独特的属性,这些属性对铁路职业道德的水平要求更高,对铁路职业道德的行为要求更加严格。

(1)运输服务需要旅客、货主的主动参与。铁路运输服务分为针对人体的服务(旅客运输）和针对物体的服务（货物运输）。前者需要旅客在这一过程中亲自到场、全程参与，接受服务所带来的预期效益；后者需要被处理的物体对象必须始终在场，而货主只是部分参与，其活动局限于提出要求、解释问题和支付相关费用。

（2）服务管理不易。在客运服务中，服务的差异通常取决于服务人员素质的高低。对于管理者来讲，既要管理直接服务于旅客的工作人员，也要对旅客的行为进行管理，避免某个旅客不恰当的行为妨碍其他旅客，以确保服务的顺利进行，使旅客有一个满意的旅行体验。这项工作说起来简单，但是实际操作起来难度相当大。所以，一方面，要加强服务管理；另一方面，要加强职业道德建设，使服务人员具备提供优质服务的良好素质。

（3）服务质量评价和控制难度较大。大多数商品的可识别性都比较高，人们可以根据其颜色、价格、式样等决定是否购买。但是对旅客、货主而言，铁路运输服务更多地具有体验的性质，在购买及消费之前很难进行评价和选择。而对于管理者来说，一方面，对工作人员的服务过程难以全程监控；另一方面，由于旅客、货主的分散性和流动性，也很难收集对服务质量的反馈信息，这就给运输服务质量的评价和管理带来了很大的难度。

（4）平衡需求比较困难。由于运输服务是一次行动或一个过程，而不是可以被旅客、货主保存的有形物体，所以无法被储存。在一项服务实际发生之前，必要的实体设施和生产要素已经事先准备好，只是具备了运输生产能力，还不是服务产品本身。由此可能会出现两种情况：如果运输生产能力已经具备，却没有足够多的旅客或货源，会使未被使用的运输生产能力白白流失掉；而当服务需求超过运输生产能力时，由于运输服务不可能有库存的支持，必然无法满足全部需求。因此对于铁路运输企业而言，一方面，要加快建设铁路，挖掘运输潜力，努力提高运输能力；另一方面，在运力一定的条件下，要积极探索平衡运输能力与运输需求矛盾的方法。

（5）时间因素相当重要。铁路运输服务是实时传递的，旅客必须按时到场接受服务，货物在运输过程中也需要在服务现场。候车的时间过长，或者列车晚点，都会使旅客心情烦躁。货物没有按时到达目的地，也会给货主带来损失。因此铁路运输服务必须做到准时、迅速。减少服务时间就是增加服务价值，有时消费者为了节省时间甚至愿意支付额外的费用，这也是一些附加服务普遍受到欢迎的主要原因之一。例如以快递业务取代常规的货物运输；在价格较高的情况下，也有旅客愿意选择旅行时间相对较短的车次；在需要多付费的情况下，也有货主愿意选择“门到门”递送服务。

2. 铁路运输生产过程的特殊性决定了铁路职业道德建设的重要性

铁路运输生产过程与服务过程是同时进行的，生产过程同时表现为服务过程。这种生产过程和服务过程的一致性使铁路职业道德具有双重意义。机车乘务员安全驾驶，列车员热忱服务，售票员熟练出票，行李员严格交接，货运员尊客爱货，既是提高运输生产质量的要求，也是为旅客、货主服务的内容，其职业道德水平对生产和服务都具有重要影响。这一特点要求铁路职工具有较高的道德觉悟和精神境界，以对旅客、货主高度负责的精神和忘我的劳动态度，保证铁路运输安全畅通、优质高效，满足人民群众对铁路运输的需求（图 2-2）。

图 2-2　铁路运输

3. 铁路运输生产活动的特殊性决定了铁路职业道德建设的必要性

铁路运输产品是人或物的位移,铁路运输生产活动并不改变劳动对象的属性和形态,只是改变所运对象的位置。旅客、货主所购买的是人和货物地点位置的移动。从旅客、货主的角度来说,都希望买到安全、及时、方便、经济、舒适的运输服务。从铁路的角度来说,整个生产过程必须对旅客和货主的生命财产负责,尽可能地满足他们旅行和运输的需求。如果职工缺乏应有的职业道德观念,违章违纪,不仅会使旅客、货主得不到满意的服务,甚至可能会导致事故的发生,造成车毁人亡的严重后果。

4. 铁路运输生产环节的联动性决定了铁路职业道德建设的经常性与持久性

铁路是一个大联动机,要求每一个部位、每一个环节都不能出现差错,任何一个部分发生问题,都可能影响整个运输系统,给铁路运输生产带来或大或小的损害。如果忽视职业道德建设,不仅优质服务得不到保证,就连最基本的生产活动也无法正常进行。因此,需要时时刻刻都把安全正点、尊客爱货、优质服务作为职工职业道德教育的重要内容,引导职工确立正确的职业价值观,培养职工树立正确的职业道德观念,使每个职工真正具备全心全意为旅客、货主服务的观念和对人民高度负责的精神,才能准确无误、安全迅速地将旅客或货物送到目的地。

四、铁路职业道德的地位和作用

铁路职业道德的性质和特征,决定了它在铁路运输服务和铁路建设发展中占有十分重要的地位,对于调整职业活动中的各种关系具有不可忽视的作用。

1. 铁路职业道德的地位

在铁路的精神文明和物质文明建设中,铁路职业道德居于十分重要的地位。

(1)铁路职业道德是维护铁路运输安全生产、提高铁路经济效益、保持铁路竞争力的重要保证。铁路运输生产同一般企业的生产活动有着明显不同,它具有流动性、分散性等特点,许多工作往往是在职工单独作业的情况下完成的,因此,保证运输安全和运输生产的有序进行,发挥职业道德的“自律”作用就显得十分突出、十分重要。同时,良好的职业道德也有助于铁路竞争实力的增强,有助于提高其自身的经济效益。

(2)铁路职业道德是铁路精神文明建设的重要方面。社会主义精神文明建设的根本目的,是培养造就有理想、有道德、有文化、有纪律的社会主义新人。在铁路职业生活领域,则要求每个铁路职工都树立崇高的职业理想,培养良好的职业道德,掌握过硬的职业技能,遵守严格的职业纪律。只有在铁路职工中加强职业道德教育,才能使职工明辨是非,养成良好的道德习惯,正确选择有价值的道德行为。由于铁路运输同社会有着广泛的联系,铁路职业道德状况的好坏,必将影响到整个社会的精神风貌,因而也有人把铁路路风视为社会风气的“晴雨表”。虽然对某一位旅客而言可能只乘坐一次火车,对于某一位货主而言可能只托运一次货物,但从有限的交往中,从所遇到的铁路职工的服务态度上,他们也会形成对铁路的一般印象,并可能由此影响甚至改变他们对社会、对人生的看法。如有些列车乘务员就曾在工作中遇到过对生活失去信心、意欲轻生的旅客,他们热情关心和帮助这些人,使他们感到人间的温暖,认识到人生的价值和意义,从而重新获得生活的勇气和信心。还有很多职工“想旅客、货主之所想,急旅客、货主之所急”,促进了社会道德风尚建设。

(3)铁路职业道德培养是铁路企业文化建设的重要内容。企业文化建设的目的包括两个方面：一是促进企业的发展，二是促进人的发展。铁路职业道德的培养对于铁路企业文化建设的重要意义在于：一方面，通过职业道德教育，强化职工对工作认真负责的职业责任感和职业荣誉感，使职工牢固树立爱路如家、忠于职守、顾全大局等职业道德观念，这种精神能量的不断释放，可以为铁路的建设和发展提供强大的精神动力与有力的思想保证；另一方面，铁路企业文化建设不仅体现在生产过程中，也体现在人的完善和发展上。作为领导者，不仅要重视运输生产，更要重视生产中人的因素，树立全新的“以人为本”的现代观念，充分发挥职工在企业经营管理中的作用，将企业的发展同社会的发展和人的发展结合起来。为此，铁路企业不仅应该为职工提供工作的场所，更重要的是提供一个能够促进职工自我道德完善和人格全面发展的良好的道德环境。没有良好的职业道德就没有人的全面发展。铁路职业道德正是由于从各方面影响和制约着铁路企业的建设与职工的全面发展，才成为铁路企业文化建设的一个核心内容。

2. 铁路职业道德的作用

职业道德本身所具有的职能决定了铁路职业道德在铁路道德体系建设中的重要作用。

(1)铁路职业道德具有调节作用。

职业道德具有通过各种规范和准则来指导人们的职业行为、调节人们之间关系的能力。铁路职业道德具有特定的原则和具体岗位的道德要求，用以调节铁路职工在职业活动中的行为以及所遇到的各种利益关系，即：一方面，调节铁路行业内部的各种利益关系；另一方面，调节铁路与国家以及其他行业之间，铁路职工与旅客、货主之间的利益关系。

(2)铁路职业道德具有教育作用。

一个人一生中大部分时间都在从事一定的职业活动，因而职业道德教育就构成人们形成良好的道德品质和道德行为习惯的必要环节。对于铁路职工而言，可以通过职业道德教育，提高他们对“人民铁路为人民”这一宗旨以及一些具体规范和要求的认识，树立崇高的职业理想和职业信念，从而全面提高铁路职工的思想道德素质，培育一支能够适应社会主义现代化建设以及铁路改革发展需要的“四有”职工队伍。

(3)铁路职业道德具有激励作用。

从事一定职业的人们，总要或自觉或不自觉地依据一定的道德原则和规范对自己或他人在职业活动中的具体行为进行评价。通过这种评价，明确判断是非善恶的标准，树立道德榜样，形成一股强大的社会舆论，以激励和促进铁路职工更好地为社会服务；通过这种评价，将铁路职业道德规范转化为铁路职工的内心信念，唤起铁路职工践行铁路职业道德的主动性和自觉性，增强他们的自律意识，使铁路职工能够自觉抵制拜金主义、享乐主义、极端个人主义等各种错误思潮的影响，端正路风，形成良好的职业道德风尚。

五、和谐铁路建设与铁路职业道德的关系

社会和谐是中国特色社会主义的本质属性，是国家富强、民族振兴、人民幸福的重要保证。

1. 和谐铁路建设对铁路职业道德提出的新要求

深入推进和谐铁路建设，充分体现了党中央提出的一系列重大战略思想，鲜明地体现了铁路服务社会和促进社会和谐的强烈社会责任感，对于促进铁路全面贯彻落实党的理论创新成果和各项方针政策，推动铁路科学发展、和谐发展具有重大意义。习近平总书记在党的十九大报告中指出，中国特色社会主义进入新时代，我国社会主要矛盾已经转化为人民日益增长的美好生活需要和不平衡不充分的发展之间的矛盾。“全心全意为人民服务”是铁路的

宗旨,人民群众对铁路日益增长的需求就是铁路发展的动力,唯有如此,中国铁路才能在减少、消除中国社会主要矛盾的重大政治任务中作出应有的贡献。努力实现“运能充足、装备先进、安全可靠、管理科学、节能环保、服务优质、内部和谐”的和谐铁路建设目标任务,是经济社会发展的始终要求,是广大群众的热切期盼,是铁路落实科学发展观、促进社会主义和谐社会建设的必经之路。

和谐铁路建设取得了很大成绩,使中国铁路站在了一个新的历史起点上,铁路改革发展进入了关键阶段,面临的任务仍然极为艰巨。铁路现代化建设的新形势要求铁路职工增强使命感、责任感,为实现和谐铁路建设的目标任务努力奋斗。建设和谐铁路的新任务需要和谐文化的支撑,以和谐理念、和谐精神、和谐方法处理我们面临的矛盾和问题。实现铁路改革发展的新突破,必然依靠职工群众敬业奉献、勇于开拓的创造活力。这就要求铁路职业道德建设与时俱进,切实提高职工的思想道德素质,为和谐铁路建设提供精神动力和思想保证。

2. 铁路职业道德是和谐铁路建设的重要保证

在和谐铁路建设中,铁路职业道德的培养居于十分重要的地位,既是和谐铁路建设的一个重要方面,又是做好和谐铁路建设各项重点工作的重要保证。铁路职业道德的培养对和谐铁路建设的保证和促进作用表现在多个方面:

(1)铁路职业道德建设有助于不断提高铁路干部职工队伍的整体素质。

促进铁路改革发展和实现铁路现代化,需要一支高素质的铁路职工队伍。近年来,大规模铁路建设全面展开,铁路技术装备现代化取得了重大进展,信息化建设也取得了很大成绩,对职工素质提出了新的更高的要求。加强职工队伍建设,最根本的是激发职工的敬业精神和进取精神,促进职工自觉努力学习和锻炼,不断提高自身素质。这就需要依靠职业理想、职业道德的激励。培养职工良好的职业道德素质,不仅是提高职工综合素质的一个重要内容,也是提高职工综合素质的重要动力。增强职工做好本职工作、促进和谐铁路建设的内心信念,是激发广大职工创造活力的有效途径。

(2)铁路职业道德建设有助于推动安全文化建设,促进安全生产。

安全是铁路运输的生命线,是和谐铁路建设的重要目标。铁路运输安全不仅取决于运输设备设施等硬件,还取决于安全文化等“软件”。安全文化是安全价值观、安全理念、安全行为准则的总和,是安全意识形态的理性概括。伴随着铁路安全生产的实践和铁路企业文化建设的发展,铁路安全文化已经形成由安全文化环境建设、安全管理机制建设和安全意识形态建设构成的有机统一、互相交织、不可分割的整体。具体来说,铁路安全文化建设有三个层面的内容:一是表层,主要是指包括站容段貌、职场环境等可见之于形、闻之于声的文化环境的建设;二是中层,主要是指包括组织机构、规章制度、作业标准等安全管理制度及其运作和落实机制的建设;三是深层,主要是指安全思维方式和行为准则、安全理念、安全道德观和价值观等积淀于广大干部职工思想深处的安全意识形态的建设。深层安全文化建设是安全文化建设的核心,起着支配、决定表层和中层安全文化建设的作用,而表层和中层安全文化建设也会促进和推动深层安全文化建设,三个层次是一个有机统一、不可分割的整体。职业道德是安全文化的深层内容,对安全生产具有重要的思想保证作用。通过职业道德建设,引导干部职工树立正确的安全观,将“安全第一、安全责任重于泰山”等安全意识牢记于心,促进干部职工自觉遵章守纪,确保运输安全。

(3)铁路职业道德建设有助于创新服务理念,提高服务质量。

铁路技术需要创新,服务理念和服务意识也需要与时俱进,不断创新。创新是不断获得旅客、货主更高满意度的基本手段。当前国内运输市场的竞争非常激烈，许多国外物流企业已经开始将目光转向中国市场，更加剧了运输市场的竞争。在竞争中，铁路运输企业面临的一个主要问题是：怎样从以往单纯追求服务质量的提高转变为向客户提供增值服务，也就是提高产品的附加值，打造完整的服务链，从而提高企业竞争力。随着社会的发展，人们对服务的要求越来越高，需求内容也日趋多样化，广大旅客不仅要求安全、快捷、准时的服务，还要求满足精神上的需求，如要求愉快、舒适。鉴于这种情况，原来那种只是将人或货物运抵目的地的单纯运输模式很显然已经不合时宜。如果不能提供客户所需要的产品和服务，就会把客户推向竞争对手。从层次上看，铁路运输所能提供的服务主要有三种：一是标准服务，即达到最基本的服务标准，满足最基本的乘车需求；二是人性化服务，即在服务中尽可能地"以人为本"，体现人文关怀，即使是在运能紧张、一票难求的情况下，铁路服务也不能打折，而应尽最大可能因时、因人、因地提供人性化服务；三是超值服务，即超越旅客基本需求，提供增值服务。这三种服务都迫切需要铁路职工具备提供优质服务的能力，人性化服务和增值服务尤其需要服务理念、服务内容的不断创新。通过职业道德建设，不断提高铁路职工践行铁路职业道德的能力和自觉性，树立全新的服务理念，增强服务创新意识。通过持续不断地创新，做到服务方式上的与时俱进，提升服务品质，提升旅客、货主的满意度。这既是企业竞争优势的核心，也是铁路运输企业发展的核心价值所在。

(4)铁路职业道德建设有助于良好路风的培育，促进人际关系的和谐。

铁路与社会是否和谐，铁路内部是否和谐，很大程度上取决于铁路职工的思想道德素质。道德是调节社会关系、规范生产行为的基本准则，是形成良好社会风尚和人际关系的重要保证。没有职业道德规范，失去了共同遵守的职业行为准则，就无法有效提升人们的精神境界、协调不同利益主体的相互关系，也就无法建设良好路风。铁路行业有良好的职业道德，人人自觉抵制不正之风，就能形成良好路风。铁路职工在工作中团结友爱、互帮互助，就会增进相互之间的信任和友谊，建立良好的人际关系，促进企业内部和谐。

3. 围绕和谐铁路建设的任务目标，加强铁路职业道德建设

深入推进和谐铁路建设，是铁路的中心工作。加强铁路职业道德建设，要围绕这个中心，服务于这个中心，适应新形势、新任务的要求，以和谐文化、高尚道德激励广大职工为建设和谐铁路而努力奋斗。

(1)拓展职业道德内容，更好地服务和谐铁路建设。在建设和谐铁路的新形势下，加强铁路职业道德建设，必须把培育和谐精神、倡导和谐理念、构建和谐文化、树立和谐风尚作为重要任务，把促进人的发展和社会全面进步作为根本目标。要坚持以人为本，以德治路，着眼于职工社会责任意识的增强，积极引导职工树立正确的世界观、人生观、价值观，正确处理国家利益、集体利益和个人利益的关系，用和谐的思维认识事物，用和谐的态度对待问题，用和谐的方式处理矛盾，使崇尚和谐、维护和谐、促进和谐成为铁路职工的自觉行为和价值追求。要着眼于促进人际关系和谐，积极倡导尊老爱幼、互敬互助的良好品德，倡导诚信为本、操守为重、守信光荣、失信可耻的信用观念，形成团结互助、平等友爱、共同前进的新型人际关系。要着眼于促进人与社会和谐，大力弘扬热爱祖国、服务人民、奉献社会、遵章守纪、扶危济困、见义勇为、扶正祛邪、扬善惩恶的良好风尚，形成心齐、气顺、劲足的行业氛围。要着眼于促进人与自然和谐，引导职工牢固树立节约资源、保护环境的意识，树立科学发展、可持续发展的意识，推动铁路走上文明发展的道路。

(2)坚持知行统一，把铁路职业道德要求转化为促进铁路和谐的自觉行动。知行统一是

职业道德建设的关键环节。加强铁路职业道德建设的目的就是把职业道德内化为职工的自身修养,把职业道德要求转化为职工的自觉行动。要充分认识建设和谐铁路的重大意义、目标要求,把爱岗敬业的积极性和创造力凝聚到推进和谐铁路建设上来。围绕和谐铁路建设的重点任务开展职业道德实践活动,把道德实践体现到岗位工作中。以树立良好路风为突破口,切实杜绝职业道德失范现象的发生,促进社会和谐。

(3)积极创新发展,适应建设和谐铁路的新形势、新要求。创新是铁路文化发展的不竭动力,也是职业道德建设的重要途径。铁路改革发展已经站在一个新的历史起点上,铁路职业道德建设的环境、对象、内容都发生了重要变化。要积极适应形势发展,开阔视野,拓宽思路,在继承铁路优良道德传统的基础上,进行职业道德传承、变革与创新,使职业道德建设贴近实际、贴近职工、贴近生活,常做常新。

单元二　铁路职业道德宗旨和基本规范

一、"人民铁路为人民"与铁路职业道德

1."人民铁路为人民"是铁路建设和发展的一贯宗旨

"人民铁路为人民"是铁路职业道德建设的主线,其基本精神始终渗透于新中国成立以来铁路建设和发展的各个阶段。早在20世纪50年代,铁路系统就曾经大力开展过"满超五"运动,当时各工种都提出了许多具体的竞赛目标。这些竞赛目标的确立,对于解决当时大规模经济建设带来的运量急剧增长和运能严重不足之间的矛盾,对于满足社会主义建设和人民生活的需要,都发挥了积极的作用。到20世纪60年代,在学大庆、学解放军,学雷锋、树新风运动中,铁路系统树立了一批全心全意为人民服务、尊客爱货、优质服务的好典型,如被誉为大郑线上好工区的"孙家养路工区",在客货运输文明服务、开创优良路风方面堪称楷模的新民车站,以及"把方便留给别人,把困难留给自己"的大协车站。它们的共同特点是全心全意为人民服务,艰苦奋斗,勤俭办路,无私奉献;高标准、严要求,力争"格上格",争做"活外活";以运输为中心,安全正点,优质服务。他们的事迹在全路推广后,有效地鼓舞了士气,提高了铁路运输企业的劳动生产率。

在铁路职业道德建设方面,为了树立"人民铁路为人民"的良好路风,防止"两野两乱"、以车谋私、以票谋私等不良现象的发生,着重把尊客爱货、优质服务作为企业整顿的重要内容。进入21世纪,铁路职工为"人民铁路为人民"增添了更加丰富的内涵。2001年6月29日,青藏铁路格尔木至拉萨段正式开工。在5年的建设过程中,战斗在青藏线上的广大干部职工,克服高寒缺氧、环境恶劣、通信不便、条件艰苦等世人难以想象的困难,认真贯彻落实党中央提出的把青藏铁路建设成为世界一流高原铁路的要求。在继承和发扬铁路光荣传统的基础上,用拼搏奉献的汗水凝聚成鼓舞人心的"挑战极限、勇创一流"的青藏铁路精神,受到国家领导人的高度赞扬。为适应全面建成小康社会的需要,铁路职工认真贯彻落实以人为本、全面协调的可持续发展观,积极推进和谐铁路建设,始终把尽快缓解铁路运输"瓶颈"制约,确保国家重点物资运输需要作为自己的职责。把解决人民群众乘车难、运货难等问题作为铁路发展的主要目标,发挥苦干、实干、拼命干的精神,为加快铁路现代化建设步伐努力奋斗,取得了可喜的巨大成就,赢得了良好的社会效益和经济效益,受到了党中央、国务院和广大人民群众的肯定和赞扬。

新中国铁路发展的历史，是全心全意为人民服务的历史，是努力满足人民群众生产、生活需要的奋斗史。各个时期的铁路职工精神风貌都体现着“人民铁路为人民”这个核心价值追求。

2. “人民铁路为人民”是铁路职工正确的价值观和职业理想的集中体现

铁路职工所共同持有的价值观念以一句话来概括就是“人民铁路为人民”。正是“人民铁路为人民”引导着铁路职工在运输生产经营活动中的价值取向和行为选择，规定了应该做什么，不应该做什么。也就是说，“人民铁路为人民”决定了铁路职工应该以是否符合人民的利益作为判断标准来选择自己的行为。凡是有利于人民的，就是有价值的，就值得去做；凡是违背人民利益的，就是不道德的，就必须加以反对。

正确的价值观体现在人生中，就是要树立“全心全意为人民服务”的人生理想，而在铁路职工的行动中，体现在树立“人民铁路为人民”的职业理想上。职业理想是一个人对自己职业目标的认识，因此“人民铁路为人民”（图 2-3）并不是一个空洞的口号，它体现在铁路职工的职业活动中。培养敬业爱岗的道德意识是每个职工实现职业理想的重要前提。

图 2-3　人民铁路为人民

敬业是铁路职工的优良传统。铁路点多线长，许多职工的工作条件都非常艰苦，有些边远地区甚至长年不见人烟，如果没有敬业精神，是不可能坚持下来的。正是这样一些无名英雄的默默奉献，才保证了铁路这条“大动脉”的畅通无阻。

爱岗是一种职业道德感情，它是在敬业精神的激励下产生的，爱岗才有可能在自己的岗位上对工作尽心尽力，不爱岗就不可能对工作认真负责。普通职工的工作岗位是平凡的，作业流程是琐碎单调的，但是如果能够把自己的感情倾注其中，在为旅客、货主服务的过程中，同样可以有很多的乐趣，得到极大的精神满足。例如有时在旅途中会遇到一些问题，对旅客而言，可能会感到非常复杂，但在列车员看来，只需举手之劳就能解决。有时就是这样一个动作，一个微笑，就会给疲惫的旅客带来春日阳光般的温暖。一个热爱本职工作的职工在为旅客解决了困难后，自己内心会感到非常欣慰；相反，如果在工作中没能为旅客解决问题，或者偶尔失职，就会感到内疚不安。所以爱岗就是心中时刻装着旅客、货主，眼里有干不完的活，做不完的事，就是尽全心对人民负责，尽全力为人民服务。

3. “人民铁路为人民”是贯穿铁路职业道德规范的总纲和精髓

“人民铁路为人民”是铁路职业道德的基本原则，对于如何处理铁路运输生产过程中所涉及的各种利益关系作出了集中的回答，在铁路职业道德体系中处于核心地位。也就是说，“人民铁路为人民”以一种最普通的形式，表达了社会主义社会对铁路职业道德的根本要求，确立了不同部门的职业道德行为的总的方向，并贯穿于铁路生产过程的始终。所以与一些具体的铁路职业道德规范相比，它具有更为普遍的指导意义，因而也是铁路职工在其职业活动中所应遵循的最基本的行为准则。

“人民铁路为人民”既然是基本原则，就具有相对稳定的特点。只要社会性质不变，只要铁路还是人民的铁路，这个基本原则就不会改变。推进铁路改革开放，加快铁路现代化建设，都不能偏离“人民铁路为人民”这个方向。离开了“人民铁路为人民”这个宗旨，铁路改革发展就会失去群众基础,不正之风就会滋长蔓延,铁路现代化建设就会走上歧途。改革开放以来,有的职工以权、以票谋私,有的单位乱收费、乱涨价,有的集体为了局部利益而损害全局利益和社会效益,都是违背“人民铁路为人民”这个宗旨的。在发展市场经济条件下,铁路企业和职工个人都有相对独立的经济利益,加快铁路发展,必须提高企业效益、维护职工合法权益。但是,人民铁路必须将国家利益、人民利益放在首位。“一切向钱看”必然导致个人主义和小集团主义的形成,损害国家和人民利益。在物质利诱面前,我们必须始终牢记宗旨,绝不能以牺牲道德的代价来换取企业利益和个人私利。要始终把“人民铁路为人民”作为铁路职工在市场经济条件下调整各种利益关系、规范职业行为的根本准则。

当然,铁路职业道德作为一个道德体系,除基本原则外,还包括若干具体的职业道德规范。这些规范使“人民铁路为人民”这一基本原则具体化、职业化。把抽象的基本原则具体化为每个部门的职业道德规范和行为准则,更易为职工所接受并加以贯彻执行。所以说,铁路职业道德是一个以“人民铁路为人民”为总纲,由各个具体部门的职业道德规范和具体工作岗位的职业道德要求共同构成的道德体系。

4.“人民铁路为人民”是铁路职工职业道德实践的行动指南

“人民铁路为人民”是铁路一切职业活动的出发点和归宿,是铁路职工的职业行为指南。在社会主义条件下,人和人之间是一种平等互助的合作关系,铁路部门同其他生产单位之间也是一种平等互助的协作关系,正所谓“我为人人,人人为我”。这种关系反映到铁路运输生产过程中,必然要求全体职工在其职业活动中,必须严格贯彻“人民铁路为人民”的宗旨,全心全意为旅客和货主服务,为社会服务。也就是说,要时刻把人民的利益、人民的需要放在第一位,在运输生产中不能仅仅满足于发货送客,还必须提倡主动服务的精神。在实践中,许多铁路职工把“让人民放心,让人民满意”作为他们职业活动所要达到的社会目标。许多客运人员,在工作中主动服务,热情周到,主动帮助、资助有困难的旅客。许多货运人员主动带针线、工具,做到包破补缝,箱破补钉,包散重装。这些做法都是“人民铁路为人民”这一服务宗旨的具体体现。

当前我国各种交通运输方式的发展都非常迅速,运输市场竞争日益激烈。在一些地区,过去铁路“一统天下”的局面正在被其他运输方式所打破。虽然运能与运量的矛盾仍然是铁路当前面临的主要问题,但由于区域性差异的存在,有些地区也会不时出现客流、货源不足的情况。因此,增强铁路竞争力,一方面,要加快铁路现代化步伐,改善客货运输“硬件”条件;另一方面,要加强职业道德建设,提高职工队伍的思想道德素质,为加快铁路发展、提高服务质量提供“软件”支持。铁路要扩大运输市场份额,就要有勇于创新的精神,跳出传统经营模式,大胆创新,积极探索适应市场经济发展的运输组织结构,为旅客和货主提供舒适安全、方便快捷的高质量服务,从而适应市场经济的发展以及人民生活的需要。我们一方面应该对一些比较稳定的客货源提供优质服务,另一方面也要努力去争取那些徘徊于各种运输方式之间的不稳定的客货源,这就需要充分发挥每个部门、每个职工的主动性和积极性。也就是说,要让每个职工把组织好客货流当作自己分内的工作。为了稳定客货源,许多单位采取了各种措施。例如,有的车站在一些客流较多又比较偏远的地方开设售票点,极大地方便了人民群众,客流也得到了保证。所以,必须教育职工始终牢记“人民铁路为人民”,变“坐商”为“行商”,主动服务,这样才能掌握运输竞争的主动权,巩固和拓展铁路运输市场,提高铁路的经济效益。

二、铁路职业道德基本规范

铁路职业道德基本规范是全路职工在职业活动中必须共同遵守的职业行为准则。身体力行铁路职业道德基本规范，是各部门、各岗位员工践行“人民铁路为人民”这一基本原则的有效途径，是建设和谐铁路的重要一环。铁路职业道德基本规范是“尊客爱货、热情周到，遵章守纪、保证安全，团结协作、顾全大局，注重质量、讲究信誉，艰苦奋斗、勇于奉献，廉洁自律、秉公办事，爱路护路、尽职尽责，率先垂范、当好公仆”。

1. 尊客爱货、热情周到

尊客爱货、热情周到集中反映了铁路行业服务态度和服务质量的具体要求，直接体现了“人民铁路为人民”的宗旨，也是铁路职工在构建和谐社会中应该履行的道德义务。坚持以“尊客爱货、热情周到”这一职业道德要求规范铁路职工的职业行为，必将有利于促进铁路精神文明建设辐射到全社会，有利于形成相互尊重、相互关心、互助友爱的社会道德风尚和社会和谐氛围。

2. 遵章守纪、保证安全

遵章守纪、保证安全是铁路系统家喻户晓、人人皆知的老传统，它在发展社会主义市场经济、建设和谐铁路的新的历史条件下具有重要的道德意义，是我们必须发扬光大的优良传统。

3. 团结协作、顾全大局

团结协作、顾全大局，要求铁路职工在职业活动中，一切从全局利益出发，一切服从全局利益，立足本职，紧密配合，通力合作，处处讲大局，事事讲团结，齐心协力，共同完成铁路运输任务。

4. 注重质量、讲究信誉

注重质量、讲究信誉，是铁路企业和职工必须具备的职业道德素质。这一职业道德规范在发展社会主义市场经济条件下具有更加重要的意义。铁路运输部门应该视旅客如亲人，惜货物如佳珍，让旅客、货主信得过，这样才能树立良好的铁路企业信誉。野蛮待客、野蛮装卸，必然会损害铁路企业的信誉，败坏铁路企业的名声，使铁路在市场竞争中处于不利地位，使国家、集体、个人三者的利益受到损害。注重质量、讲究信誉是“人民铁路为人民”的宗旨所决定的铁路职工必须遵守的职业道德规范，是铁路企业参与市场竞争的必然要求。

5. 艰苦奋斗、勇于奉献

艰苦奋斗、勇于奉献是铁路的光荣传统，是推动铁路事业发展的精神动力。在推进和谐铁路建设的历史进程中，必须继续弘扬艰苦奋斗、勇于奉献的崇高职业道德。

6. 廉洁自律、秉公办事

在人们的观念中，廉洁自律、秉公办事历来是和“清官”的德行相联系的。即使在今天，人们也往往把廉洁自律、秉公办事看作对领导干部的道德要求。实际上，手中并不掌握领导权力的普通铁路职工，也应用廉洁自律、秉公办事的职业道德规范约束自身职业行为。

7. 爱路护路、尽职尽责

保护铁路运输设施的完善，维护铁路良好的治安秩序，是保证铁路运输生产正常进行的一个基本条件。铁路职工爱祖国、爱铁路、爱岗位，不仅要努力完成本职工作任务，搞好自己岗位上各种设备的维修和保养，而且有义务、有责任爱护和保卫旅客、货主的生命财务、保卫铁路的一切设施不受损害，维护铁路治安秩序的良好。

8. 率先垂范、当好公仆

加强铁路职业道德建设,铁路企业领导干部必须站在前列,率先垂范、当好公仆,成为铁路职业道德规范的积极倡导者和模范实践者。这是成功地进行铁路职业道德建设的关键。

单元三　铁路员工职业道德修养

良好的职业道德的养成,一方面要靠"自律",即从业人员自身的主观努力,自我修养;另一方面要靠"他律",即来自社会的培养和组织的灌输教育。两个方面缺一不可,相互作用,相互促进。因此,职业道德修养与职业道德教育相辅相成,是铁路职业道德建设的重要组成部分,是提高全行业职业道德水平的重要环节。在全面建成小康社会和构建社会主义和谐社会的新形势下,铁路肩负着建设和谐铁路,为国民经济持续、健康、快速发展提供充足运力支持的重任,尤其需要每位员工都具备高度的职业道德修养。铁路职业道德修养,就其实质来说,是按照社会主义职业道德和"人民铁路为人民"的宗旨的要求,自觉开展的一种思想活动。铁路员工要取得职业道德品质上的进步,就必须自觉地在职业道德领域里进行善与恶、正与邪、是与非的道德观间的斗争。今天,全体铁路从业人员肩负着建设和谐铁路、实现铁路现代化的历史重任,更应当自觉地进行职业道德修养,不断地提高自己的职业道德水平。只有使全体从业人员都具备较高的职业道德水平,才有坚实的思想基础去实现构建和谐铁路的战略目标。

一、职业道德修养的意义

在全面建成小康社会和构建社会主义和谐社会的新形势下,加强铁路行业的职业道德修养具有非常重要的现实意义。

1. 从传统的计划经济体制向社会主义市场经济体制的转变对铁路从业人员提出了加强职业道德修养的要求

铁路行业长期实行计划经济体制,大多数铁路从业人员的职业道德是在这种体制的长期熏陶下形成的,其中有不少道德观念与新经济体制的要求格格不入,如重计划,轻市场;重指标,轻效益;对旅客、货主重管理,轻服务;等等。另外,与社会主义市场经济体制相适应的职业道德观念,如开拓创新,信守承诺,勇担责任,讲求效率,旅客、货主至上等,还没有在大多数铁路从业人员的头脑中植根。这种职业道德滞后于经济体制的状况如果长期得不到有效的改变,就会对新的经济体制产生销蚀、阻碍发展的作用。我们面临的一个重要任务,就是构建与社会主义市场经济体制相适应的新的职业道德体系,确保经济体制的顺利过渡,加快社会主义市场经济体制的建立健全。构建新的职业道德体系,必须要求从业人员加强职业思想道德修养,跟上时代前进的步伐。

2. 思想观念和价值取向趋向多元化,要求铁路从业人员加强职业道德修养

我们正处在一个开放的社会,经济社会发展异常迅猛,社会生活、人们的利益和思想呈现出多元化发展的趋势,对人们的职业道德产生了深远影响。人们在接受各种先进、科学的思想道德观念的同时,也会受到一些有悖于社会主义职业道德规范的思想观念的影响,如果没有正确的职业道德修养,物质享受第一、金钱至上、权钱交易等腐朽没落的思想道德观念就会渐渐膨胀,通过不同的渠道侵蚀铁路从业人员的头脑。最终甚至会导致从业人员职业道德的沦丧。社会主义市场经济建设和深化改革开放的新形势,迫切要求铁路职工加强职

业道德修养,不断提高自己的职业道德品质。

3. 职业道德修养的提高是个人进步和成长的重要途径

中国铁路正处在一个快速发展的黄金时期,每位从业人员都肩负着建设和谐铁路、为全面建成小康社会当好先行官的"大任"。这就要求每位铁路从业人员都自觉地进行职业道德修养。从大处看,这是和谐铁路建设事业的需要;从小处看,这是铁路从业人员适应企业发展,在企业中站稳脚跟、安身立命、进步成长的需要。

当前,我国铁路的发展日新月异,各种新理念、新技术层出不穷,行业内外的竞争日趋激烈。这对铁路从业人员的职业道德水平提出了更高的要求。只有自觉地进行职业道德修养,不断提高自己的职业道德水平,才能适应铁路发展新形势的需要,使自己成为有用之才。

二、职业道德修养的内容

职业道德修养的内容是由两个方面的因素决定的:一是从业人员的职业特点、工作性质和社会对本行业岗位的要求;二是从业人员思想素质的起点及自身的优缺点。在建设和谐铁路的新形势下,铁路从业人员的职业道德修养应当包含以下内容:

1. 树立正确的职业理想

职业理想,是个人对职业的向往和追求,具有较强的可能性。追求社会对自己劳动的认可,与人们对精神生活、物质生活水平提高的向往直接相关,同具体的奋斗目标相联系,是进行职业道德修养的思想基础。树立正确的职业理想,才会有正确的价值观和职业道德修养的自觉性,才能在职业活动中处处做有心人,利用一切机会锻炼自己。

2. 端正职业态度(图2-4)

具有良好的职业道德水平,必然会表现为热爱本职工作,端正职业态度。端正职业态度最重要的是增强主人翁意识,真正把自己的命运同国家和企业的兴衰、荣辱联系起来,以主人的态度对待本职工作。在工作中兢兢业业,尽己所能。因此,铁路从业人员要把端正职业态度作为职业道德修养的重要内容。

图2-4　职业态度

3. 精通职业技能

职业技能是做好本职工作的基础,是胜任本职工作的重要条件。铁路职工要把积极学习钻研、不断提高技术业务水平作为职业道德培养的重要内容。铁路是一个科技密集的行业,随着铁路现代化水平的提高,铁路技术含量不断增加,尤其是高速铁路和时速200千米以上的既有线,更是高新技术的集成。在铁路技术装备现代化的新阶段,应用于各工种、各岗位的新设备、新技术、新作业流程、新管理方法日新月异,层出不穷,尤其需要造就一大批高技能人才。全体铁路从业人员要适应新形势的要求,加强对职业技能的学习,全面熟练地掌握职业技能。这既是铁路从业人员促进自身发展、提高素质的需要,更是确保铁路安全、加快企业发展的需要。

4. 明确职业责任

铁路从业人员的职业责任,从宏观上看,就是要确保铁路运输安全,为国家的经济社会发展提供充足的运力支持,为旅客、货主提供优质的服务。从微观上看,铁路各部门、各工种、各岗位都有自己的职业责任：机务部门的员工要保持机车质量良好，安全正点地完成牵引任务；车务部门的员工要安全正点地接发列车；工务、电务部门的员工要保持线路和信号设备良好；车辆部门的员工要及时准确地发现和处理车辆故障；客货运部门的员工要尊客爱货，为旅客、货主提供优质的服务；等等。

5. 遵守职业纪律

职业纪律对从业人员在自己的岗位上必须做什么、不能做什么进行明确的规定，是为确保企业安全顺利运转而制定的行为规范，介于法律和道德之间。一方面，遵守职业纪律依赖于从业人员的自觉性；另一方面，职业纪律对从业人员具有强制力和约束力。从业人员如果违反了职业纪律，除了要受到道德的谴责和舆论的批评外，还要受到纪律的处分。

铁路作为国民经济大动脉，半军事化的行业属性尤为突出高速度、快节奏，工作流程环环紧扣，稍有疏漏就有可能酿成大祸。这一特征决定了铁路从业人员必须具有更加严格的职业纪律。工作中必须做到局部利益服从全局利益，必须无条件地服从集中统一的调度指挥，必须严格执行规章制度，等等。铁路从业人员遵守职业纪律既是确保铁路运输安全的要求，也是铁路从业人员职业道德修养的重要内容。

6. 珍惜职业荣誉

职业荣誉包含两个方面的内容：一方面是指社会对劳动者履行责任的道德行为的赞扬，另一方面是指劳动者对自己职业活动所具有的社会价值的自我意识。

职业荣誉是分层次的。首先，全体铁路员工长期以来忠实地践行“人民铁路为人民”的宗旨，为推动国民经济发展、满足人民群众需要作出了很大的贡献，赢得了很高的职业荣誉。在社会舆论和人民群众的心目中，铁路是拉动国民经济发展的“先行官”“火车头”，铁路职工队伍是一支“特别能战斗，特别守纪律”“挑战极限，勇创一流”的产业工人队伍。这些都是铁路行业和全体铁路从业人员的职业荣誉。因此，铁路员工要时刻想着用自己出色的工作，为铁路的职业荣誉增光添彩。其次，许多单位在长期的工作中也会创造很多集体荣誉，有的为社会广泛赞誉，有的受到上级表彰，有的还形成了品牌，如被社会誉为“天路”的青藏铁路、被人们视为时代象征的“毛泽东号”机车等，这些都是单位和集体的职业荣誉。作为先进单位、先进集体中的一员，应当增强集体的职业荣誉感，更应当通过自己的行动，为保持集体的职业荣誉增光添彩。最后，作为个体的从业人员也有自己的职业荣誉，他们有的因为工作出色得到领导的好评，有的因为技术精湛受到同事的尊重，有的还被评为先进生产、工作者。这些职业荣誉是职工辛勤工作的结晶，是高职业道德水平的标志。珍惜职业荣誉，就是要珍惜来之不易的职业荣誉，并把它当作推动自己履行道德义务的巨大精神力量，鼓舞和鞭策自己继续做好工作，去赢得更高的职业荣誉。

三、职业道德修养的方法

职业道德修养是一种通过自我教育、自我锻炼来提高自己的职业道德品质的实践活动，是个人自觉进行的一种道德活动，提高职业道德修养，有以下几种方法：

1. 善于学习

学习是提高职业道德认识、树立职业道德信念的职业道德修养方法，是形成良好的职业道德品质的重要途径。作为新时期的铁路职工，如果不努力学习，认识就会落后于形势，思想就会保守，观念就会陈旧，久而久之，就可能导致思想滑坡、意志消退、精神萎靡、志趣庸俗，甚至走向堕落。只有不断加强学习，坚持终身学习，才能跟上时代步伐，才能适应工作需要，才能陶冶道德情操、提高思想境界、永葆健康向上的精神和心态。

2. 善于实践

社会实践是产生优秀道德品质的源泉。对于一个职工来说，职业活动是最基本、最经常的实践活动。铁路职工良好的职业道德品质的养成，归根到底，就是要按照铁路职业道德原则和规范，正确处理职业活动中“个人—他人—社会”的利益关系，而这种利益关系本身就是在职业活动实践中产生和表现出来的。离开了职业活动的实践，人们职业行为的善恶就无从产生，人们行为的善恶也就无从检验和改变。本职工作的实践是表现职工职业道德的重要领域，也是锻炼职工职业道德品质的主要场所。离开了本职工作的实践而空谈职业道德修养是毫无意义的。

3. 善于内省

所谓内省，是指人们通过内心的检讨和自我评价，使自己的言行符合职业道德规范的要求。只有在本职岗位的工作实践中，依据职业道德规范不断地评价自我的言行，进行自我反省，才能在职业活动中使自己的行为符合社会主义职业道德的原则和规范。

四、铁路职业道德建设

职业道德建设就是通过职业道德教育、职业道德实践活动、职业道德评价、职业道德管理等途径，有组织、有计划地对员工施加系统的职业道德影响，提高职工践行职业道德的自觉性，不断提升全行业的职业道德水平。加强铁路职业道德建设，提高铁路职工的思想道德素质，是一项意义重大、影响广泛、事关全局的基础工程，必须常抓不懈，持之以恒。

1. 铁路职业道德教育

铁路职业道德教育，就是铁路各级组织对干部职工在职业道德方面的思想引导，目的是帮助广大干部职工树立正确的世界观、人生观、价值观和道德观、法制观，提高对“人民铁路为人民”的宗旨和铁路职业道德基本规范、各岗位职业道德规范的认识，增强履行职业道德规范的信念。这是加强铁路职业道德建设的不可缺少的重要环节，是铁路各级组织的一项重要任务。

2. 铁路职业道德实践活动

铁路职业道德建设具有较强的实践性，要求我们紧密结合铁路运输生产实践的需要加强职业道德建设，通过开展践行职业道德的实践活动来提高职工的职业道德素质，通过制定切实可行的职业道德规范、建立健全激励约束机制，引导职工把职业道德落实到工作实践中。长期以来，铁路各级组织从实际出发，组织开展主题鲜明的职业道德建设活动，创造了“服务竞赛活动”“红旗列车、红旗车厢评比活动”“形象设计活动”等许多有效的活动方式，特别是“塑形活动”，致力于塑造内在高气质和外表美、行为美相统一的铁路职工形象，有力促进了铁路职业道德的建设。

3. 铁路职业道德评价

职业道德评价是指人们依据一定的道德标准，对他人或自己的职业行为所作的善恶褒贬的判断。职业道德评价也是职业道德实践活动的重要环节。职业道德评价分为社会评价和自我评价两种类型。社会评价指职业行为主体之外的组织或个人，通过各种形式的社会舆论，对当事人的职业行为所作的善恶判断。它对于职业行为来说，是一种外在的精神力，具有道德外在制裁的意义。当一个铁路职工的职业行为符合一定的社会或该行业的道德标准时，就被认为是善的，并受到支持和赞扬；相反，当一个铁路职工的职业行为违背一定的社会或该行业的道德标准时，则被认为是恶的，并受到批评、谴责。自我评价指的是人们对自己的职业行为所进行的善恶判断，是一种内在的精神力量，具有道德内在制裁的意义。当一个铁路职工接受了一定的社会或该行业的职业道德原则和规范，并将其转变为内心信念后，凡是符合内心信念的职业行为，会受到自我激励，产生自豪感；凡是不符合内心信念的行为，会受到自我谴责，产生羞愧感。

案例

【案例 2-1】有个人做了一个梦，梦中他来到一个二层楼的房子里。进到第一层楼时，发现一张长长的大桌子，桌子旁坐满了人，桌子上摆满了丰盛的佳肴，可是没有一个人能吃得到，因为大家的手臂受到了魔法师的诅咒，全都变成了直的，手肘不能弯曲，桌上的佳肴无法夹到口中，所以个个都愁眉苦脸。而楼上却充满了欢愉的笑声，他好奇地来到楼上，发现也是一群人，手肘也不能弯曲，但是大家却吃得很开心。原来他们的手臂虽然不能弯曲，但是他们彼此协助，互相夹菜喂对方，都享受到了丰盛的佳肴。

案例分析：没有一个人可以不依靠别人而独立生活，这本是一个需要互相协助的社会，先主动地伸出友谊的手，你会发现原来四周有这么多的朋友。在生命的道路上我们更需要和其他的个体互相协助、共同成长、创造美好生活。

【案例 2-2】猫在主人吩咐下到屋子里抓老鼠。它终于看到了老鼠，几个奔突来回，到底也没有抓到，后来老鼠一拐弯不见了。主人看到这种情景，讥笑道："大的反而抓不住小的。"猫回答说："你不知道我们两个的'跑'是完全不同的吗？我仅仅是为了一顿饭而跑，而它却是为性命而跑啊！"

案例分析：这就是典型的绩效问题。

【案例 2-3】真正的主动工作意识就是贯彻到底、解决问题。有一种管理方式叫作"剥五层皮"，就是任何问题问五次。例如：

问："机器为什么坏掉？"（第一问）答："电源开关坏了。"

问："电源开关为什么坏掉？"（第二问）答："电源开关中的熔断丝断掉了。"

问："熔断丝为什么断掉？"（第三问）答："材质不好。"

问："材质为什么不好？"（第四问）答："掺了杂质。"

案例分析：通常问了四五次之后，基本可以摸清问题症结所在。这种主动的意识是工作执行中最重要的意识。

【案例 2-4】

心态的力量

有一位教授找了 9 个人做试验。教授说，你们 9 个人听我的指挥，走过这个弯弯曲曲的桥，千万别掉下去，不过掉下去也没关系，底下就是一点水。9 个人听明白了，很快都走过去了。他们走过去后，教授打开了一盏黄灯，透过黄灯 9 个人看到，桥底下不仅有一点水，而且有几条在蠕动的鳄鱼。9 个人吓了一跳，庆幸刚才没掉下去。教授问，现在你们谁敢走回来？没人敢走了。教授说，你们要用心理暗示，想象自己走在坚固的铁桥上。通过不断诱导，终于有 3 个人站起来，愿意尝试一下。第一个人颤颤巍巍，多花了一倍时间；第二个人哆哆嗦嗦，走了一半再也坚持不住了，吓得趴在桥上；第三个人才走了三步就吓趴下了。教授这时打开了所有的灯，大家这才发现，在桥和鳄鱼之间还有一层网，网是黄色的，刚才在黄灯下看不清楚。大家现在不怕了，说要知道有网早就过去了，几个人陆续走了过来。只有一个人不敢走,教授问他:“你怎么回事?”这个人说:“我担心网不结实。”

案例分析:这个试验揭示的原理是心态影响能力。

思考题

1. 采访铁路劳模,交流、学习铁路职业道德修养的方法。结合现场实习,理解铁路职业道德规范。

2. 小测验

请同学们检测自己的责任感强不强。

责任感不强的典型行为如下:

(1)自我认为已经做得差不多了。

(2)虽然知道还有一些不完善的地方,但让下一个环节的人来处理吧。

(3)能感觉到这样会产生一些不良后果,但也许不会出什么事。

(4)在工作时间内已经很努力了。

(5)自己和别人的结果可能差不多。

(6)精益求精也没有止境,勉强过得去就行了。

(7)对责任的界定没有严格的标准,何必自讨苦吃。

(8)放大别人的缺点,为自己开脱制造借口,忽略自己的缺点。

(9)不出纰漏,万事大吉。

模块三　铁路职业意识与职业心理

学习目标

【知识目标】

1. 掌握铁路运输企业员工应具备的职业意识；
2. 把握铁路职业心理素质的特征；
3. 了解铁路职业心理的特征。

【能力目标】

1. 能够树立正确的职业意识；
2. 拥有健康的职业心理，冷静面对压力，调适好心情。

【素质目标】

培养学生具备正确的铁路职业意识和面对复杂职业环境应有的良好心理素质。

建议学时：4 学时

理论知识

单元一　铁路职业意识

一、职业意识的含义

职业意识(Professional Awareness)是作为职业者所具有的意识，以前称作主人翁精神。其具体表现为：工作积极认真，有责任感，具有基本的职业道德。

职业意识既影响个人的就业和择业方向，又影响整个社会的就业状况。职业意识由就业意识和择业意识构成。就业意识指人们对自己从事的工作和任职角色的看法，择业意识指人们对自己希望从事的职业的看法。

职业意识是人们对职业劳动的认识评价、情感和态度等心理成分的综合反映，是支配和把控全部职业行为与职业活动的调节器，包括创新意识、竞争意识、协作意识和主动意识等。

二、职业意识的功能

1. 职业意识对职业人的职业发展具有主导性作用

首先，职业意识有利于个体形成爱岗敬业的高尚情操。其次，职业意识是主体发挥创造性的主观条件。最后，职业意识对个体人生观的形成具有重要意义。

2. 职业意识是组织可持续发展的保障

与具体职业相关的职业意识，是对具体职业在长期建设、发展过程中所形成的管理思想、管理方式以及与之相适应的思维方式和行为规范总和的反映。企业管理的核心是对人的管理，经历了注重劳动结果到强调规范员工行为，再到注重培养员工职业意识的转变。培养职工职业意识是推进企业竞争力提高、促进企业经济效益增长的战略性举措。

3. 职业意识是建立和谐社会的重要途径

在市场经济条件下，建设和谐社会除了发展社会主义民主、健全社会主义法制、践行社会主义核心价值体系外，还包括从职业发展的内在需要入手，大力提倡正确的职业意识。

三、当代学生职业意识存在的主要问题

1. 社会责任感的淡化

在经济发展快速化、社会竞争激烈化、人际关系复杂化以及利益主体多元化的今天，随着知识层次的提高和社会阅历的增加，大学生受现代性因子的影响日渐明显和强烈，尤其是市场经济意识的蔓延和功利主义思想的感染，在一定程度上导致了一些大学生片面强调经济效益，一味追求物质实惠，进而出现大学生社会责任感淡化的不良趋势。

2. 职业定位的主观性(图3-1)

多数大学生对择业问题的考虑较晚，加之社会经验不足以及多变的就业市场的影响，造成大学生在进行职业设计时往往带有浓厚、鲜明的个人色彩，而忽视自我的客观评价与科学定位，难以保证自身素质、特长优势和所选职业要求的一致性。

a)　　　　b)

图3-1　职业定位的主观性

3. 择业观的趋同性

择业观的趋同性主要表现在：一是择业地的“亲大排小”和择业方位的“亲东排西”。大学生将目光主要放在大城市和东南部经济发达地区，对于小城市和西部欠发达地区则不太感兴趣。二是对择业单位的“亲高排低，亲私排公”。“亲高”就是追求高收入，“亲私”就是多数大学生热衷于选择在私企和外企就业。三是对择业岗位和环境的“喜新爱动”。大学生较喜欢流动性较大的岗位，喜欢接触新事物、新环境，喜欢具有挑战性的工作，如营销，公共服务、物流采购、信息收集及市场调查等。

四、铁路运输企业员工应具备的职业意识

1. 责任意识(图3-2)

从法律角度看，对任何一个社会人来说，权利可以放弃，但是责任和义务必须履行，对于即将步入职场的人更是如此。一方面，承担自己的责任，不能让自己的责任成为别人的负担，影响整个团队的效率；另一方面，也不能以此推卸责任，应筑起责任划分的堤坝，不应对责任交叉和责任空当置若罔闻，毫不关心。

图3-2　责任意识

人生在世，每个人都要扮演一定的角色。在

社会当中，作为国家的一个公民、社会的一名成员，都有自己的岗位和职业。在家庭当中，有可能既是父亲(或母亲)，又是丈夫(或妻子)，同时还是儿子(或女儿)。无论哪种角色，都相应地有一份职责要求，需要尽职尽责，做一个负责任的人，对孩子负责、对家庭负责、对自己的职业负责、对社会负责、对国家负责。

人生的境界、人活着的意义，往往由于其责任感的不同、履行职责的不同而划分出不同的层次。责任感既是一种高尚的情操，也是一种平凡的精神；既表现为在关键时刻挺身而出、慷慨赴义，也融合、渗透在人们日常的工作和生活中。

2. 安全意识(图3-3)

图3-3　安全意识

铁路运输是我国广泛采用的一种安全、快速、舒适、无污染且运量大的运输工具，由车务、机务、工务、电务、车辆等部分组成，犹如一架庞大复杂的联动机。在运营过程中，要求联动机的各个环节、各个部门相互配合，紧密联系，互为整体。行车安全不但关系到整个铁路系统的正常运作，而且关系到广大旅客的生命安全、国家财产的安全，所以安全是铁路的生命线和效益线。作为铁路职业化员工，应该树立“安全第一、预防为主”的安全意识。

3. 服务意识(图3-4)

很多企业都会谈到员工的“服务意识”这一概念。那什么是“服务意识”呢？服务意识是指企业全体员工在与一切和企业利益相关的人或企业的交往中所体现的为其提供热情、周到、主动的服务的欲望和意识，即自觉主动做好服务工作的一种观念和愿望，它发自服务人员的内心。

图3-4　服务意识

服务意识有强烈与淡漠之分，有主动与被动之分。这是认识程度问题，认识深刻就会有强烈的服务意识。有了强烈展现个人才华、体现人生价值的观念，有了以公司为家、热爱集体、无私奉献的风格和精神，就会有强烈的服务意识。

4. 主动工作意识

能主动工作，就是工作的主人，否则就是工作的奴隶。工作就是主动、行动与热情，只有贯彻到底，才能解决问题。

如果能在一个职业化意识很强的群体里受到周围人的感染，自身也会努力勤奋起来，做最好的自己，逐渐实现自己的职业化，或成为成功的人，或成为这个群体的领导者，或开创自己的新事业，或在某方面成为专家。

在一个非职业化而散漫懒惰的群体里，即使是一个优秀的人也可能会变成懒汉。因为如果不能改变这个群体，就要被这个群体同化。人总是有惰性的，如果周围的人都不思进取、沉迷于安乐，对工作得过且过，没有计划性，没有长远性，没有良好的执行力，组织框架松散无序，在这种环境的感染下，再勤快的人也会变成一个碌碌无为的人。

环境与个人的因素是相互影响、相互转变的，环境可以改变人，但反过来，人也可以改变环境。其中关键的是人的主动性，如果自己把握了主动性，则可以改变自己的环境；如果自己放弃了主动性，则必然会被环境改变。争取改变环境，努力改变自己，千万不要做“三等”人，即等下班、等薪水、等退休，否则，只能提前下岗，提前退休，至于那份薪水也不用等了。

5. 细节意识（图 3-5）

“不积跬步，无以至千里。不积细流，无以成江海。”成功从来都不是一蹴而就的，成功是一个不断积累的过程，对待小事、对待细节的处理方式往往反映了一个人的工作态度。是积极面对，脚踏实地，无论什么工作都尽心尽力完成，还是整日空想成功，却不愿从身边的事情做起，这两种截然不同的态度，就是成功者与失败者的区别。

图 3-5　细节意识

再高的山都是由细土堆积而成的，再大的河海也是由细流汇聚而成的，再大的事都必须从小事做起，先做好每件小事，大事才能顺利完成。忽略一个细节往往会铸成人生大错，会造成事业巅峰之危；而一个细节的讲究，可能会让企业兴旺发达，成就辉煌的事业。

6. 客户意识

什么是“优质服务”？这是服务业一直在探寻的话题，可能 100 名员工会有 100 个不同的答案，100 位客户也会有 100 个不同的答案。但无论时代怎么发展，服务业如何变化，真诚与耐心地为客户考虑一切，以客户为导向，是服务恒久不变的精髓，这就是为什么“勤”能补拙，“耐心”同样也能补拙的道理。

服务永无止境，树立铁路企业品牌需要所有员工优质的服务。一个企业的发展靠的是先进的技术、高标准的质量和贴心的服务，我们要微笑面对竞争，微笑面对服务，微笑面对每个客户。

7. 沟通意识（图 3-6）

沟通是一门艺术，是一名铁路企业从业人员不可或缺的能力。对于大多数服务者来说，沟通能力往往是其服务工作成功的一个阶梯，这标志着成功了解客户的需求，并给予良好的反馈，如此往复不已，才能推动服务工作不断跃上新台阶。在现代服务业竞争日益激烈的今天，铁路职工要用自身良好的服务素质与行动使客户有真正被尊重和重视的感受。

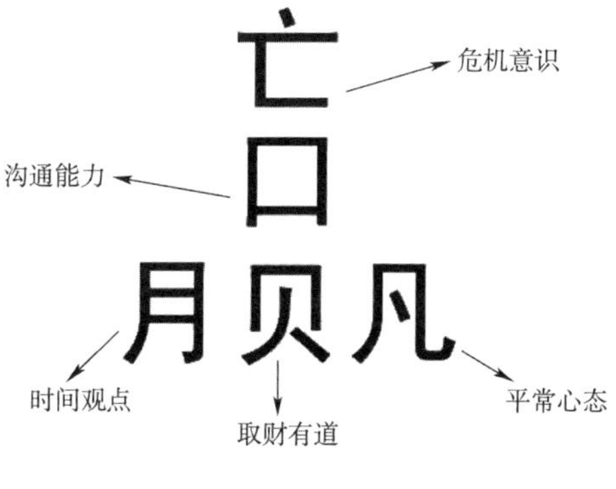

图 3-6　沟通意识

沟通其实是一种现实哲学。需要是沟通人生的源泉，倾听是提高沟通效果的保证，人格魅力是沟通人生的基础，双方共赢是沟通人生的原则，情绪的正确表达与调节是沟通人生的条件。把这些理念运用到实践中是需要不断尝试的，更需要不断地总结，这样才能达到先知先觉的境界。

8. 协作意识（图 3-7）

步入职场，首先进入一个团队，每位职业者都在追求实现个人价值的最大化，然而成功必须依赖团队的协作。在团队的协作过程中，注重经营人脉资源，是构筑职业发展平台的基础，学会与人协作，是职业人的必修课。俗话说，“一个和尚挑水喝，两个和尚抬水喝，三个和

图 3-7　协作意识

尚没水喝”“一只蚂蚁来搬米，搬来搬去搬不起，两只蚂蚁来搬米，身体晃来又晃去，三只蚂蚁来搬米，轻轻抬着进洞里”。上面这两种现象有截然不同的结果。“三个和尚”是一个团体，他们没水喝是因为互相推诿、不讲协作；“三只蚂蚁来搬米”之所以能“轻轻抬着进洞里”，正是团结协作的结果。有首歌唱得好——“团结就是力量”，而且团队合作的力量是无穷尽的，一旦被开发，这个团队将创造出不可思议的奇迹。

小溪只能泛起破碎的浪花，海纳百川才能激发惊涛骇浪，个人与团队关系就如小溪与大海。每个人只有将自己融入团队，才能充分发挥个人的作用。总之，团队精神对任何一个组织来讲都是不可缺少的精髓，否则就如同一盘散沙。一根筷子容易弯，十根筷子折不断，这就是团队精神重要性的直观表现，也是团队精神重要之所在。

9. 竞争意识（图 3-8）

作为企业员工，必须懂得入职竞争、岗位竞争、服务竞争、生存竞争是无处不在的。“市场不相信眼泪，竞争不同情弱者”，要想使自己变得强大，作为新时代的员工必须具有强烈的竞争意识和敬业意识，努力熟悉本岗位的工作程序、设备的操作方法，做好规范化、标准化、细节化服务，形成客户至上、一丝不苟的工作作风。只有竞争意识强、学习欲望高的员工，才能在竞争激烈的社会中不断提升自己、充实自己，才不至于遭到社会的淘汰。

图 3-8　竞争意识

在市场经济条件下，企业要生存、要发展，必须具有强烈的竞争意识，同时，技术创新是推动企业发展的基本力量，也是企业提高竞争力的重要源泉。

一个企业就是一个团队，这个团队能否在竞争中屹立不倒，很大程度上取决于团队成员之间的分工协作、相互配合是否发挥出了巨大的能动作用。不管是企业还是个人，在竞争中取胜的最好办法都是提高自己的竞争意识。作为一名员工，要增强对竞争的认识，要有一种比竞争对手做得更好的意识，在脑海里扎下竞争求胜的根，敢于竞争、善于竞争，这样才能在企业的竞争和发展中有所作为。

10. 短板意识（图 3-9）

图 3-9　短板意识

众所周知，木桶是由许多块木板箍成的，盛水量也是由这些木板共同决定的，若其中一块木板很短，则此木桶的盛水量就被短板所限制，这块短板就成了这个木桶盛水量的“限制因素”，若要增加此木桶的盛水量，只有换掉短板或将短板加长。人们把这一规律总结为“木桶原理”或“木桶定律”，又称“短板理论”。

“木桶定律”告诉我们,人要有短板意识。如果个人在哪个方面是“最短的一块”,应该考虑尽快把它补起来。如果所领导的集体存在“一块最短的木板”,也一定要迅速将它做长补齐,否则它带来的损失可能是毁灭性的。构成一个组织的各部分往往是优劣不齐的,但劣势部分往往决定着整个组织的水平。但是劣势部分是组织的一个组成部分,不能把它当成烂苹果扔掉,否则会一点水也装不了。劣势决定优势,劣势决定生死,这是市场竞争的残酷法则。

理解“木桶定律”并不足以使我们真正弥补企业和个人的弱点与缺陷。因此,我们不仅要理解“木桶定律”,更要了解“木桶定律”产生的根源;不仅要认识到短板的危害,更要知道如何寻找短板、补短和除短;不仅需要短板,更需要注意木板间的结合是否紧密。

11. 学习意识(图 3-10)

在企业中,有一个重要的增加知识的方法——不会就要问。不耻下问,远自孔夫子以来就是我们的美德。书到用时方恨少,平常若不充实学问,临时抱佛脚是来不及的,就像有人时常抱怨没有学习机会,不进行学习,当升迁机会来临时,却因自己平时没有积蓄足够的学识与能力而不能胜任,只能追悔莫及。

图 3-10 学习意识

21 世纪的企业需要成为学习型企业,那么个人最重要的能力是什么?同样也是学习能力。学习必须有高度的自觉性,有强大的自律能力并深信自己有足够的能力去管理学习过程。学习成长的路是崎岖不平的,这是一条充满痛苦及喜悦的路,挫折、迷惑、抵制各种偏离目标的诱惑、自我反思等,都会使人内心感到痛苦,而当战胜它们,看到自己一步一步成长,看到自己脱胎换骨时,那将是人生最大的喜悦。但如果高度的自觉性和强大的自律能力,在成长路途中则随时可能倒下。

谨记:活到老,学到老——要永远学习,企业是一个大学堂;海纳百川,有容乃大——三人行,必有我师焉,要善于向他人学习;少壮不努力,老大徒伤悲——不要等到被同龄人远远甩在后面才恍然悔悟;我们处在一个充满竞争的时代——具备“比他人学得快的能力”是唯一能保持的竞争优势;不明白就要问——不管在公司的职衔是什么,总会有不明白的地方。

12. 创新意识(图 3-11)

图 3-11 创新意识

创新意识缔造核心竞争力。科技创新能力的重要性已经获得了普遍的社会认同,甚至已经成为人才取舍的标准之一。大学生要想在求职过程中觅得一个理想的职位,培养自身创新能力是关键因素之一。只有具备独特的创新意识,才能赢得成功。

影响创新力的几大障碍:一是功能固着心理。一个人看到一种惯常的事物功用或联系后就很难看出其他新的功用或联系。二是思维定式效应。固定的思维模式使人们习惯于从固定的角度来观察、思考事物,以固定的方式来接受事物。三是自我选择效应。一旦个人选择了某一人生道路,就存在向这条路走下去的惯性并且不断自我强化。四是从众效应。每个人都有不同程度从众倾向,总是倾向于跟随大多数人的想法或态度,以证明自己并不孤立。

13.职业心态

职业心态是指在职业当中,根据职业的需求,表露出来的心理感情。

好的职业心态是营养品,会滋养我们的人生,积累小自信,成就大雄心;积累小成绩,成就大事业。

苹果公司创始人乔布斯说过,最使人疲惫的往往不是道路的遥远,而是心中的郁闷;最使人颓废的往往不是前途的坎坷,而是自信的丧失;最使人痛苦的往往不是生活的不幸,而是希望的破灭;最使人绝望的往往不是挫折的打击,而是心灵的死亡。造成这些不幸的原因,是态度的变化,态度决定一切。

拿破仑·希尔说:"人与人之间只有很小的差异,但这种很小的差异却往往造成了巨大的差异!很小的差异就是所具备的心态是积极的还是消极的,巨大的差异就是成功与失败。"

单元二　铁路职业心理

一、职业心理的内涵

职业心理是人们在职业活动中表现出的认识、情感、意志等相对稳定的心理倾向或个性特征。

同人一样,职业也有拟人化的心理和性格,不同的职业具有不同的性格特质。在职业心理中,性格影响着一个人对职业的适应性,一定性格的人适于从事一定性格特质的职业;同时,不同的职业对人也有不同的性格要求。在求职的路上,了解自己所选择的职业性格对于自己的职业的发展来说是非常关键的。

(1)职业活动伴随共同的心理过程。

人们在职业活动中要经历选择职业、谋求职业、获得职业或者失业、再就业的过程。在这些过程中必然伴随着认知、情感、意志等共同的心理过程。如对选择的职业进行认识和深入的了解,通过思维想象发生情感的心理过程。当选择的职业符合个人的需要和客观现实时,就会产生兴奋、愉快,甚至兴高采烈、欣喜若狂的情绪,反之则会让人情绪低落、闷闷不乐,甚至悲观失望、垂头丧气。

(2)职业活动中反映出个性的差异。

不同个性心理特征的个人,适合不同的社会职业,在选择职业时又有不同的心理表现,认识、情感、意志表现出不同的特点。例如,有的人反应敏捷、全面,有的人则反应迟钝、片面;有的人达观、豁朗,有的人则反应忧虑、退缩;有的人果断坚决,积极克服困难去实现目标,有的人则朝三暮四、犹豫彷徨、知难而退。

(3)不同职业阶段有不同的职业心理。

职业活动中的心理现象千奇百怪,纷纭复杂,依据职业活动经历的过程,职业心理可分作择业心理、求职心理、就业心理、失业心理、再就业心理等。不同阶段的职业心理对职业会产生不同的影响。

(4)不同的职业心理特点影响着人们的生活。

择业、求职、就业、失业、再就业等不同阶段的人的心理特点,时刻影响着人们的生活态度、生活方式、价值取向。职业心理对大学生的职业选择起着很重要的作用。“知己知彼,百战不殆”,这句话道出了职业选择过程中一个很重要的原则:认识自己,了解自己,熟知自己的个性心理特征和心理过程,把个人的职业意愿和自身素质相联系,根据社会的需要和社会职业岗位需求的可能性,评价出个人职业意向的可行性,以积极的态度去选择职业。

二、铁路职业心理的特征

铁路职业心理是指人们在选择铁路职业、从事铁路工作时,对铁路行业、铁路工作环境以及自身与铁路的关系的一种认知、情感和态度。包括以下三个方面:

(1)对铁路职业的认知。

对铁路职业(图3-12)的认知包含对铁路企业历史和企业文化的认知,对自己投身铁路实现职业理想与职业价值的认知,对铁路企业各工种所需职业道德、职业技能、职业特质的认知,对铁路安全知识和安全文化的认知,以及对铁路未来发展的认知,等等。

图3-12 铁路职业

(2)对铁路职业的情感。

所谓对铁路职业的情感,即在认识铁路职业过程中,对铁路职业产生的各种情感上的主观体验,如喜悲、苦乐、爱恨等,这些都是对铁路职业的态度体验及作出的相应反应。适当的情绪情感对我们的认知活动具有积极的组织功能,而不当的情绪情感对我们的认知活动具有消极的瓦解功能。个人情感不仅会提高或降低工作业绩,还会影响到行为和组织中其他成员的情感。如果热爱铁路职业,就容易在铁路工作、生活中产生良性的情绪情感,良好的情绪情感会提高大脑活动的效率,提高认知操作的速度与质量,不仅能够使人安全、高效地做好铁路工作,还能促进他人与自身良性情绪的提升,使自己更愉悦,人际关系更为良好,也能促使我们更热爱铁路这个职业。

(3)对铁路职业的态度。

职业的能力多种多样,但是最基本的有五大能力,包括观察能力、思维能力、记忆能力、想象能力和实际操作能力。这些能力在铁路不同工种中会有不同的加减需求,但是如果没有为职业付出的意愿,工作绩效也不会太高。因为,人力资源管理专家的研究结果表明,个人的工作绩效等于工作能力乘以工作意愿,即工作绩效 = 工作能力 × 工作意愿。其中,主导意愿的主观因素有三点:兴趣、态度与执行能力,影响意愿的客观环境因素有组织形式、人际关系等。两者结合紧密、相得益彰,职业者才会有良好的工作态度,如勤奋、尊重、忠诚、较强团队协调能力等。一般而言,铁路基层职工的工作能力差异并不大,所以对铁路工作绩效影响最大的就是工作意愿。如果对铁路职业有兴趣,意愿必然高,执行能力会更强,工作绩效或表现会更趋于理想。反之,工作意愿不佳,即使有浓厚的兴趣与较高的执行能力,也是个人意志力与个人色彩在工作中的展现,而非铁路企业所需要的团队力量的绩效展现。有好的工作意愿,组织的工作绩效才具有加倍的效果,职业者也才能有对铁路企业的忠诚。

由此可见，要想成为一个真正的职业人，就应该有好的心理素质，有积极的与社会发展相统一的价值观导向，还要有对于铁路企业的承诺。

三、铁路职业心理的培养

1. 择业心理准备(图 3-13)

(1)职业性格与认识自我。

全面了解自己的个性特征是选择职业的重要前提。个性是个体统一的心理面貌，是指人的心理活动中那些稳定的、具有个人特色的心理特征与心理倾向组合成的有层次的动力整体结构。它以个体稳定的行为模式与态度体系表现出来。个性特征包括气质、性格、智能，左右着个体的行为表现。个性特征的职业适应倾向也是很明显的。气质是心理活动的动力特征，包括心理活动的速度、强度、倾向性等方面的特征，是一种典型而稳定的个性心理特征。性格则表现为人对现实的态度和行为方式中比较稳定的、独特的心理特征的总和。气质和性格往往对职业选择和事业成功与否有很大影响。性格与智能也与择业密切相关，性格与智能的差异往往是能否适应某一职业及在该职业中有所成就的影响因素。个性特征的自我了解可通过科学的心理测量等方式来进行。

图 3-13　择业心理

兴趣是爱好的推动者，爱好是兴趣的实行者。人们对职业的选择往往从自己的兴趣爱好出发，这就更需要认真分析自己的兴趣爱好。在求职择业前必须明确自己的兴趣爱好是什么。

能力、特长包括受到的教育培训的程度。能力是求职择业及事业成功的重要保证。能力包含的内容主要有两个方面：一是思维能力，二是工作能力。思维能力主要包括思维的独立性、抽象性、敏锐性、广阔性、批判性、创造性、灵活性等方面；工作能力主要包括语言表达的能力、写作的能力、计算的能力、学习的能力、劳动的能力、专业的能力、发明创造的能力等。如果是重新谋求职业者应分析自己的工作成绩和缺点，以便在求职时扬长避短。

在求职择业时必须正确认识到自己的性别、年龄、身体健康情况、胖瘦、高矮以及相貌等生理方面的因素。例如，体质较差，难以从事繁重体力劳动；有些工作，女同志(或男同志)不能胜任等。这些都是求职者在择业前必须正确认识到的。

(2)正确面对择业时的焦虑心理。

大多数大学生毕业时，面对择业都会产生焦虑心理，只有正视焦虑心理，才能迫使自己行动起来。

首先，积极面对。采取回避的应对方式虽然可以降低焦虑程度，但其作为一种消极的方式，并不能解决就业问题，长此以往要付出较大的代价。

其次，把握就业机会，顺利实现就业。近些年，铁路发展很快，根据国家《中长期铁路网规划》，到 2020 年，全国铁路营业里程要达到 10 万千米，主要繁忙干线要实现客货分线，复线率和电化率要达到 50%，运输能力要满足国民经济和社会发展需要，主要技术装备要达到或接近国际先进水平。为实现这一目标，铁路需要大量的人才储备，大学生可以把握这个机会，实现自己关于职业的梦想。但还需要有正确的自我认知，择业期望过高，只注重经济效益和区域环境，讲究金钱第一、环境第一，不愿到环境待遇差的地方，就容易出现“高不成，低不就”的状况，很容易出现决策犹豫心理，从而错过良好的就业机会。

总之，就业是我们人生发展的重大转折点，是我们从“自然人”向“社会人”过渡的重要阶段，而择业心理是指我们在择业过程中对自己、对职业及其周围环境等的认识、了解、推理与判断。

2. 就业心理准备（图3-14）

人一生中要扮演很多种角色，大学生到铁路企业去工作，是一次角色转变的过程，是实现由“学生”到“铁路人”的转变。因此，要树立角色意识，尽快实现角色转变。

（1）职业化的概念。

当我们告别校园、决定加入一家企业的时候，某种程度上代表我们已经认同这家企业作为自我发展的平台，既然已经决定加入这家企业、在这里开始自己的职业生涯，那就必须认同它的文化，在行为规范上必须表现出一种团队的身份，具有团队协作精神，对团队的组织文化具有高度认同感。

图3-14　就业心理

作为职业者，必须具有高度的自我管理和自我领导意识。铁路企业中，很多工种都需要单独作业，如机车司机、列检人员等，而单独作业需要养成高度的自律意识，对自己负责才能对企业负责，对企业负责才能真正对自己负责。

（2）工作态度。

安全是运输行业永恒的主题，责任心不强、违章作业、玩忽职守等因素是铁路安全的最大杀手。因此，固本强基，夯实安全基础，最首要的任务是铁路职工要有好的工作态度。这主要取决于铁路职工的职业道德和职业技能，也取决于铁路职工的综合素质。

（3）铁路职业化的实现。

对绝大多数大学生来说，大学阶段度过的是一种单纯而有保障的生活，学习、生活都比较有规律，而这样的生活与铁路职业生活现实自然存在一定的距离，所以我们要学会角色转变。

所谓角色转变，主要是指由一个大学生到一个铁路职工的转变。根据铁路行业《国家职业技能鉴定规范》目录，铁路行业职业有近70个，如铁路客运员、铁路售票员、售票值班员、客运值班员、客运计划员、货运员、货运值班员、货运调度员、货运计划员、货运安全员、货运检查员、车站值班员、助理值班员、信号员、车号长、指导车长、运转车长、车站调度员、铁路行李员、车电工、发电车乘务员、电力线路工、通信工、机车检查保养员、机车整备工、列车值班员、餐车长、机车调度员、救援机械司机等。职业名称不同，标准要求也不同，但铁路职业化的工作技能就是要认同铁路职业规范，认同铁路安全规章制度，大学生只有努力学习铁路职业所需要的知识与技能，才能成为铁路企业需要的人才。

3. 有效应对职业压力（图3-15）

（1）职业压力。

压力是现代社会人们最普遍的心理和情绪上的体验。它至少有三种不同的含义：一是

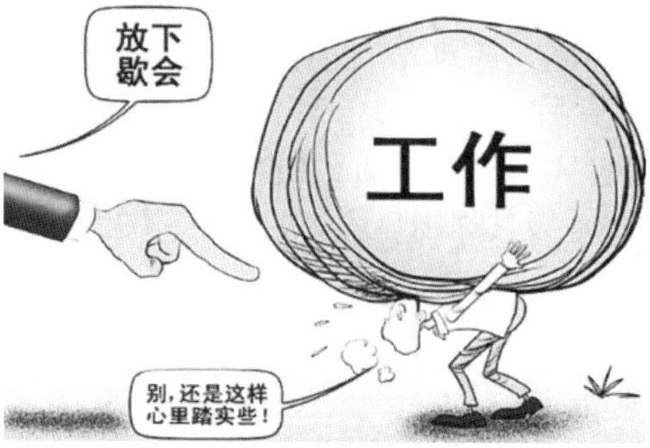

图 3-15　职业压力

指那些使人感到紧张的事件或环境刺激；二是一种身心反应，如个人行为、思维及情绪等主观体验以及包括心跳加速、口干舌燥、胃部紧缩、手心出汗等身体反应在内的生理成分；三是指一个过程，即压力从产生到消失会经历的一个起伏消长、个体要面临适应的过程。

（2）职业心理枯竭。

职业心理枯竭用以描述工作中的个体所体验到的一组负面症状，如长期的情感耗竭、身体疲劳、工资收入的降低、对待服务对象不耐烦的态度和降低工作成就感等。在以人为服务对象的职业领域中，个体情感耗竭、人格解体和个人成就感降低的症状，一般表现为以下六大特征：

①生理上表现为耗竭感、持续的精力不济、极度疲乏、虚弱、失眠、头痛、背痛、肠胃不适等症状。

②认知上表现为注意力不集中、思维效率降低等。

③情绪上表现为烦躁、易怒，责备、迁怒等。

④自我评价上表现为对自己工作的意义和价值的评价下降。

⑤人际关系上表现为“去人性化”的特点，以一种消极的、否定的、麻木不仁的态度和冷漠的情绪对待自己周围的人。

⑥行为上表现为对他人的攻击性行为和人际摩擦的增多，极端的枯竭状态会使人出现自伤或自杀的倾向。

（3）职业压力应对方法。

假如我们是在人与职业匹配好的前提下选择了铁路工作，那么，工作压力主要来自外部环境和人内心的一种自我期望，适度压力能让人产生挑战自我的激情和斗志，而过度的压力则会产生焦虑、沮丧等不良心理，从而引发身体疾病，最终达到职业倦怠的程度。

我们都知道，任何心理健康的标准都是理想化的，反映的只是人努力追求的方向，实际生活中每个人都难免偶尔有异常的心理。对这些异常心理，我们既不应忽视，也不必过于敏感，职业心理健康也不例外。面对真实的职业生活，我们应该对随时可能出现的误解、伤害、挫折、不幸有所准备，心理障碍一旦出现，就要有勇气以适当的方式消除心中的阴影，如果一味深埋于心，就很有可能导致身心不健康。科学文明的生活观念、健康向上的人生态度不仅有利于自身心理健康的保持，还可以为别人提供良好的“生态环境”。所以说，个体加强身心自我保健的方法更多体现在态度上，正如心理学家马斯洛所说的“心若改变，你的态度跟着改变；态度改变，你的习惯跟着改变；习惯改变，你的性格跟着改变；性格改变，你的人生跟着改变”。因此，为促进职业心理健康的良性发展，减少职业倦怠，我们对“准职业人”提出以下建议：

①尽快实现角色转换，完成角色适应的过程。

心理学家认为，自我是通过学习、扮演其他人的角色发展而成的，是他人对自己看法的总和，是各种角色的总和，代表了占有一定社会地位的人所期望的行为。作为“准职业人”，当我们加入铁路企业给予其承诺时，就要开始进行角色转换，学习和适应“铁路职工”这个角色，了解和掌握铁路职工的行为规范、权利和义务、态度和情感、必要的知识和技能，并且把学到的东西有机地结合起来，内化为自己的角色意识。角色意识强的人适应铁路企业、扮演好铁路人角色的时间会短一些，角色意识差的人正好相反，适应的时间会长一些，内心的矛盾与冲突也会多一些。

②发现和培养自己的职业兴趣。

研究表明：如果一个人对某项工作有兴趣，就能在工作中发挥他全部才能的80%～90%，并且长时间保持较高的工作效率而不感到疲倦；而对工作没有兴趣的时候，只能在工作中发挥其全部才能的20%～30%，也容易筋疲力尽。由此看出，一个人只有在从事他所热爱的职业时，在充分发挥自己的能力时，才能更快地取得成功。

兴趣是动力的源泉。对一个人来说，对工作感兴趣，就更愿意钻研，更容易有所成就。所以，准"职业人"要找准自己的位置，找出自己最感兴趣、可以发挥最大才能的职业岗位和工作项目。同时，要适当注意兴趣、爱好的拓宽与更新，这样可以减少职业倦怠感，也能拓展新的职业领域。

在现在这个知识经济时代，每个人都需要有一个专家网络体系来帮助自己完成任务。随着铁路的飞速发展，我们需要经常问问自己：如何才能最快地获取工作所需要的知识与信息？通过谁才能找到掌握着最有用的知识与信息的人？一个有头脑的职业人常常在事前就注意寻找值得学习的人，努力与之建立密切的个人关系，建立个人和组织的知识网络。当然，一个出色的职业人也要想方设法让自己成为这个知识网络中具有知识价值的网点。因为任何专家都愿意与那些同样掌握着对自己有用的知识的人分享知识。

学历代表过去，只有学习力才能代表将来。尊重经验的人，才能少走弯路。一个好的团队，应该是学习型的团队。美国GE公司（通用电气公司）的CEO（首席执行官）韦尔奇说过："你不一定非要找才华横溢的人，但一定要找善于学习的人，这是衡量一个人智商的重要标准。"对于"准职业人"，有以下建议供参考。

建议一：在岗位上做出业绩，不要过于固执。工作时时在扩展，不要总是以"这不是我分内的工作"为由来逃避责任。当额外的工作指派到你头上时，不妨视之为考验。你接受的工作即使再艰巨，鞠躬尽瘁也要做好，千万别表现出你做不来或不知从何入手的样子。接到工作后要立刻动手，迅速准确地及时完成，给人反应敏捷的印象是金钱买不到的。

一个接一个的工作都被你做好了，你的能力在工作中表现出来了，你的职业就已经通过你自己的努力得到了发展。当企业觉得你能够做得更好的时候，它就会给你更大的舞台、更多的发展机会。

建议二：成为企业不可缺少的人。你应该时刻关注企业的发展趋势，了解行业的最新动态，并且思考企业在未来的发展中需要职工具备什么技术或才能，以便及早准备，使你的个人价值在持续挑战中水涨船高，成为企业需要的人才。

铁路客运专线的发展、客货运的分离、新型设备设施的引进、新的管理理念的诞生和制度的创新、安全文化的建立、多次大提速等，需要我们思考其中有多少需要学习的东西，如果故步自封，无异于自断职业之路。

建议三：多为他人考虑，多为他人着想。

建议四：尊敬你周围的人。

不管面对的是领导、同事还是下级，哪怕是清洁工，也不管对方是什么文化程度，你都要有一种坦然，要尊敬他们。在一个大企业里，优秀人才太多了，你周围可能全是精英。那么，你怎样才能在这个精英团队中生存下来呢？方法是你一定要坦然地在这个精英团队里虚心学习每一个人的长处。

建议五:注意个体身心的自我保健。

“准职业人”如要尽快适应铁路生活,就要注意以下两点:

①形成良好的生活节奏,如倒班的人要养成休息的习惯,不要熬夜;要有规律地运动,饮食正常等。

②增加积极的情绪体验:挫折无法避免,矛盾普遍存在,情绪困扰的产生十分正常,我们要敢于面对并努力给每一种挫折赋予积极的意义。

请牢记以下五个快乐的小秘诀:

a. 不要存有憎恨的念头;

b. 不要让忧虑沾染你的心;

c. 简单地生活;

d. 多分享;

e. 少欲求。

当然,如果累了、痛了,我们也可以学习如何正确地感知并认识自己的心理,学会调节、释放和自我按摩,为自己做一些心理修炼,同时配合一些外部方法,如每日静坐。每天夜里用5~10分钟安静地坐一坐,集中精神想想对你来说可喜的事,并告诉自己:我们无法掌握将来,只能把握现在,做好现在的工作。此外,还可以倾听音乐或向朋友倾诉;放声大笑:每天不要紧绷神经,尽量在工作中放松自己,开口大笑,展示自己开朗、大方的人格魅力。也可以适当娱乐。工作之余,暂时将压力抛开,约家人或朋友看电影,体会亲情友情的重要。或者周末时让自己安静地休息一下,到郊外爬山、散步、呼吸新鲜空气。

另外,深呼吸是最快、最简单的情绪调节方法,可以使人达到心平气和、气定神闲、心安理得、心旷神怡等状态;可以调气调息,摆脱情绪的纷扰,达到理性的回归。还可以采取运动疗法、旅游疗法、艺术疗法、洗浴疗法等。

当然,如果在职业中自己处于实在不能承受压力的状态,或者身心疲惫到了职业枯竭的状态,不妨考虑离职休养一段时间,或考虑重新就业。

案例

【案例3-1】

你怎么不问一声呢

有一个博士被分配到一家研究所,成为研究所内学历最高的人员。有一天,他到单位后面的小池塘去钓鱼,正好正、副所长在他的一左一右,也在钓鱼。

他只是微微点了点头,想:“和这两个本科生有啥可聊的呢?”不一会儿,正所长放下钓竿,伸伸懒腰,“噌噌噌”地从水面上健步如飞地走到对面上厕所。博士眼睛睁得大大的:“水上漂?不会吧,这可是一个池塘啊。”博士如是想。正所长上完厕所回来的时候,同样“噌噌噌”地从水面上走回来。博士很好奇但又不好去问,自己可是博士生!

过一会儿,副所长也站起来,“噌噌噌”地飘过水面去上厕所。这下子博士更是差点昏倒:“不会吧,到了一个江湖高手集中的地方?”正巧的是,博士也内急了。这个池塘两边有围墙,要到对面厕所非得绕十分钟的路,而回单位上又太远,怎么办?

博士不想绕远,也不愿意去问两位所长,憋了半天后,也起身往水里跨,“我就不信本科生能过的水面,我博士生不能过”。只听“咚”的一声,博士栽到了水里。两位所长将他拉了出来，问他为什么要下水，他问：“为什么你们可以走过去呢？”两位所长相视一笑：“这池塘里有两排木桩子，由于这两天下雨，木桩子正好在水面下。我们都知道这木桩子的位置，所以可以踩着桩子过去。你怎么不问一声呢？”

【案例 3-2】

一个人的工作，将书写成自己的简历

A 对 B 说：“我要离开这个公司。我恨这个公司！”

B 建议道：“我举双手赞成你报复！这破公司！一定要给它点颜色看看。不过你现在离开，还不是最好的时机。”

A 问：“为什么？”

B 说：“如果你现在走，公司的损失并不大。你应该趁着还在公司的机会，拼命去为自己拉拢一些客户，成为公司独当一面的人物，然后突然带着这些客户离开公司，公司才会受到最重大损失，变得非常被动。”

A 觉得 B 说得非常在理，于是努力工作，事遂所愿。经过半年多的努力工作后，他有了许多的忠实客户。

再见面时，B 对 A 说：“现在是时机了，要跳槽的话就赶快行动哦！”A 淡然笑道：“老总跟我长谈过，准备升我做总经理助理，我暂没有离开的打算了。”

其实这也正是 B 的初衷，一个人的工作，将书写成自己的简历。只有甘于付出大于得到，让老板真正看到你的能力大于现在所在的位置，他才会给你更多的机会，让你替他创造更多利润。

【案例 3-3】

孔雀的悲哀

我正在上班，朋友突然神秘地说：“做一个心理小测验如何？”

“说吧。”我好奇心顿起。

“有五种动物，老虎、猴子、孔雀、大象、狗。你到一个从未去过的原始森林探险。带着这五种动物，四周危险重重，你不可能都将它们带到最后，而不得不将它们一一放弃。你会按着什么样的顺序放弃呢？”

考虑良久之后，我说：“孔雀—老虎—狗—猴子—大象”。“哈哈哈”，朋友大笑起来，“果然不出所料，你也首先放弃孔雀。知道孔雀意味着什么吗？”看着困惑的我，朋友向我解释：“孔雀代表你的爱人，老虎代表你对金钱和权力的欲望，大象代表你的父母，狗代表你的朋友，猴子代表你的子女。这个问题的答案意味着在困苦的环境中你会首先放弃什么，让你看看你自己是什么样的人。”

“孔雀代表我的爱人？！”我一下惊呆了。在困苦的环境中我会最先放弃我的爱人？

我是这样的人吗？在选择中，我为什么首先放弃孔雀呢？因为我觉得孔雀是在艰苦的环境中最不能帮助我的东西。我对朋友的评价很不以为然。于是开始让许多人来做这个游戏。正像朋友说的那样，无一例外，大家首先放弃的都是孔雀。

当我最后揭示答案时，许多人的反应也和我一样。甚至有人说：“设计这个游戏的人，一定心理不太正常。”有一天我给一位朋友打电话的时候突然想起了这个游戏，于是我也让他做。这个朋友考虑了很久之后对我说：“猴子—老虎—大象—狗—孔雀。”

我大吃一惊，他是我遇到的唯一的选择最后放弃孔雀的人。“为什么最后放弃孔雀？”我一个劲儿地追问。

他对我的问题倒吃了一惊，说："你想想，在这所有的动物中，唯有孔雀是最没有保护自己的能力的，我怎么能轻易放弃，让它置身于一个危险的环境中呢？"我顿时明白了我的悲哀。我们进行职业选择和适应职业的过程中如果太多地考虑企业和他人对我们的付出，而没有想到别人需要我们什么样的付出，很容易陷入心理不平衡的状态，希望"孔雀的悲哀"能够给我们一些启示。

【案例 3-4】一个心理学教授到精神病医院参观，准备返回时，发现自己的车胎被人卸掉了，而且卸车胎的人居然连螺丝也卸掉了，他着急万分。一个精神病人蹦蹦跳跳地过来，问教授发生了什么事，教授出于礼貌告诉了他，精神病人哈哈大笑："我有办法！"他从每个轮胎上卸下一颗螺丝，将备用胎装好了。

教授感激之余，大为好奇："请问你是怎么想到这个办法的？"精神病人说："我是精神病人，可我不傻啊！"

【案例 3-5】

你也在井里吗

某个农夫的一头驴子，有一天不小心掉进一口枯井里，农夫绞尽脑汁想救出驴子，但几个小时过去了，驴子还在井里痛苦地哀嚎。

最后，这位农夫决定放弃，他想这头驴子年纪大了，不值得大费周章去把它救出来，不过无论如何，这口井还是得填起来。于是农夫便请来左邻右舍帮忙一起将井中的驴子埋了，以免除它的痛苦。

农夫的邻居们人手一把铲子，开始将泥土铲进枯井中。

当这头驴子了解到自己的处境时，刚开始哭得很凄惨，但出人意料的是，过了一会儿这头驴子就安静下来了。农夫好奇地探头往井底一看，出现在眼前的景象令他大吃一惊：驴子将大家铲在它身上的泥土全数抖落在井底，然后再站上去。很快便得意地上升到井口，然后在众人惊讶的表情中快步地跑开了。

案例分析：就如这头驴子一样，在生命的旅程中，我们有时难免会陷入"枯井"里，会有各种各样的"泥沙"倾倒在我们身上，而从"枯井"摆脱的秘诀就是：将"泥沙"抖落，然后站上去！

思考题

1. 什么是职业意识？
2. 铁路职业心理的特征有哪些？
3. 如何培养自己的铁路职业心理？

模块四　铁路员工职业化素养

学习目标

【知识目标】

1. 了解当代中国铁路精神。
2. 了解铁路“高、大、半”的行业特征。
3. 掌握铁路职工职业素质的要求。
4. 了解铁路职业素质培养的基本途径。

【能力目标】

掌握铁路员工职业素质培养的途径并提升自身职业素养。

【素质目标】

培养学生主动接受职业素养教育的意识，在平日生活学习中有意识地加强自身修养锻炼。

建议学时：4 学时

理论知识

单元一　当代中国铁路精神

一、新中国铁路精神建设

新中国成立前，我国铁路技术设备落后、分布极不平衡、发展缓慢、没有自主管理权；新中国成立后，我国铁路建设迅速发展，形成了现代的铁路运输规模和体系，可以说，新中国铁路大规模建设和发展的历史，是一部铁路人的创业史，在铁路人的几十年创业历程中，形成了具有铁路特色和时代特征铁路精神。

铁路精神是铁路为实现组织目标而在长期的运输生产和经营管理过程中形成的、并为铁路员工所认同的群体意识，它是铁路的共同价值观、理想信念、企业目标、职业心理等因素的总和。共同价值观是铁路精神的基础。铁路精神是铁路员工和铁路企业的精神支柱，是中国特色社会主义企业精神在铁路企业中的体现。

铁路精神的基本内容包括以下几个方面：

1. “人民铁路为人民”的路风

路风是铁路的精神风貌，是铁路价值观念、企业目标、企业精神、经营特色、职业道德、职业纪律、传统习惯等的综合反映，是铁路精神的主要体现。

20 世纪五六十年代，在“二七精神”的基础上，铁路员工形成了“人民铁路为人民”的路风（图 4-1）。“人民铁路为人民”是铁路路风建设的根本。在国民经济的恢复和建设中，铁路员工以其无私的奉献精神、严格的组织纪律性、优良的服务态度、廉洁的工作作风，被誉为“不穿军装的解放军”。

20 世纪 80 年代，铁道部在坚持“人民铁路为人民”的路风总要求不变的同时，根据实际情况先后提出和完善了路风的主要内容。1982 年将“安全正点、尊客爱货、优质服务”作为路风的主要内容。1983 年又将路风的主要内容发展为“严字当头，铁的纪律，团结协作，优

图 4-1　人民铁路为人民

质服务”。这一时期，在路风建设和铁路精神的建设中，涌现出了“衡广精神”“大秦精神”等范例。“衡广精神”的内涵是“顽强拼搏，依靠科学，团结协作，创新开拓”。“大秦精神”的核心是“吃苦奉献，争创一流”。

近年来，全路在大力推进铁路创新发展的进程中，紧抓铁路建设、经营管理、路风建设三大基本任务，围绕运输生产经营这个中心，坚持不懈地抓路风工作，倡导“路风就是形象，路风就是效益”，不断深化“人民铁路为人民”的宗旨教育，将《铁路路风管理办法》作为路风的重要内涵，加强制度建设和检查监督，注重源头治理，以规范经营行为、提高服务质量作为路风问题的重中之重，努力解决旅客、货主反映强烈的热点难点问题，纠正损害群众利益的不正之风，推行“以人为本，旅客之上”的服务理念，为全面深入推进铁路跨越式发展、促进经济社会又好又快发展创造良好的环境，积极提高铁路的公信力，维护铁路良好形象。路风工作取得了显著的成效，广大干部职工维护路风路誉的自觉性明显增强，赢得了社会各界的赞誉。

2.“爱国爱路、顾全大局”的精神

铁路在中国诞生之时，就被赋予“铁路救亡”“铁路立国”的使命。在民主革命时期，铁路工人的反帝反封建斗争铸就了爱国主义的光荣传统。新中国成立后，从铁路的性质来说，铁路是国家的重要基础设施，是大众化的交通工具，是为国民经济服务、为社会服务的，而且铁路企业主要是国有企业，国家是铁路最大的投资主体，因而铁路企业具有公益性与企业性相统一的性质。这一性质决定了铁路运输有义务和职责，为国家利益、人民利益作贡献，创造良好的社会效益。从铁路运输的地位来看，铁路是国民经济的大动脉，是我国主要的运输方式，国民经济的发展，尤其是有关国计民生的物资运输，离不开铁路的有力支持和奉献。因此，在社会主义建设的各个历史时期，铁路职工继承发扬爱国的光荣传统，不断增强政治责任感和使命感，把加快铁路发展、确保安全畅通视为神圣职责和最大光荣，以当好先行官为己任，充分发挥铁路在国民经济和社会发展中的重要作用，艰苦奋斗，辛勤劳动，忘我奉献，建成覆盖全国、连接城乡、四通八达的铁路网。加快实现技术装备现代化，深入实施提速和重载战略，大幅提升运输能力，不断提高运输效率和服务质量，全力确保煤炭、粮食、石油等关系国计民生的重点物资运输，全力确保运输安全和大动脉的畅通无阻，使中国铁路的面貌发生了翻天覆地的变化，为经济社会发展和人民生活水平提高提供了有力的铁路运输支持，充分表现出铁路人“爱国爱路、顾全大局”的精神。

3.“遵章守纪、严谨细致”的精神

铁路企业具有“高、大、半”的特点，是一个高度集中、半军事化的联动机，铁路运输的生产过程，是通过联劳协作完成的，涉及车务、机务、工务、电务、车辆、客运、货运、装卸等不同的业务部门。各个部门又有许多不同的工种、不同的岗位，各铁路局、各站段成千上万的职工，分布在全国各地的沿线，分散作业，却又互相关联、互相控制，正所谓“一处不通影响一线，一线不通影响一片”。铁路企业各部门、职工各尽其职，协调作业，环环相扣，才能实现安全有序，完成生产任务。铁路运输生产的特点和工作环境，使铁路职工形成了安全第一、遵章守纪、严谨细致的工作作风。铁路职工（图 4-2）的这种工作作风，是铁路运输生产安全的保障，是人民群众生命和财产安全的保障，是铁路生存和发展的保障。

新中国成立以来，铁路各级组织、各单位始终如一地坚持铁的纪律和从严治路，要求铁路职工也像军人一样，以分秒计时，令行禁止，按章办事，坚决服从命令、听从指挥，做到统一思想、统一行动，实行全路一盘棋，从而逐步形成了铁路部门“严字当头、铁的纪律”的优良传统。“严字当头”，就是发扬严格要求、严格管理的工作作风，用严明的纪律规范职工的行为；“铁的纪律”，就是极其严格的、具有强制性和约束力的、铁路企业和职工必须无条件服从和遵守的行为准则。这是运输安全生产实践的客观要求，是推进铁路事业不断创新发展的重要保证。

图 4-2　铁路职工

几十年来，铁路部门依靠健全完善的、严格的规章制度管理，不断增强职工的组织纪律性，提高职工遵章守纪的自觉性，使铁的纪律、从严治路的优良传统得到巩固和发扬。全路出现了许多坚持铁的纪律、严格执行规章制度的先进集体。

4.“艰苦创业、甘于奉献”的精神

铁路是一个比较艰苦的行业，对职工的技能、身体素质和心理素质要求都较高。从一线工作岗位的特点来说，铁路点多线长、流动分散，全天候露天作业，工作场所往往是苦累脏险俱全，许多职工还需要远离集体、风餐露宿、独立作业，生产任务十分繁重，安全责任和精神压力巨大；从铁路建设的工作环境来说，在幅员辽阔、地形条件复杂多样的国土上进行大规模的铁路建设，生活和施工条件艰苦。然而，长期以来，铁路职工工作在艰苦的岗位上，时刻牢记使命，坚决履行职责，像一颗颗道钉一样，甘于寂寞，默默工作，任劳任怨，无私奉献，将“特别能吃苦、敢于打硬仗”的精神发扬光大，凝练成艰苦创业、甘于奉献的时代精神。

5.“尊客爱货、优质服务”的精神

铁路作为大众化的交通工具，是一个有着文明服务优良传统的行业，随着我国经济社会的发展，人民群众对铁路的服务要求也越来越高，新形势要求铁路必须进一步规范服务行为、提高服务质量，切实解决关系旅客、货主切身利益的问题，最大限度地消除影响社会和谐的因素，促进社会主义和谐社会建设。

图 4-3　尊客爱货

在长期的服务实践中，铁路职工形成了以“人民铁路为人民”的服务宗旨为核心，以“尊客爱货、优质服务”为主要内容的服务文化和传统（图 4-3），涌现出一大批全心全意为旅客、货主服务的先进典型，如北京—沈阳 T11/12 次“英雄列车”、北京—乌鲁木齐 T69/70 次“五讲四美的长廊”、北京局“036”服务组等，成为激励全路职工优质服务、无私奉献的鲜明导向。

近年来，客运积极开展“树标塑形”活动，各项服务工作明显改进，推动了客运服务整体水平的提升，社会测评总体满意度逐步提高，新的铁路提速调图的实施进一步带动了客运服务理念、服务方式的转变。伴随动车组的开行，推出了专窗售票、专区候车、专用通道等服务，旅客引导系统进一步完善,创新了动车组保洁、餐饮服务机制,初步建立了动车组服务标准体系,树立起了新的客运品牌。深受旅客欢迎的服务品牌数量进一步增加,中西部地区客车数量逐步增加,列车档次和舒适度进一步提高;一大批客运站实施了新站改建或高站台、无柱雨棚建设,服务设施进一步改善;全面开展了提速适应性培训,客运人员综合素质明显提高。同时,在货运方面,进一步深化了星级优质货场创建活动,结合"两整合一建设"和大客户战略,搜索试行了新的货运办理方式,初步建立了铁路电子商务平台,进一步规范了保价理赔服务;增加跨局大宗物资直达列车84列,"复兴号"动车组日开行数增至114.5对。集装箱、双层集装箱班列基本保证了正点运行,客货运输服务工作上了一个新台阶,展示了铁路新形象。

二、和谐铁路建设时期铁路精神的发展

当前,弘扬和发展铁路精神,是深入推进和谐社会与和谐铁路建设的客观需要。铁路作为国民经济大动脉、大众化交通工具、服务社会的窗口行业,在构建和谐社会中扮演着非常重要的角色,是和谐社会和国家稳定的重要依托。如何办好让人民群众满意的铁路,是社会和谐在铁路运输工作中的具体体现。如果路风路貌出问题,群众对铁路有意见,甚至产生激烈的情绪,就会损害铁路形象,影响社会和谐的总体环境。为此,铁路提出了跨越式发展战略,确定了"运能充足、装备先进、安全可靠、管理科学、节能环保、服务优质、内部和谐"的和谐铁路建设目标任务,坚持服务经济社会发展全局,进一步提高铁路运力保障能力,抓住优质服务和路风建设不放松,努力树立和维护铁路良好的公信形象。在新的形势下,铁路精神得到了新的发展,铁路精神建设取得了显著成效。

在和谐铁路建设的新时期,铁路精神发展成为展示当代铁路职工崇高的思想境界和鲜明的时代精神,这就是:严守法纪、清正廉洁,自觉抵制以车、以票谋私等不正之风的从严律己精神;心系旅客、满腔热情,提供优质服务的尽职敬业精神;立足本职、顾全大局,努力塑造铁路新形象,自觉为路风路誉增光添彩的无私奉献精神;勇于创新、大胆实践,为不断提高铁路运输能力和服务质量出力献策的开拓进取精神。这些时代精神,向社会展示了人民铁路为人民的良好风貌,是全路精神文明建设的宝贵财富,必将在铁路跨越式发展中不断发扬光大,成为全面深入推进和谐铁路建设的强大精神动力。

当代铁路精神的发展过程中,涌现出大量的先进职工个人和团队,给全路干部职工树立了学习的榜样。他们产生于直接为旅客、货主服务的客运、货运、公安、车辆等铁路系统各部门,多数是生产一线的干部职工,具有广泛的代表性。他们当中既有多年来踏踏实实为旅客,货主服务,自觉维护路风路誉的老典型。也有在铁路跨越式发展和体制改革进程中涌现出来的新典型,这些先进典型是当代铁路职工精神风采的集中表现和生动缩影。例如,发明"四字检车法"、安全检车9万多辆无漏检的检车员王德明;以候车室为家、把"036"这个客运员的胸号牌做成一个铁路优质服务品牌的客运值班员王凤莲等。他们用热爱岗位、尽职尽责、确保安全、甘于吃苦诠释了爱国护路、顾全大局等铁路传统精神,用勤学科学、技术精湛、争创一流、创新变革、品牌服务,确立了当代铁路职工的新形象。

三、新时期铁路精神的内涵、结构和特点

铁路精神是铁路人在长期实践中积淀形成的职业态度、思想境界和价值取向,它深刻体

现了铁路企业的特征，是铁路文化的基石。“安全优质、兴路强国”的新时期铁路精神，反映了铁路的本质属性，描绘了铁路的美好愿景，体现了新形势、新任务对铁路工作和铁路队伍的新要求，是铁路人团结奋进的精神追求。

1. 新时期铁路精神体现了铁路人的理想信念和价值追求

新时期铁路精神特色鲜明，内涵丰富，意蕴深厚，是一个完整的体系。只有从整体上准确把握其基本内容、内在关系和主要特征，才能全面理解，自觉践行。

安全是铁路人的首要职责。安全，就是要深刻认识安全工作是铁路的“饭碗工程”，以高度的责任心和严谨务实的作风，确保铁路大动脉安全畅通。“安全第一”“安全责任重于泰山”，生动描述了安全对于铁路的重要性。从铁路在国家综合交通运输体系中的地位和功能来看，铁路是国民经济的大动脉，是国家重要基础设施，是大众化的交通工具。铁路安全事关人民群众生命财产安全，事关国民经济发展和社会稳定大局，事关党和政府的形象和声誉，确保安全是铁路人的政治责任和社会责任。从实现铁路自身发展的角度来看，安全决定市场、决定效益，是铁路的生存之本，与铁路人的利益紧密相关，保安全就是保“饭碗”。从铁路安全工作的特点和规律来看，铁路点多线长，多工种协同作业，是一部环环相扣的大联动机，安全风险无时不在、无处不有，安全始终是铁路工作的重中之重，是做好各项工作的根本前提和保证，每名铁路人都应当以安全为己任，自觉做安全生产的守护神。

优质是铁路人的职业追求。优质，就是要坚持“人民铁路为人民”的服务宗旨，竭诚为广大旅客、货主提供安全、高效、便捷的服务，最大限度地满足旅客货主需求。铁路是联系民生最紧密的行业之一，服务是铁路的本质属性，优质是铁路本质属性的必然要求。推动铁路改革发展，最终目的是为经济社会发展和人民群众提供更好的服务。服务行业的特质决定了铁路工作的优劣得失，应当由铁路的服务对象去评判和检验。人民群众满意是评价铁路工作的根本标尺，赢得人民群众满意的唯一途径，就是提供优质服务，优质就是把“人民群众满意”作为检验铁路工作的根本标准。在国家运输体系不断完善、运输形式不断丰富的新形势下，旅客、货主对运输服务拥有了更多的选择，面对激烈的市场竞争，铁路只有提供优质服务，才能赢得客户，赢得市场，赢得发展空间，优质是塑造铁路良好形象的必然要求。

兴路是铁路人的奋斗目标。兴路，就是要深入贯彻党中央、国务院关于铁路工作的部署和要求，深化铁路改革，加快推进铁路建设，进一步提升技术装备水平，提高企业经济效益，增强铁路自身发展能力。铁路是国民经济发展的基础和命脉，地位至关重要，作用不可替代。铁路关系国计民生，兴路是繁荣社会主义市场经济、全面建成小康社会的时代要求。铁路的发展，承载着一代又一代铁路人的光荣与梦想，振兴铁路始终是中国铁路人励精图治、上下求索的激昂主线和鲜明航标，兴路是铁路人世代不变的光荣使命。在铁路深化改革、加快发展的新形势下，打造市场化、现代化、国际化的一流企业，已经成为铁路人的共识和期盼，兴路是当代铁路人的共同愿景。铁路兴衰直接关系着铁路人的福祉，铁路实现又好又快发展，才能让干部职工更好地共享铁路发展成果，兴路是实现好、维护好、发展好铁路人切身利益的根本途径。

强国是铁路人的崇高理想。强国，就是要充分发挥铁路在国家综合交通运输体系中的骨干作用，为推动经济社会持续健康发展当好先行官，为实现中华民族伟大复兴的中国梦贡献力量。在中国铁路发展的百年征程中，历代铁路人在本职岗位上努力践行着报效祖国、振兴中华的豪迈誓言，以强国为神圣使命是铁路人的光荣传统。国家强则铁路兴，铁路和铁路人的前途命运，从来都与祖国的发展进步紧密相连，铁路梦是中国梦的行业表达，只有祖国强大、人民幸福，才有铁路的兴旺发达，才有铁路人的美好生活，以强国为神圣使命是实现铁路梦的必然选择。

2. 新时期铁路精神是内在要素相互关联的有机整体

“安全优质、兴路强国”的新时期铁路精神由两句话、四个方面组成，它们相互联系、内在统一，是不可分割的整体，只有深刻理解其结构特征和内在联系，才能对其进行全面准确的把握。从新时期铁路精神的构成要素看，四个方面深刻揭示了铁路人在工作中必须面对和处理的基本价值关系，即如何认识和处理自己与本职工作、服务对象、企业、国家的关系。新时期铁路精神明确了铁路人对待本职工作，必须坚持确保安全的价值取向，把危及安全视为坚决不能触碰的“高压线”；铁路人对待服务对象，必须坚持优质服务的价值取向，把维护路风路誉视为最基本的职责；铁路人对待企业，必须坚持敬业奉献的价值取向，把为铁路发展建功立业视为最大的荣耀；铁路人对待国家，必须坚持国家兴亡、匹夫有责的价值取向，把报效祖国、振兴中华视为最崇高的荣誉。从新时期铁路精神的层次结构看，四个方面形成了两个层面。“安全”和“优质”从实践层面强调铁路人的职业操守，具有较强的行为规范作用，在新时期铁路精神的总体架构中居于基础地位；“兴路”和“强国”从理想信念层面突出铁路人的信念追求，具有较强的精神激励作用，在新时期铁路精神的总体架构中居于统领地位。安全优质是新时期铁路精神的“体”，兴路强国是新时期铁路精神的“魂”。“体”为“魂”所支配，“魂”为“体”所承载。同时，“兴路”在两个层次中起着承上启下的作用，它是铁路改革发展的目标追求，既反映安全优质的工作成效，又体现报国强国的实践要求。这种上下承接，使得新时期铁路精神的两个层面相互贯通、紧密衔接。新时期铁路精神的四个方面相辅相成，明晰了铁路人的基本价值遵循。安全优质是兴路强国的重要前提，只有实现了安全优质，铁路才能具备生存的根基和发展的空间，才能实现兴路强国的目标和理想；兴路强国是安全优质的动力源泉，只有从兴路强国的高度认识和对待铁路工作，才能更好地激发铁路人强烈的使命感和高度的责任心，才能为实现安全优质提供强大的动力。兴路强国对安全优质起到定向作用，安全优质对兴路强国具有保障功能。兴路强国把安全优质的职业追求升华为对铁路事业的忠诚和对伟大祖国的热爱，安全优质把兴路强国的理想追求具体化为确保安全、优质服务的生动实践。这种内在统一使新时期铁路精神的四个方面、两个层次你中有我、我中有你，紧紧地联系在一起。

3. 新时期铁路精神具有十分鲜明的特征

新时期铁路精神既继承了铁路的光荣传统，又体现了铁路未来发展的要求；既有铁路行业独有的特性，又兼具与时俱进的时代特征，是特色鲜明、个性突出、思想性与实践性的统一体，体现了继承传统与着眼未来的有机统一。新时期铁路精神来源于中国铁路丰厚的历史积淀。守护安全、确保畅通是铁路工作的永恒主题，无私奉献、热情服务是铁路人的职业情操，敬业爱岗、团结奋进是铁路人的不变情怀，胸怀祖国、敢于担当是铁路人的光荣传统。这些在长期实践中形成的优秀品质，构成了新时期铁路精神的基本要素。同时，新时期铁路精神着眼于当今时代变化和未来发展要求，以前瞻性的思路和视野，对铁路人以什么样的信念、态度和价值追求应对挑战进行了精准的提炼。在铁路深化改革、走向市场的新形势下，推动铁路改革发展必须牢固树立安全发展理念和“人民铁路为人民”的宗旨意识，在中华民族伟大复兴的历史进程中勇当先行。这些着眼长远的发展要求和与时俱进的精神追求，在新时期铁路精神中得到了充分体现。

新时期铁路精神体现了行业特色与时代精神的有机统一。新时期铁路精神的四个方面，分别阐明了铁路的发展根基、铁路的本质属性、铁路的奋斗目标、铁路的先行本色。新时期铁路精神来源于铁路人的生动实践，无处不彰显着铁路人的独特个性，体现出铁路行业显著的可识别性。同时，新时期铁路精神凸显了时代对铁路工作和铁路队伍的要求。安全展现了铁路人“安全第一”的生命线意识，优质展现了铁路人“旅客、货主至上”的职业操守，二者共同体现了“以人为本”的理念；兴路体现了铁路人推进改革发展的坚定信念，强国体现了铁路人在实现中华民族伟大复兴的中国梦的宏伟事业中的责任担当，二者共同彰显了改革创新的时代精神。这些充满时代气息的理念和精神，与铁路个性相互融合，使得新时期铁路精神实现了行业特色与时代精神的深度融合。

新时期铁路精神体现了引领思想与指导实践的有机统一。新时期铁路精神是对铁路人思想境界和价值取向的高度概括，体现的是铁路人的思想观念、职业情操和精神追求，是指引铁路人思想方向的航灯。同时，实践性是新时期铁路精神的又一显著特征。实践是新时期铁路精神形成的基础，是它的出发点，更是它的落脚点。铁路干部职工是否将新时期铁路精神内化于心，最终必须通过实践，即通过外化于行来检验。只有身体力行新时期铁路精神，才能做到真知笃行，知行统一。此外，安全优质本身就在实践层面对铁路企业的经营行为和铁路人的工作行为具有指导和规范作用。从这个意义上讲，新时期铁路精神又是规范铁路人实践的行为准则和行动指南。

4.培育和践行新时期铁路精神的重大意义

新时期铁路精神是铁路人理想信念和价值追求的凝聚与升华，是铁路人在新形势下团结奋进的精神支柱。培育和践行新时期铁路精神，对于深入开展社会主义核心价值观教育，推进铁路改革发展，传承和弘扬铁路光荣传统，具有十分重要的现实意义和深远的历史意义。

(1)培育和践行新时期铁路精神，是深入开展社会主义核心价值观教育的时代要求。

新时期铁路精神是社会主义核心价值观在铁路方面的具体体现。首先，新时期铁路精神把安全优质上升为团结兴路的奋斗目标，进而升华为铁路人立志强国的崇高理想，体现了社会主义核心价值观在国家层面倡导的“富强、民主、文明、和谐”的价值目标。其次，新时期铁路精神着眼于铁路服务社会、服务人民的本质属性，突出强调通过优质服务，履行铁路在融洽社会关系和营造健康向上的社会环境中的责任，体现了社会主义核心价值观在社会层面倡导的“自由、平等、公正、法治”的价值取向。最后，新时期铁路精神既彰显了铁路人以路为家、爱岗奉献的职业情操和服从大局、勇当先行的爱国情、强国志，也表现了铁路人对安全工作的敬业实干和对服务对象的诚信友善，体现了社会主义核心价值观在公民层面倡导的“爱国、敬业、诚信、友善”的价值准则。对于全路干部职工而言，学习和弘扬新时期铁路精神，就是要立足铁路实际，积极培育和践行社会主义核心价值观。个体的价值选择，是社会价值观的重要基础。个体秉持怎样的精神追求和价值取向，决定着一个社会的精神面貌，塑造着一个时代的气质。聚个体为群体、积“小我”为“大我”、集小气候为大气候，才能形成全社会认同和践行社会主义核心价值观的主流。铁路行业培育和践行社会主义核心价值观，就要从企业作为、职工行为入手，塑造好“小我”，把弘扬新时期铁路精神作为社会主义核心价值观在铁路中落地生根的有效抓手，通过日常教育、实践活动、示范引领等措施，使社会主义核心价值观的总体要求和基本内涵落实到铁路工作的各个方面。

(2)培育和践行新时期铁路精神，是推进铁路改革发展的迫切需要。

中国铁路的发展，始终与国家和民族的命运紧紧相连。在党中央、国务院的正确领导下，一代代铁路人敬业奉献、团结拼搏，依靠自力更生、艰苦奋斗走出了一条锐意进取、改革发展的创新发展之路。2013 年至 2017 年，全国铁路完成固定资产投资 3.9 万亿元，新增铁路营业里程 2.94 万千米，其中高铁 1.57 万千米，是历史上铁路投资最集中、强度最大的时期。到 2017 年底，全国铁路营业里程达到 12.7 万千米，其中高铁 2.5 万千米，占世界高铁总量的 66.3%；铁路电气化率、复线率分别居世界第一位和第二位。铁路技术装备实现升级换代，动车组上线运营达 2522 组，较 2013 年增长 149%。电力机车占比达到 62%，载重 70 吨及以上货车占比达到 50%；重型钢轨、无缝线路里程大幅延长，调度集中系统广泛运用。形成一大批具有自主知识产权的技术创新成果，高速铁路、既有线提速、高原铁路、高寒铁路、重载铁路等技术均达到世界先进水平。截至 2018 年底，全国铁路营业里程达到 13.1 万千米以上，其中高铁 2.9 万千米以上。

改革开放 40 多年来，铁路营业里程由 5.2 万千米增长到 13.1 万千米以上，增长 154.4%，形成了世界上最现代化的铁路网和最发达的高铁网；铁路服务经济社会发展保障能力显著增强，国家铁路旅客发送量由 8.07 亿人增长到 33.17 亿人，增长 311.0%；货物发送量由 10.75 亿吨增长到 31.9 亿吨，增长 196.7%；铁路科技创新取得重大突破，成功构建了具有完全自主知识产权的高速、普速、重载三大领域铁路技术标准体系，总体技术水平迈入世界先进行列，部分达到世界领先水平；铁路改革持续深化，相继实施了政企分开、公司制改革等重大改革，企业发展动力和经营活力大幅提升；我国铁路对外开放的广度和深度不断拓展，国际影响力和竞争力显著提升。

当前，铁路改革发展进入了一个极为关键的时期。我们要清醒地认识到铁路改革和市场化进程的不断深入，铁路未来发展面临的困难会更多，压力会更大，任务会更繁重。站在历史新起点上开创铁路事业新局面，打造安全可控、服务优质、效益良好、管理科学的市场化、现代化、国际化大型国有企业，迫切需要大力培育和践行新时期铁路精神，为全路干部职工提供强大的精神力量。大力培育和践行新时期铁路精神，能够牢牢把握推进铁路改革发展的工作主线。确保安全、优质服务是实现兴路强国奋斗目标和崇高理想的实践基础，是铁路改革发展不变的工作追求。在铁路全面深化改革、加快走向市场的新形势下，安全、改革、经营、服务、建设、稳定等各方面的工作任务十分艰巨。培育和践行新时期铁路精神，能够使我们在千头万绪的工作中始终不忘安全是铁路的生存之本，始终不忘服务是铁路的本质属性，始终不忘加快发展的兴路之责，始终不忘勇当先行的强国使命，从而保持头脑清醒，坚持正确方向，抓住主要矛盾，把握工作主线，实现各项工作持续健康进行。大力培育和践行新时期铁路精神，为推进铁路改革发展提供攻坚克难的精神动力。在推进铁路改革发展的征程中，我们会遇到许许多多的挑战和考验。就目前而言，我们就面临着如何进一步推进铁路投融资体制改革和建设管理机制创新，完成繁重的铁路建设任务；如何不断深化运输组织改革，适应现代物流业发展趋势，加快铁路走向市场步伐；如何加强管理和运行机制创新，增强发展活力；如何深入推进以安全风险管理为核心的安全管理创新，确保铁路安全持续稳定等一系列发展课题。破解这些课题，需要务实创新的智慧、直面挑战的勇气、不屈不挠的毅力和善战能胜的精神。大力培育和践行新时期铁路精神，对于全路干部职工保持奋发有为的斗志和攻坚克难的信心至关重要。

(3)培育和践行新时期铁路精神，是传承和弘扬铁路光荣传统的重要途径。

中国铁路的发展史，是一部承载着光荣传统和厚重文化的历史，是铁路人永不磨灭的记忆。在不同历史时期形成的各具特色而又一脉相承的铁路精神，经过岁月的沉淀，它所蕴含的精神文化历久弥新，是当代铁路人无比宝贵的精神财富。

培育和践行新时期铁路精神，是对铁路光荣传统和精神文化的守护。习近平总书记强调："抛弃传统、丢掉根本，就等于割断了自己的精神命脉。""不忘本来才能开辟未来，善于继承才能更好创新。"培育和践行新时期铁路精神，我们应始终不忘中国铁路精神文化的根在哪里，找到铁路人的情感认同，认清铁路人的价值归属，在新的征程中保持本色，时时处处彰显铁路人的风范和魅力。唯有如此，才能真正做到不忘本、守住根。

培育和践行新时期铁路精神，是对铁路光荣传统和精神文化的传承。新时期铁路精神根植于铁路发展的丰厚积淀，立足于铁路发展历程中的丰富实践，高度概括了长期以来铁路人对首要职责的认知，对职业操守的理解，对奋斗目标的定位，对崇高理想的追求，是对铁路光荣传统的高度凝练和浓缩。培育和践行新时期铁路精神，才能继承和发扬铁路光荣传统，使之成为铁路人代代相传的"传家宝"。

培育和践行新时期铁路精神，是对铁路光荣传统和精神文化的发展。新时期铁路精神，既强调了安全是铁路的"饭碗工程"，又体现了服务是铁路的本质属性；既反映了铁路开拓创新、发展兴路的时代要求，又展示了铁路人为实现中华民族伟大复兴当好先行的责任担当。培育和践行新时期铁路精神，能够进一步丰富铁路精神文化的内涵，使其在新的实践中得到新的发展，体现出时代的要求。

单元二　铁路行业特征

铁路运输企业是社会化大生产的行业代表，点多线长、互联成网，地域跨越广阔。为了完成运输生产任务，要求车、机、工、电、辆、信各系统、各部门、各单位和各工种紧密联系、协同动作。因此，我们通常将铁路表述为具有高度集中、大联动机、半军事化，即"高、大、半"性质的企业。

一、高度集中

高度集中是由铁路的自然属性所决定的。

从自然结构上看，铁路点多线长、纵横交织、连片成网，基层单位和人员流动分散，遍布全国各地，属典型的网络型产业，具有规模型、范围型经济和网络型结构的特性。这一特性决定了铁路只有保持路网功能的完整性和运输组织的统一性，实行一体化的规范运作，才能有效发挥路网的整体功能，维护正常的运输生产秩序，释放和发展运输生产力，保证有限运力资源的使用达到最高的效率和最佳的效益。

从运输管理上看，在我国四通八达的铁路网上，每天有成千上万的客货列车昼夜不间断地快速运行，运输组织和日常管理极为复杂，必须实行集中统一指挥，按照科学合理的运输组织方案、列车运行图，组织全路车务、机务、工务、电务、车辆等生产站段所组成的庞大、复杂的运输生产体系来完成。只有这样，才能保证铁路运输的正常有序，列车的安全运行。

从社会职能上看，铁路作为国民经济的大动脉，交通运输体系的骨干，是国家重要的宏观调控工具，必须坚决贯彻落实党中央、国务院关于国民经济发展宏观调控的战略决策和部署，从全国一盘棋的大局出发，服从服务于我国经济社会发展的总体规划。这就要求铁路职工一定要牢固树立全局观念和整体意识，顾大局、识大体、讲团结、做奉献，始终把国家和人民的利益放在第一位。按照高度集中、统一指挥的原则，坚决做到局部服从整体、小局服从大局。

二、大联动机

铁路运输企业本身由许多系统、单位和部门组成，运输生产的整个过程是由车、机、工、电、辆、后勤服务等各部门多工种协同动作共同完成的。在这个复杂的系统中，旅客从购票、上车到下车、出站，货物从进站承运到卸车交付，列车从编组、运行到解体，都要经过很多道工序和作业过程，每一名铁路职工都是整个运输生产过程中的重要一环，肩负着保证运输安全畅通、提供良好服务的光荣使命，可谓“牵一发而动全身”。由于铁路是在广阔的空间、长距离的运行中连续进行动态作业的，特别是成功实施六次大面积提速之后，列车运行速度越来越快、载重量越来越大、车流密度越来越高，要保证这架大联动机正常运转、运输生产安全有序，就必须要求各个部分、各个环节协调一致，密切配合，互相支持。要求每一名职工、每一项作业在时间、空间和秩序上和谐统一，按照运输组织方案和列车运行图的要求，严格执行标准化作业，准确、准时地完成各自的工作。任何一个系统、部门、岗位各自为政或者稍有疏忽，都有可能造成“一处不通影响一线，一线不通影响一片”的严重后果，使这架大联动机联不起来、运转不了，变成分割机、盲动机，整个铁路陷于瘫痪。因此，铁路由于大联动机的特点，客观上要求必须实行集中统一指挥，各系统、各部门、各工种之间，一定要联劳协作、环环相扣。

三、半军事化

我国铁路有着深厚的军队情结。“命严方可肃军威”。“严字当头，铁的纪律”，是铁路管理的一大特色，也是运输安全有序的重要保证。铁路正是靠严格的组织纪律，统一的意识和行动，才能做到高度集中、统一指挥，以保证大联动机的正常运转，保证运输安全生产。铁路的半军事化管理，更多地集中在调度指挥和行车组织等运输生产部门。铁路大联动机和全路一盘棋的特点，决定了铁路各部门必须强调高度的组织纪律性。任何一个岗位的职工不遵守纪律、各行其是，都会给运输全局工作带来严重影响和损失。强调高度的组织纪律性，体现在运输生产上，必须严格执行调度计划，不能用任何借口拒不执行；体现在作业上，必须严格执行规章制度，标准化作业，一点不差、差一点不行；体现在各部门配合上，必须从运输全局出发，坚决服从集中统一指挥，相互支持，密切合作，不能各自为政，更不能制造障碍，影响全局利益；体现在上下级关系上，也要像军队一样，服从命令，听从指挥，有令则行，有禁则止。每名职工必须坚守岗位、恪尽职守、遵章守纪，确保铁路运输大动脉的安全畅通。

单元三　铁路员工职业素质的特征

铁路员工具有特别能吃苦、特别能战斗的优良传统，在我国社会主义建设中作出了突出贡献，经受了严峻的考验，也得到了全社会的广泛认可。在新的历史条件下，市场竞争日益激烈，对铁路从业人员的职业素质提出了更高更严的要求。

一、政治素质

铁路作为国民经济的大动脉、国家重要基础设施和大众化交通工具，是国家综合交通运输体系中的骨干，在我国经济社会发展中肩负着极其重要的责任，发挥着举足轻重的作用。

"人民铁路为人民"是铁路职业活动的根本宗旨。这一宗旨决定了铁路具有多重属性,要求铁路企业的生产活动达到以下几个目标:①国家目标,即完成国家规定的货物运输计划。例如,煤炭、石油、粮食、化肥等重点物资以及抢险救灾物资和军用物资等的运输,满足经济社会发展和人民群众生产生活对铁路运输的需要。②企业目标,即取得一定的经济效益,维持企业的正常运转。只有提高铁路自身的经济效益,不断改善职工的生产生活条件,才能增强企业的凝聚力和向心力,吸收大量优秀人才,提高铁路职工队伍的整体素质,为实现良好的社会效益提供人才支持和物质保证。③社会目标,即通过运输生产活动,为社会提供更多更好的服务。例如,每到春耕时节,铁路大力组织运力运送种子、化肥、农药等支农物资,积极支援"三农"工作;每到夏季用电高峰,铁路即组织集中抢运电厂发电用煤,满足各大企业和城乡居民用电;每到7、8月,铁路都加开摘棉农民工专列,方便摘棉农民工顺利进出新疆;每到节假日,铁路又加大节日物资运输力度,全方位满足社会对铁路运输的需求。因此,作为一名铁路职工,首先在政治上要爱国爱路,要有高度的责任感和使命感,要有强烈的大局意识,一切从国家和人民利益出发;要敬业爱岗,忠于职守,顾全大局,对人民负责,在突发事件中能以党和人民的利益为重。

二、道德素质

人无德不立,国无德不兴。铁路作为运输服务的窗口行业,遍及全国、连接城乡、辐射面广,历来受到社会公众和舆论的高度关注,铁路不仅对国民经济起着举足轻重的作用,而且对整个社会文明和道德风尚影响很大。铁路职工的一言一行,不仅代表自己,更代表着铁路的整体形象,在接待外宾时甚至还代表着国家形象。因此,铁路职工必须自觉遵守铁路职业道德,做到尊客爱货、热情周到、廉洁自律、秉公办事、团结协作、顾全大局、注重质量、诚实守信。要珍惜铁路的声誉,不断提高服务质量,满足旅客、货主日益增长的多样化、高层次的需求,为铁路企业在日益激烈的市场竞争中赢得主动。例如,被原铁道部树为先进典型的新民车站,创造了一套为人民服务的好经验。他们事事为人民利益着想,处处为旅客、货主提供方便。车站的职工们为了方便旅客问询,利用业余时间一起学习方言土语;根据人们在旅行生活中的需要,自制小工具供旅客使用;遇到不熟悉如何办理货运手续的货主就主动帮助办理。他们坚持为人民服务"从小事做起、从本职做起、从细微之处做起"的做法,充分体现了铁路员工良好的精神风貌。

三、业务素质

随着铁路的大规模现代化建设,新技术、新设备的逐步应用,现场职工的业务技能和实作内容急需更新;而铁路现场作业安全标准高,岗位职工业务学习的主动性差等现状,要求现场职工在掌握新技术规章、熟练操作新设备的基础上,不断实现自我提升。要想彻底解决这些矛盾和问题,就必须从制度建设、严抓落实和强化管理三个方面入手,认真做好现场调研、制订计划、明确目标、分步实施、扎实推进;借助激励杠杆,分级落实职责,推动流程再造,实现现场职工学习效果好、掌握规章牢、实作技能强的目标,为铁路现代化建设扫清人员素质不适应的障碍,为现场作业安全奠定坚实的人员素质基础,实现铁路又好又快发展。

四、工作作风

铁路具有点多线长、流动分散、全天候、露天作业的工作特点。全路职工必须流动作业,风餐露宿，其中有一部分职工需要远离集体独立作业，沿线饮水、吃饭、洗澡、就医、子女入学入托都比较难，文化生活单调，这就要求铁路职工必须不怕困难，吃苦耐劳，安心本职，甘于寂寞，在“急、难、险、重”任务面前知难而进，雷厉风行；在工作作风上，要做到“严、细、实”，严格要求，一丝不苟，顽强拼搏。

五、法纪素质

铁路安全责任重如泰山，直接关系到国家和人民生命财产的安全与社会的稳定，牵系着千家万户的幸福。安全不稳，局无宁日，路无宁日。铁路犹如一架大联动机，为了保证这架联动机昼夜不停地正常运转，沿线各铁路局、各站段、各工种、各岗位，必须相互衔接，紧密配合，准时而有序地协调动作，才能维护正常的铁路运输秩序。为此，铁路部门制定了《铁路技术管理规程》《铁路行车组织规则》《段管理工作细则》《车站行车工作细则》等一整套严密的规章制度。这些规章制度都是铁路职工在长期运输生产实践中经验的结晶，也是安全生产过程中历次重大事故血的教训的凝结。铁路各工种须通过这些规章制度进行协调，各岗位职工也必须通过规章制度来规范作业行为。作为一名铁路职工，必须要有法纪意识，要自觉遵守国家的法律法规，知法守法，依法办事，通过正常渠道表达合理诉求、通过合法手段维护自身权益；要按照规章制度规定的各种行为规则，一丝不苟地完成生产作业行为，做到严守“两纪”，按章操作，令行禁止（图4-4）。

图4-4　遵纪守法

铁路“高、大、半”的突出特征，对铁路职工最核心、最关键、最根本的要求是顾全大局，强调高度的组织纪律性。长期以来，我们正是充分发挥这种优势，才在铁路建设中取得了辉煌成就，为国家繁荣富强作出了重要贡献。当前，我国正处在贯彻落实科学发展观，推进社会主义和谐社会建设的关键时期，铁路改革发展也进入了关键阶段。适应经济社会发展需要，深入推进和谐铁路建设，实现“运能充足、装备先进、安全可靠、管理科学、节能环保、服务优质、内部和谐”的奋斗目标，迫切需要全路职工特别是新入路的职工很好地把握铁路行业的突出特征，顾全大局，团结奋斗，做到一切行动听指挥，遵章守纪不走样，确保运输安全、畅通无阻，不断开创铁路改革发展的新局面。

单元四　提高铁路员工职业素养的途径

一、在学习中充实自己，不断提高自身素质

1. 加强政治理论学习

科学理论是行动的指南。为了做好工作，要学习中国特色社会主义理论体系和习近平总书记的系列重要讲话精神，学习党和国家的方针政策、法律法规，学习铁路有关文件规定，明确当前和今后一个时期的主要任务，用正确的理论武装头脑，分清是非，明辨事理，不断提高分析问题和判断问题的能力，保持清醒的政治头脑，搞清楚哪些是该做的，哪些是不该做的。要学习铁路各个时期先进典型和模范人物的事迹，继承和发扬铁路优良传统，大力弘扬

爱国主义、集体主义、社会主义思想，遵守铁路职工职业道德规范，见贤思齐，扬善抑恶，树立正确的世界观、人生观、价值观和荣辱观，增强爱岗敬业、遵章守纪、吃苦奉献的自觉性。

2. 不断钻研专业知识

珍惜难得的专业学习机会，熟悉和掌握铁路的各项规章制度，熟悉和掌握车、机、工、电、辆等不同专业基本理论、基本知识和基本技能，为做好铁路工作打牢坚实基础。

3. 掌握科学文化知识

掌握一定的科学文化知识，既是干好铁路工作的基础，又能体现一个人的学识修养。作为一名铁路职工，如果没有必备的科学文化知识，就难以做好本职工作，甚至不能履行起码的职业责任。

二、在实践中磨炼自己，立足岗位锻炼成才

随着铁路现代化的不断推进，铁路技术装备和科技水平不断提高。作为一名现代铁路职工，不但需要扎实的专业理论知识，更需要熟练掌握实际操作技能。我们要利用一切实践机会，认真学习作业标准，熟练掌握实际操作技能。要虚心向老师傅学习，在实际工作中不断充实自己、丰富自己、完善自己，立足岗位锻炼成才。

三、在发展中完善自我，自觉塑造完美人格

1. 讲理想

理想是人生奋斗的精神支柱。国家的发展、民族的振兴、企业的兴衰与个人命运紧密相连。我们只有把个人的命运与祖国的命运、企业的命运联系在一起，才能实现人生的最大价值。新时期，我们党确定的马克思主义指导思想、中国特色社会主义共同理想、以爱国主义为核心的民族精神和以改革创新为核心的时代精神、以社会主义荣辱观为基本内容的社会主义核心价值体系，是全党全国各族人民团结奋斗的共同思想基础。每个铁路职工都应以这一核心价值体系为目标，树立正确的世界观、人生观和价值观，加强自我修养，做到爱国爱路、知荣明辱，爱岗敬业、尽职尽责，遵纪守法、廉洁自律，团结协作、顾全大局，勤俭节约、艰苦奋斗，顽强拼搏、无私奉献，在推进和谐铁路建设的伟大事业中建功立业。

2. 讲责任

事业心和责任感是一种精神境界。有理想、有道德、有文化、有纪律都与责任相联系，都通过履行责任来体现、来升华。敬业才能成就事业，尽责才能赢得尊严。每个人只有在全面履行责任的过程中，才能使自己的能力得到充分的挖掘和发挥；每个人只有在推动社会的进步中，才能实现自身的发展。讲责任，体现着生活的价值，映照着人生的意义。逃避责任，坐享其成、虚度光阴的人生是没有价值的。勇敢地担负起自己的责任，人生才会充实，生活才有意义。

3. 讲服务

人生的价值在为人民服务中实现，生命的意义在为人民服务中升华。个人因为人民服务而高尚，社会因为人民服务而温暖。服务行业特别是窗口行业的服务水平如何，展示着国家、民族和地区的形象。全社会倡导为人民服务，窗口行业要发挥示范作用。铁路作为社会的窗口，要始终坚持“人民铁路为人民”的服务宗旨。在建设和谐社会的大背景下，作为一名铁路职工，要做到尊客爱货，热情周到。从一句热情的话语、一个友善的举动，从应该做、能够做的一件件小事做起，自觉做好服务工作，不断提升服务质量，努力营造一个个热情服务

的文明窗口,为形成整个社会良好道德风貌的大环境作出应有贡献。

4. 讲奉献

奉献是一种真诚自愿的付出行为,是一种纯洁高尚的精神境界。奉献,既是做人的基本品质,又是个人全面发展的内在要求。对绝大多数铁路职工来说,奉献是日复一日、年复一年的岗位实践(图4-5)。

图4-5　讲奉献

案例

【案例4-1】

胡景春:分分秒秒

有人这样形容时速350千米的动车组列车的速度之快:眼睛一眨,列车就像子弹一样飞出80多米。对于南昌铁路局调度所调度员胡景春来说,他每次上班,几十趟动车组列车的安全就掌握在他手上,分分秒秒都关系着列车的安全。

1982年,胡景春出生于江西萍乡一个铁路工人家庭。2000年,18岁的他从南京铁路运输学校(现南京铁道职业技术学院)毕业后,被分配到南昌局工作,先后担任过信号员、助理值班员等职务。2002年,他以优异成绩考进南昌局调度所,成为一名调度员。

人们常说,一个合格的调度员,要有一个"最强大脑"和一颗最冷静的心。因为调度员要熟记上万条规章制度,要通晓车、机、工、电、辆各系统的工作流程,要背诵运行图上近2000个时间节点。同时,面对各类突发情况,调度员要有准确判断和快速反应的能力。

高楼大厦不是一天建成的,要想成为这样的调度员,必须经历千锤百炼。对胡景春来说,他最难忘的是2005年原浙赣线电气化改造的那段经历。当时,胡景春所在的新余至株洲调度台管辖300千米的线路,一天当中连续七八个小时的大型施工不下20个。这意味着从7时30分迎着霞光走进调度楼到晚上披着星光离开,他没有片刻停歇。他要把厚达20页的密密麻麻的调度计划在15分钟内消化,坐上调度台,3部铁路电话、1部调度电话和1台列车无线通信电话此起彼伏地响着,有时甚至5部电话同时响起。一个班下来,胡景春再也不想和任何人说话。有时早饭来不及吃,他就打包带到办公室,到下班时才发现早饭、午饭还并排摆在那儿。这样的高强度工作整整持续了两年。正是经历了这样的磨炼,胡景春的业务能力和心理素质得到了极大的提升。

2009年,东南沿海第一条客运专线温福铁路开通运营。胡景春经过严格的业务考试,以优异成绩被选拔到温福铁路调度台,成为全局第一批高铁调度员。

有人问胡景春,调度工作这么枯燥乏味,劳动强度和安全压力又这么大,你是怎么坚持下来的？南昌局调度所主任熊祐春和党总支书记倪宏虎替胡景春做了回答：靠的是高度的责任意识。

这种责任意识就是安全意识。调度员有个必须具备的职业习惯：熬夜。调度员的熬夜不是“干熬”，而是要目不转睛地盯着密密麻麻的运行图，随时传递一条条调度命令。因为每个命令都关系到千千万万旅客的平安出行，关系到千千万万家庭的幸福团圆。胡景春坚持了下来，而且从未出过错。

为了全身心地投入工作，胡景春把还没满周岁的女儿送回了老家。10 个月后，她已经会走路了。虽然没能见证她的成长有些遗憾，但胡景春一直把妻子和女儿的照片放在离胸口最近的衣兜里，她们是胡景春最温暖的港湾，是他努力工作的精神支柱。

【案例 4-2】

张伦：调图先锋挑重担

他是北京铁路局列车运行图编制与管理专业技术带头人，他曾高质量地完成 2001 年至今历次运行图调整工作，他就是北京局运输处高速管理科科长张伦。

张伦曾参与了京津城际铁路、京沪高铁、京广高铁、津秦高铁等北京局管内各条高铁的联调联试、运行试验、开通运营及运行图调整的运输组织工作。调图，是对整个铁路运输能力的再一次提升和释放。张伦带领运输处高速管理科的同事们，在历次调图过程中努力让高铁发挥出更大的价值。这是一件异常辛苦的工作，张伦不仅要每天面对纷繁线条交织而成的运行图，还总是放弃周末休假，加班加点地研究铺画列车运行图。针对运输方案中的重点和难点问题，他积极优化试验运输方案，为试验的按期圆满完成发挥了重要作用。

车行天下，运筹帷幄。张伦还参加了石家庄枢纽改造、丰台站改造、秦皇岛枢纽改造等多项大中型建设项目的设计审查和施工期间运输调整方案的编制工作。他一方面根据运输专业实际提出多项改进意见和建议，不断完善项目的设计；另一方面充分挖掘运能潜力，化解施工与运输的矛盾。他注重将业务专长与铁路运输实践结合起来，努力化解运能与运量的矛盾，优化运输产品结构，为北京局运输的持续增量奠定了基础。作为北京局运输处高速管理科科长，张伦主动“挑起担”“当好家”。他在运输技术管理工作中发挥出了专业素质高和实操能力强的优势，敬业爱岗、认真负责、任劳任怨，在所负责的列车运行图编制与管理、高速铁路联调联试及运行试验运输方案编制、高铁车务管理等工作中，取得了优异的成绩，发扬了“安全优质、兴路强国”的新时期铁路精神，为北京局安全生产作出了积极贡献。

创新永无止境。张伦深谙这句话的寓意，不断在铁路运输领域开展科技攻关和创新活动。他主持和参与了多项北京局科研项目的研发工作，积极应用、推广科技成果，并取得了显著效果。2011 年至今，张伦主持和参与研发的“京津城际客运专线列车运行图编制系统”等科研成果，获得中国铁道学会科学技术二等奖、局级科技进步奖一等奖；他撰写的《京石客运专线运行试验期间北京枢纽运输调整方案研究》等多篇论文，发表在《铁道运输与经济》《高速铁路技术》等专业核心期刊上；他还参加了北京局京津城际铁路开行重联动车组课题攻关活动，被北京局记功表扬。

荣誉的鲜花，总是离不开汗水的浇灌。近年来，张伦先后获得“北京市优秀青年工程师”“北京局青年科技拔尖人才”“北京局优秀科技工作者”“北京局建功立业先进工作者”等称号。因科研和管理能力突出，他还被授予詹天佑铁道科学技术奖北京局专项奖。

【案例 4-3】

邢云堂:高铁操纵有“神闸”

2014 年 10 月底,在湖北武汉举行的第四届全国铁道行业职业技能大赛开幕式上,一名年轻的动车组司机凭着精湛的技艺,熟练地操纵 CRH380B 型动车组模拟仿真器,顺利经过了从未实地经过的内设线路“武广线”,安全正点抵达终点站“武汉”。现场顿时响起雷鸣般的掌声。

观摩的领导拍着他的肩膀赞叹道:“小伙子,你可能是全路唯一一个既在‘冰雪世界’又在‘火炉之城’开过高铁的人。”他就是哈尔滨铁路局三棵树机务段动车组司机邢云堂。

担任动车组司机以来,邢云堂勤学苦练、钻研技术,练就了过硬的动车操纵技能。他曾参与制定 11 项动车组司机作业标准,为动车组列车安全开行提供了技术保障。在哈大高铁开通运营前期,他主动请缨参加联调联试工作。针对东北高寒地区动车组开行特点,制定了《冰雪天气运行限速规定》《冰雪天气动车组操纵办法》等措施,为高寒地区高铁安全管理作出了贡献。

哈大高铁联调联试开始时,邢云堂在长春一待就是半个多月,白天担当动检车的值乘任务,晚上认真总结一天的试验情况,并针对第二天的任务编制制动距离方案表、日运行方案表等。凌晨,他又踏上了值乘动检车的征程。

平稳操纵、按标停车,是检验动车组司机技能的一把尺子。邢云堂制动闸“对标”,让他获得了“神闸”的雅号。CRH5 型动车组的“车脸”向前斜伸出去两三米,这种流线型设计减少了列车运行阻力,却给动车组司机停车“对标”带来了挑战。如果动车组司机低速“对标”,就会增加进站停车的附加时间,造成列车晚点。“这么快的列车都研制出来了,几米的停车对标问题还解决不了吗?”邢云堂暗下决心,一定要摸索出个规律来。为练就“一把闸”“零对标”的停车技术,邢云堂根据每个车站的站场情况,选择列车停车标附近比较固定的建筑物作为停车参照物,把停车过程中看不见的实际停车标,在脑海中变成能够看得见的“代用标”。经过一段时间的摸索与实践,邢云堂不但自己熟练掌握了这种“对标”方法,还将这种“对标”方法整理成文字资料,提供给其他动车组司机参考学习。目前,哈尔滨局每日运行在京哈线上的 CRH5 型动车组,司机进站“对标”时,所采用的方法就是邢云堂摸索出来的“代用标”停车技术。

【案例 4-4】沈阳局有一个只有 16 名职工的四等站——小东站。在 50 多年的历程中,一代又一代小东人立足本职,艰苦创业,用中国铁路职工特有的方式,不断探索铁路安全生产的规律,总结提炼出执行规章制度“一点不差,差一点也不行”的小东精神,塑造了“坚守岗位一刻不离,作业标准一项不漏,监视运行一丝不苟,标准用语一字不差”的站风,成为全路中间站安全生产的一面旗帜,先后荣获“全国五一劳动奖状”“全国青年文明号”等各项荣誉 400 多个,为我们树立了严守规章保安全的学习榜样。

【案例 4-5】某站有一名年轻的货运员,接到一宗发往浙江义乌的搬家货,因缺乏地理知识,将“义乌站”错办成河南的“义马站”。货主几经周折,3 个月后才拿到棉花被褥,这时隆冬已快过去。由此可见,作为一名铁路职工,要履行自己的职业责任,达到让人民放心满意的标准,就必须认真学习和掌握一定的科学文化知识,如必要的数学知识、化学知识、物理知识、地理知识和计算机知识等,不断丰富自己的文化底蕴。

【案例 4-6】58 岁的共产党员、呼和浩特局包头西车辆段轮对质量检查员刘怀玉为我们作出了榜样。刘怀玉 1969 年从包头铁路工程学校毕业,分配到呼和浩特局包头西车辆段。

38 年间，他干遍了车辆行业苦、累、脏、重、险、繁的全部工种，干一行爱一行，干一行精一行。凭着满腔的劳动热情和爱岗敬业的责任心，在平凡的工作中干出了不平凡的业绩。他利用每天坐通勤车的两个多小时时间学习，前前后后写了 40 多万字的学习笔记。他孜孜不倦地汲取知识营养，练就了精湛的业务技能，被誉为“神尺子”。他探索总结出了“转、敲、听、测、搓”五字轴承检查法的“绝活”，并创造了两轮高低标准不差 1 毫米的全国铁路车辆轮对安全检查单项最高纪录，成为高级工人技师、全路的技术标兵，曾荣获“火车头奖章”“优秀共产党员十大标兵”等荣誉称号，并被评为内蒙古自治区和全国劳动模范。

【案例 4-7】33 岁的共产党员赵军 1995 年退伍后来到呼和浩特局集宁工务段福生庄养路工区当了一名线路工。福生庄养路工区地处三面环山的风口，夏季高温酷暑难耐，冬季严寒滴水成冰，春秋风沙不断，线路病害时有发生，工作条件十分艰苦。在这个组建于 1948 年，有着“全国五一劳动奖状”“火车头奖杯”“全国学习型先进班组”“铁道部先进集体”“内蒙古自治区先进集体”等 400 多项荣誉称号的先进集体里，赵军怀着对养路事业的无限热爱，始终保持军人特有的“铁的纪律和严谨的工作作风”的本色不变，带领工区的工友们，以“安全责任大于天、严守规章不走样、苦练硬功争上游、甘当道石不言苦、团结共进创和谐”的坚定信念，凭着苦干、实干、拼命干的精神，创造了全国铁路干线养路工区安全生产第一纪录，实现了 59 年安全无事故，续写了福生庄养路工区安全生产的辉煌。他自己也从一名普通的线路工成长为工区第三十任工长。一代又一代福生庄养路工人，59 年如一日，“永远当好铺路石”的精神，正是千千万万铁路职工应该学习和弘扬的精神。

案例分析：作为一名新时期的铁路职工，我们也应像赵军那样，以对党和人民高度负责的精神，干一行、爱一行、钻一行、精一行，勇挑重担、敢于创新，争创一流，精益求精。

【案例 4-8】全国劳动模范王建贞，现任乌鲁木齐局库尔勒车务段红山渠站站长。红山渠站地处全国闻名的“三十里风区”，一年当中，8 级以上大风近 300 天，12 级以上大风司空见惯。大风天气里，职工拴着保险带、戴着防护镜，才能完成接车作业。在这样艰苦的环境中，王建贞一干就是 10 年。这 10 年，她没能同家人过一个团圆年，10 个春节都是在车站过的。她把车站当成自己的家来建设和守护，带领休班职工平场地、清垃圾、掏石坑、运沙土，栽活了红山渠站区第一片红柳。针对风区临时停留车辆实施防溜这一关键环节，她集思广益，补充完善了相关的规章制度，被乌鲁木齐局采纳并推广。10 年中，红山渠站没有发生过一起违章违纪事件，成为艰苦地区的一面旗帜。王建贞被评为铁路系统“全国十大敬业奉献模范”候选人。

案例分析：作为新一代铁路工人，我们要继承和发扬体现铁路特色、闪耀着奉献光华的“一点不差，差一点也不行”的小东精神、“艰苦奋斗、无私奉献”的巴山精神、“挑战极限、勇创一流”的青藏铁路精神和“永远当好铺路石”的福生庄精神等，立足岗位、埋头苦干，艰苦创业、不怕困难，无私奉献、争创一流，在平凡岗位上做出非凡业绩，在吃苦奉献中实现人的价值。

【案例 4-9】有这样一则故事：曾经，哈佛大学一位校长到北京大学时，讲述了一段亲身经历。有一年他向学校请了 3 个月的假，然后告诉家人，“不要问我去什么地方，我每星期都会给家里打个电话报平安”。然后这位校长就去了美国南部的农村，去农场干活，去饭店刷盘子。在田地时，背着老板吸支烟或和工友偷偷地说几句话，都感到很高兴。他在一家餐厅找到一份刷盘子的工作，只工作了 4 个小时，老板就给他结了账，对他讲：老头儿，你刷盘子太慢了，你被解雇了。这位校长回到哈佛，回到自己熟悉的工作环境，但感到换了另外一个天地，原来在这个位置上是一种象征，是一种荣誉。这3个月的生活，改变了他对人生的看法，让自己复了次位、清了一次零。

案例分析：一个人可能有辉煌的过去，但进了公司就必须从零开始，大家都处在同一条起跑线上。因为过去的成绩只代表过去，如果不能忘记过去，过去就会成为前进的包袱，成为前进的绊脚石，我们每个人都不能躺在过去的成就上吃老本，只有建立强烈的危机感，不断学习、不断进步，才能跟上快速多变的时代。

【案例4-10】希尔顿饭店的创始人、世界旅馆业之王康尼·希尔顿就是一个注重"小事"的人。康尼·希尔顿要求他的员工："大家牢记，万万不可把我们心里的愁云摆在脸上！无论饭店本身遭到何等的困难，希尔顿服务员脸上的微笑永远是顾客的阳光。"正是这小小的永远的微笑，让希尔顿饭店的身影遍及世界各地。其实，每个人所做的工作都是由一件件小事构成的。饭店的服务员每天的工作就是对顾客微笑、回答顾客的提问、打扫房间等小事；你每天所做的可能就是接听电话、整理报表的小事。但请记住：这就是你的工作，而工作中无小事。只有注重细节管理，把工作中的每件小事做细，才能为顾客提供一流的服务。

案例分析：细节决定成败，态度决定一切。如果我们端正了心态，树立了细节意识，以认真的态度做好工作岗位上的每件小事，以强烈的责任心对待每个细节，那么铁路行业这个大家庭就一定会迸发出巨大的能量。

思考题

1. 观看或听取铁路职工先进人物的视频报告或现场报告，了解铁路职工的素质要求。

2. 采访一家铁路企业，了解铁路行业的特征。活动宗旨：通过采访铁路运输企业，帮助学生认识铁路，加深对铁路行业特征的理解，培养热爱铁路、自觉适应铁路行业特征的职业习惯。

模块五　铁路员工职业化行为规范

学习目标

【知识目标】

1. 了解什么是职业行为标准与职业习惯;
2. 了解铁路客货运部门的职业行为规范;
3. 了解铁路车务部门的职业行为规范;
4. 了解铁路机务部门的职业行为规范;
5. 了解铁路工务部门的职业行为规范;
6. 了解铁路电务部门的职业行为规范;
7. 了解铁路车辆部门的职业行为规范。

【能力目标】

1. 能正确理解职业行为标准;
2. 能够执行各部门的行为规范。

【素质目标】

培养学生树立良好的学习习惯及行为习惯。

建议学时:6 学时

理论知识

单元一　职业行为标准与职业习惯

服务工作是各个铁路系统部门的核心工作之一,是企业创建服务品牌、树立企业社会形象的基础性工作。铁路员工根据不同的站段分为若干职业岗位工种,有调车、工务、电务、机务、车辆、客运、货运、调度等。为此,铁路系统部门应立足自身特点,借鉴先进企业成功的管理经验,开创性地提出一批通俗易懂、易于在实际工作中执行的先进管理理念和管理方法,如服务工作"12S"管理规范、"四个一"要求与"十个一点"等职业行为标准。

一、职业行为标准

(1)素质(Stuff)

"职业化素质"包含哪些内容呢?我们可以用著名的"冰山理论"来解释。把一个员工的全部看作一座冰山,浮在水面上的是他所拥有的资质知识,行为和技能就是员工的显性素质,而潜在水面之下的东西,包括职业意识和职业态度,我们称为隐性素质。显性素质和隐性素质的总和构成了一个员工应具备的全部职业化素质。

企业员工职业化素质程度的高低决定企业的未来发展,也决定员工自身的发展。是否具备职业化的意识、道德态度和职业化的技能知识与行为,直接决定企业和员工自身发展的潜力和成功的可能。具备职业化素质,那么就拥有了相当的职业竞争力,也就迈出了获得成功的第一步。

(2)微笑(Smile)

平凡的服务岗位上,微笑能使人不同凡响。微笑对待旅客,用心地服务,就会使人感到服务的不平凡。不同凡响并不是指步步高升、表现出众,而是当用心为他人服务后那真真切切的快乐与自豪。实践证明,只有热爱生活、热爱客户、热爱自己工作的人,才能保持并永久拥有那种落落大方而又恬静优雅的微笑服务。同时,实践也告诉我们,微笑服务是人际交往的通行证,它不仅是缩小心理距离、达成情感交流的阶梯,也是实现主动热情、耐心、周到细致、文明服务的途径,同时又是诚意与善良的表征和使对方愉悦的良药,还是引起兴趣、引起好感的温泉和达到服务语言增值、增效的强力添加剂(图5-1)。

图5-1　微笑服务

我们所提倡的微笑服务是健康的性格、乐观的情绪、良好的修养、坚定的信念等多种心理基础素质的自然流露;是真诚的微笑、不是讨好的媚笑,是发自内心的微笑、不是暗含讥讽的嘲笑,是轻松自如的微笑、不是皮笑肉不笑的干笑。若我们客运服务行业员工能真诚地微笑,付出爱心、平常心及耐心,则天下没有不满意的客户。别人站得远,我们就笑着走近,距离便会缩小;别人若冷漠,我们待以热情的微笑,就会逐渐热络。一个人可以没有资产,但只要有信心、有微笑,就有成功的希望。

(3)诚恳(Sincere)

泰戈尔说:"当我们大为谦卑的时候,便是我们最近于伟大的时候。"对人态度诚恳、谦卑、恭敬,是成就伟大事业的基础。服务工作需要耐心、细致、技巧,更需要诚恳,车站与旅客之间的信任要靠有效的沟通与交流,这样才能增进彼此的理解与信任。口是心非只能是一阵子,诚恳待人才能一辈子。诚恳就是要诚心待人,想旅客所想,急旅客所急,虚心听取意见,不断改进工作。

(4)节约(Save)

勤俭节约的美德如甘霖,能让贫穷的土地开出富裕的花;勤俭节约的美德似雨露,能让富有的土地结下智慧的果。在建设节约型社会中,要牢固树立"浪费也是腐败"的节约意识,克服"花公家钱不心疼"的不良心态,形成"浪费可耻,勤俭节约光荣"的良好氛围,使勤俭节约成为一种时尚,一种习惯,一种精神。谚语说得好:"生产好比摇钱树,节约好比聚宝盆。"对于铁路企业来说,杜绝浪费,不仅要体现在工作中,如夏天空调温度调高一点、冬天空调温度调低一点,纸张双面使用、随手关灯等,还要体现在生产中,如编制合理的列车运行图,减少电客车空驶里程、减少电力消耗,进行车站照明系统改造,等等。

(5)规范(Standard)

规范是指群体所确立的行为标准,在企业中制定员工日常行为规范,也是为了规范员工行为,维护企业形象。古人云:"无规矩不成方圆。"个人的发展离不开规矩,人作为社会和国家的主体,直接决定着国家与社会的前进方向,个人只有尊重客观规律,遵守规章,充分发挥主观能动性,才能达到预定的目标,并在奋斗中磨炼自己的意志,吸取失败的经验,不断充实自己,使个人的潜力达到最大的发挥。如果违背了规律,违反了规则,那么必将受到客观世界无情的惩罚,这样人与社会也不能得到协调发展。

(6)迅速(Speedy)

丘吉尔在第二次世界大战期间,每天都要工作18个小时,他时常会说:"没有时间去忧虑(No time to worry)。"当今社会各行业中的成功人士都有个共同的特点,就是言出即行。这种立即把思想付诸行动的行动习惯会取代智力、才能和社交能力,决定着工资范围和晋升速度,这对完成工作来说是必不可少的。其实这正是铁路人需要的一种境界,做到分秒高效,及时反映,即刻处理。

如何培养立即行动的习惯呢?不妨试试下面几种方法:

不要等到条件都完美了才开始行动——如果你想等条件都完美了才开始行动,很可能永远都不会开始。

做一个实干家一要实践,而不要只是空想。

记住想法本身不能带来成功——想法很重要,但是它只有在被执行后才有价值。

用行动来克服恐惧、担心——行动是治疗恐惧的最佳方法。万事开头难,一旦行动起来,就会建立起自信,事情也会变得简单。

机械地发动个人的创造力——人们对创造性工作最大的误解之一,就是认为只有灵感来了才能工作。

先顾眼前——把注意力集中在目前可以做的事情上。

立即谈正事(立即切入正题)——如果不避开这些让人分心的事情来开始谈正事,那它们会花掉很多时间。一旦开始谈正事,就会变得更有创造力。

(7)坚持(Persistence)

乘古今之风,览中外画卷,无数成功人士的丰碑下都有着"永不言弃"的厚重基石。如果爱迪生在试验寻找灯丝失败后放弃了,就不会有灯泡的发明,就不会有后来的成功,就不会有霓虹灯下的繁华与火树银花。如果巴尔扎克在年轻时的贫穷病痛折磨中放弃写作,就不会有旷世巨作《人间喜剧》的出版,就不会有他的名字流芳百世。

电视剧《士兵突击》中有一句颇为经典、颇富哲理的台词:"光荣始于平淡,艰巨在于漫长。"一个人的成功往往来自坚持与执着,失败和挫折只是暂时的。因此,当我们面对挫折、面对失败时,有了对成功的执着与坚持,永不言败,才能渡过难关,迎接成功。

(8)服务(Service)

服务是指为他人做事,并使他人从中受益的一种有偿或无偿的活动,不以实物形式而以提供劳动的形式满足他人某种特殊需要。服务具有不可复制性,不可分离性、品质差异性、不可储存性、所有权的不可转让性等特性。当今世界各个地方、每个角落都充满了形形色色的服务,如运输服务、餐饮服务、旅店服务、网络服务等,对于从事铁路交通运输服务,则是更好地为旅客做好各种服务工作。如何做好旅客服务,需要铁路交通企业职工首先建立起服务理念,因为服务理念对做好服务工作具有极其重要的意义(图5-2)。

图5-2　铁路部门的运输服务

(9)满意(Satisfaction)

满意是指意愿得到满足,符合心愿。按照传统的管理学说法,所谓客户满意就是达到了客户的预期。对于铁路企业来说,要达到客户满意就必须做到旅客满意(一切满足旅客的要求),职工满意(企业员工具有向心力,有发达的企业文化),经营者满意(同行业、关联企业满意),世界满意(相关国家满意),地球满意(不对地球造成环境污染)。这五个满意始终贯穿着全方位人本管理的宗旨,在企业内部利益相关者之间以及企业外部环境主体之间寻求一种和谐。

(10)环境(Surrounding)

良好的人文环境对人们的生活和成长是十分重要的，现代的人们不仅要求高品质的物质生活，更需要高品位的精神生活。在公司中，每位员工与其他员工之间的关系都是相互依赖、荣辱与共的。一个人成功的主要原因在于他具有创新的能力、必要的知识和技能，并能努力工作，但是成功与否同时也依赖于周围的人，他们既可能让你的工作充满乐趣，也可能让你的工作糟糕透顶。众所周知，“孟母三迁”的典故说的是孟母教育孟子和孟子的成长而三次选择居住环境的故事。孟子后来成为大学问家，与社会环境对他的熏陶感染有很大关系。可见，社会环境对人的重要影响。

(11)卫生(Sanitation)

铁路运输已成为当前城市公共交通系统的重要组成部分，良好的公共卫生环境可以愉悦乘客身心。环境卫生的改善也使铁路员工在工作时可以带着一份愉悦的心情，能更快更好地完成工作，大大提高工作效率。

(12)安全(Safety)

安全生产事关大局，是运输行业工作的重中之重，必须坚持“安全第一，预防为主”的方针。安全是采取系统的措施保证人员、场地、物品的安全，系统地建立防伤病、防污、防火、防水、防盗、防损等安保措施，确保工作中的人身设备、设施安全。安全管理最根本的目的是保护人的生命和健康，是对企业效益的最根本要求之一。保护社会生产力，使之能正常生产，保护生产关系，使企业的合法利益不受侵犯和损失，是安全管理的重要内容。

二、职业习惯

铁路企业是服务性很强的窗口单位，因此，作为铁路企业的员工，应养成良好的职业习惯。

1. 遵纪守时

遵纪守时是一种传统美德，是职业化员工必备的职业习惯。康德讲“守时就是最大的礼貌”，苏沃洛夫讲“纪律是胜利之母”。人的行为改变习惯，习惯养成性格，性格决定命运，培养遵纪守时的良好习惯，是个人成功的关键因素之一。

习惯是一种重复性的通常为无意识的日常行为规律，它往往通过对某种行为的不断重复而获得，是人的思维和性格的某种倾向，是一种习惯性的态度和行为。科学研究告诉我们，坚持一个行动，关键在前三天，如果能坚持21天以上就能形成一个习惯；如果能坚持重复90天以上就会形成稳定习惯；如果能坚持重复365天以上，想改变都很困难。因此，在培养遵纪守时的良好习惯中，我们应该从细节出发，在平日的工作生活中，做到按时到岗、主动购票、自主排队，开会守时、守会场纪律，遵守规章制度、规范操作设备等。我们要充分认识到，个人遵纪是维护一个国家，一个公司正常运转的根本。守时在珍惜自己时间的同时，也珍惜了别人的时间。

做到遵纪守时、爱岗敬业、尽忠职守、克己奉公。多一份用心，乘客的安全就多一份保障。只有严格要求自己，才能顺利、出色地做好本职工作。

2. 尊重他人

人与人之间的交流，都应建立在真诚与尊重的基础上。人唯有尊重他人，才能尊重自己，才能赢得他人对自己的尊重。尊重他人不仅是一种态度，还是一种能力和美德，更应该是所从事职业应具备的职业习惯。

在某种意义上，不加掩饰、直接表露或宣泄是无能和自私的错误表现，只会造成大家都不愉快的结局，掩饰并非虚伪和做作，只是选择适当的语言和时机做不恰当的事情，相反，没有任何掩饰的人必然不能与其他人愉快和睦地相处。不要不顾他人的感受对他人的缺点大肆批评，也不要用苛刻的语言去伤害他人，不要取笑他人或是对他人感到不屑，这些都是对他人不尊重的表现，是与他人愉快沟通交流的一大障碍。

关爱特殊人群，尊重社会弱势群体，是铁路职工服务大众，服务社会的基本体现。铁路职工应用实际行动演绎尊重每位旅客，关爱每个生命，完成每次求助的高尚品德。

3. 礼貌待人

在铁路企业运营服务中，礼貌待人是基本的职业习惯。礼貌待人可以在服务人员和旅客之间架起理解的桥梁，减少不必要的矛盾。文雅的礼仪，和气、宽容的态度和语言，不但可沟通人们的心灵，而且可反映个人的思想和文化修养。正如俗话所说："礼到人心服，无礼讨人嫌"。

4. 勇于承担责任

无论是在工作还是在生活中，人们往往对于承认错误和担负责任怀有恐惧感。因为承认错误、担负责任往往会与接受惩罚相联系。有些不负责任的员工在出现问题时，首先把问题归因于外界或者他人，总是寻找各式各样的理由和借口为自己开脱。在很多管理者看来，这些理由和借口，并不能掩盖已经出现的问题，也不会减轻要承担的责任，更不会把责任推掉。

美国西点军校认为：没有责任感的军官不是合格的军官，没有责任感的员工不是优秀的员工，没有责任感的公民不是好公民。缺乏责任感难免会失职，员工与其为自己的失职找寻借口，倒不如坦率地承认自己的失职。敷衍塞责，找借口为自己开脱，会让老板觉得你不但缺乏责任感，还不愿意承担责任。没有谁能做到尽善尽美，但是，一个主动承认错误的员工至少是勇敢的。如何对待已经出现的问题，能看出一个人是否能够勇于承担责任。

5. 持续学习

21 世纪是知识经济时代，国际化的竞争已呈现学习能力和学习速度的竞争，企业唯一持久的竞争优势就是必须努力提升企业学习力和创新力，具有比竞争对手学习得更快的能力。时代的巨轮在不断向前推进，企业应倡导互相学习、共同学习和终身学习。在经济生活的每个过程中，学习始终至关重要。

在瞬息万变的市场上，凡是依赖于旧有的知识和依循以往的方式解决新问题的人，都将无法避免被淘汰的命运。没有人会等待你的成长，激烈的竞争只会告诉我们不进则退的必然。我们必须突破自身的束缚，向一切优秀者学习。我们要知识，要竞争，也要学习。竞争优势是由个人和集体的不断学习促成的。面对快速变革的未来，企业和个人都必须不断地学习以往并不熟悉的知识。面对从未遭遇的困难，同事之间保持谦逊积极的学习心态进行交流，是我们一贯的优良传统。通过互相学习，同事之间形成良好的"比学赶帮超"氛围，是持续成长的动力之一，我们还要敞开胸怀，走出去，行动起来，向市场学习，向外部学习，向对手学习。我们要敢于从其中找出自身的不足，努力取得突破。

员工在刚进入工作岗位时都能保持很高的学习热情和干劲。为什么进入企业几年后，有的员工渐渐丧失了奋斗的激情和学习的兴趣，有的员工却一直能保持较好的工作状态和学习劲头？这证明了职业目标的重要性。职业生涯规划是企业员工保持学习热情的必要条件。员工进入企业必须明确职业生涯目标，列出自己的成长规划。没有目标的人和有目标的人,会有两种截然相反的学习态度。没有明确职业生涯目标的员工,不知道自我学习和提高,一旦遭到不公平的待遇和挫折便灰心丧气,抱怨环境,不求进取。而有了明确的职业生涯目标,就有了学习的热情和动力,遭到挫折和失败时,他会不断地改进,调整状态,迎接挑战。

员工成长工程是一项系统长久的工程。企业的发展离不开人才,人才的培养需要企业员工持续学习来不断充实。只有通过企业愿景、职业生涯目标规划等手段,通过企业内部竞争,创造学习型组织、营造团队氛围、完善培训休假制度,推动员工成长,才能为企业创造更多财富。员工是企业最大的财富,推动员工成长符合企业发展的要求,也是激励员工、关爱员工的具体体现。

单元二　铁路客货运部门岗位的职业行为规范

铁路运输窗口岗位,是指铁路运输企业直接面向旅客、货主的工作岗位。铁路运输窗口岗位的职工,即在铁路运输企业直接为旅客运输和货物运输服务的铁路职工。铁路运输窗口岗位的工作性质,决定了其职业道德规范对铁路企业形象和全社会精神文明建设具有重要意义。铁路运输窗口岗位职业行为水准集中展现和谐铁路的新气象,是铁路行业精神文明建设的重要标志。立足本职,自觉践行铁路运输窗口岗位职业道德规范,对于弘扬社会主义荣辱观、传播高尚道德、引领社会文明新风、推进和谐铁路建设有着重要作用。

一、铁路运输窗口岗位共同的职业行为规范

铁路运输窗口岗位工作繁杂,天天与旅客、货主和各种货物打交道,其职业行为需要从多角度进行规范。其中,最主要的有爱岗敬业,遵章守纪;诚信待客,优质服务;爱车爱货,方便货主;文明礼貌,仪表端庄。这是铁路运输窗口各个岗位都需要遵守的共同职业行为规范,如图5-3所示。

图5-3　铁路货运服务

1. *爱岗敬业,遵章守纪*

这是铁路运输窗口岗位职业行为规范的基础。爱岗敬业,就是热爱自己的岗位,忠于职守,专心致志地从事自己的事业。遵章守纪,就是严格遵守本岗位的规章制度,执行标准化作业;严格遵守工作中的各项纪律要求,自觉维护路风路誉。

爱岗敬业是铁路运输窗口岗位职工做好本职工作的重要前提和基础条件,它集中体现窗口岗位员工的主人翁责任感和职业自豪感。“三百六十行,行行出状元。”无论是在什么岗位,从事什么工作,只有首先热爱自己所从事的事业和工作岗位,明白自己的工作对国家、对企业、对社会、对自己所存在的价值,才能树立正确的职业理想,在自己的工作岗位上,干一行,爱一行,钻一行。例如,吕玉霜是大连站问事处的工作人员,她在这一平凡的服务岗位上工作了20多年,共接待南来北往的旅客400多万人次,没有一次错误回答,没有接到一个旅客投诉电话,被人民群众称为“滨城天使”,先后荣获全国劳动模范等20多个荣誉称号。她就是爱岗敬业的典范。长期在服务岗位工作,她无怨无悔,恪尽职守,甘于奉献;她业务技

能强,能够熟练掌握全国14条主要铁路干线5000多个车站的上百对旅客列车的到发时间、中间站换乘时间及旅客须知,熟记大连及周边地区的各大企事业单位的方位和公共汽车线路,对旅客的提问总是对答如流。20多年来,她为旅客做的好事难以计数,人们不约而同地把她比作当代的“活雷锋”。吕玉霜的典型事例告诉我们,只要爱岗敬业,脚踏实地,苦干实干,自觉奉献,每一名铁路窗口员工都能够在岗位上立业,在岗位上成才,在岗位上为企业、为社会、为国家多做贡献。

遵章守纪是铁路运输窗口岗位员工做好本职工作的必然要求和根本保证。铁路是关系国计民生的重要部门,铁路运输窗口岗位职工每天和千千万万旅客与货主打交道,自身形象和风气对社会的影响要比其他部门大而广。铁路窗口岗位员工自觉遵守规章制度和有关纪律要求,对于维护良好的路风路誉,树立和谐铁路、文明服务的新形象具有重要意义。规章制度是指导作业的基本规范和标准。它集中了以往工作的成功经验和教训,告诉我们在工作中,应该如何做才能符合规范,达到标准,保证对旅客、货主的服务达到最佳水平。铁路运输企业历来强调“铁的纪律”,这是极其严格的、具有强制性和约束力的,铁路员工必须无条件服从和遵守的行为准则。它包括政治纪律、职业纪律、劳动纪律、作业纪律等多个方面。遵守规章,规范服务、严格纪律、令行禁止,体现了铁路工作的基本特征,是确保安全生产、提供良好服务、维护正常秩序的客观要求。铁路窗口岗位员工作为铁路企业的“形象代表”,要做遵章守纪的模范,刻苦钻研本岗位技术业务,熟知各项规章制度和纪律要求,自觉遵守纪律,严格按规章制度办事,绝不能因个人私利而做违反规章制度和纪律的事。

2. 诚信待客,优质服务

诚信是人类社会一切行为的基础和根本,是做人做事和经济生活中的一个基本行为规范,是构建社会主义和谐社会的前提与基础。诚信作为企业最为重要的无形资产,是企业创业发展和长盛不衰的根基。诚信待客,就是把诚实守信的道德要求,内化为铁路运输窗口岗位职工从事生产经营和服务工作的基本价值理念与行为规范,任何时候、任何地方、任何事情都要忠诚于国家利益、忠诚于铁路整体利益、忠诚于岗位职责,诚恳真挚、热情周到地为旅客、货主服务,满足旅客、货主的运输服务需求。优质服务,就是在现有物质技术基础上,通过运输窗口岗位员工的主观努力,以最好的服务质量使旅客、货主满意程度达到最大化。

诚信待客是铁路运输窗口岗位员工坚持“人民铁路为人民”的服务宗旨,践行社会主义荣辱观,以良好的工作态度对待旅客、货主等服务对象的基本要求。诚信待客,要求铁路运输窗口单位和职工,首先要确立自己与旅客、货主是服务与被服务的关系,牢固树立“旅客、货主至上、诚实守信为荣、守法遵规负责、文明礼貌热情”的经营和服务理念,切实端正服务的态度、找准服务的位置、进入服务的角色。其次要诚心诚意待人,从情感和心灵深处加强与旅客、货主的沟通,尊重每一位旅客、货主的人格、尊严、感情、权益和风俗习惯、宗教信仰,使旅客、货主在旅行和发取货物的过程中心情舒畅,体会到铁路的文明服务。最后要热情周到地为旅客、货主服务,想方设法为他们提供各种便利条件,千方百计为他们排忧解难,满足旅客、货主的服务需求。

优质服务既是对运输窗口岗位员工的工作要求,也是一种职业优质服务的内容随着经济发展、社会文明进步,特别是旅客、货主需求的提升不断发展变化的要求。但其基本要求主要包括以下几个方面:一是规范化服务,指的是服务规程,要按照作业规程和作业标准的要求为旅客、货主提供基本服务。二是热情服务,指的是服务态度,即对待旅客、货主应该热情、大方、有礼,使旅客、货主进入车站、列车或货场有一种“宾至如归”的感觉,体会到和谐铁路的文明新风。三是周到服务，指的是服务范围，属于规定范围之内的基本服务项目，只要旅客、货主需要，我们就应该无条件地提供，如免费供应开水、到站报站名等。四是延伸服务，指的是超出基本标准规定范围的服务项目，如果我们具备服务条件，也应该积极满足旅客、货主的需要，做好相关服务工作，为旅客、货主提供方便。如到企事业单位、学校、驻地部队上门售票，取送货物等。

3. 爱车爱货，方便货主

爱车爱货是货装部门员工的主要任务，是发挥铁路运输能力的基本条件。爱车爱货包括车辆和货物两个方面。车辆是铁路完成运输生产任务的主要工具，是铁路货运职工实现生产劳动的重要手段。爱护车辆，是货装岗位员工的神圣职责，也是最起码的职业道德要求。货物构成了铁路货运生产力的劳动对象。只有爱护货物，了解掌握各类货物的特点，认真做好运输办理、装载加固各环节的工作，确保货物及时准确、完好无损地运送到目的地，才能为货主提供方便快捷、安全高效的铁路运输服务，取得货主的信任，保证铁路运输的货源充足，促进铁路企业经济效益、社会效益和职工收益的提高。可以说，爱车爱货是铁路在货物运输市场竞争中占得先机的重要手段，也是铁路货运职工职业行为水平在提高铁路企业经济效益上的直接体现。

方便货主要求货运岗位员工落实服务宗旨，树立以货主为中心的服务理念，主动把困难留给自己，把方便让给货主，为货主提供优质高效的铁路货运服务；以满足货主的需要为工作内容，适应市场经济条件下现代物流发展的要求，更新货物运输服务理念，以方便、快捷、经济为重点，改善运输方式，创新运输产品，开行货物快运、行包专列、“五定”班列，集装箱班列、特种货物专列等快运列车，全面提高货运质量，满足货主的不同需求，实现货运量的大幅增长。通过实施提速和重载工程，加强运输组织，开展多拉满载活动，推行大客户战略，全力确保国家重点物资运输；以满足货主的需要为工作内容，千方百计为广大货主提供方便、周到、快捷的铁路货运服务。

4. 文明礼貌，仪表端庄

文明礼貌、仪表端庄是职工文明素质、形象和内在修养的外在表现，包括仪容仪表、行为举止、文明用语和环境卫生等方面的规范。作为铁路运输窗口岗位员工，应该做到：仪表整齐清洁，举止端庄大方，说话和气，称呼亲切，口齿清晰，使用普通话，运用“请、您好、谢谢、对不起、再见”等文明用语；待人诚恳，热情周到，“微笑”服务，成为讲文明、树新风的模范。工作岗位环境卫生要做到窗明地净，四壁无尘，内外整洁，空气新鲜，消灭“四害”，并力求优雅美观，为旅客、货主创造愉悦舒适的良好环境。

铁路窗口岗位员工在作业立岗时要挺胸、收腹，两脚跟并拢，双手自然垂直：做到不赤足穿鞋，不穿高跟鞋、钉子鞋、拖鞋，不留长指甲，不染彩色指甲、头发；男不留胡须、长发，女发不过肩；不背手，不叉腰、抱膀、插兜，不背靠墙，不指手画脚，不谩骂、讽刺、挖苦旅客，扫地洒水不玷污旅客衣物；不议论旅客生理缺陷，不高声喧哗、嬉戏打闹、勾肩搭背；不在旅客面前吃食物、吸烟、剔牙齿；旅客写书面意见时不站在旁边观看，口头提意见要耐心听取，不当面辩驳或议论，更不准刁难旅客。作业中，应集中精力，不擅离岗位，不做与本职工作无关的事；迎送列车时要提前立岗，目迎目送，态度端正，严肃大方，思想集中，反应敏捷；迎送旅客，与旅客交谈、对话，一举一动、一言一行，都要注意讲文明、有礼貌，尊重旅客的民族习俗和宗教信仰，维护铁路企业的良好形象。

二、铁路旅客列车岗位的职业行为规范

铁路是许多中长途旅客出行首选的交通工具。2018 年铁路旅客发送量 33.75 亿人,全国铁路完成货物发送量 40.22 亿吨,旅客列车在铁路运输生产过程中,担负着运送旅客及行包、邮件的工作。旅客列车作为铁路服务人民群众、传播社会主义精神文明的重要窗口,直接反映铁路职工的工作水平和职业道德风貌。加强旅客列车客运职工的职业道德建设,对于完成日益繁忙的旅客运输任务,在全社会树立铁路职工的良好形象,展示和谐铁路建设新风采,推动形成尊荣抑耻、弘扬正气、团结友爱、互帮互助的文明风尚,促进社会和谐,具有重要意义和作用,如图 5-4 所示。

图 5-4　铁路旅客列车岗位服务

1. 铁路客运列车岗位的共同职业行为规范

铁路客运列车岗位包括:列车长、列车员,餐车主任、厨师、炊事员、服务员,供水员,行李员,广播员等。他们虽然分工不同,但具有服务直接、任务繁重、责任具体、接触旅客面广、面对矛盾和问题多等职业特点,有着共同的职业行为规范要求,主要包括以下几方面:

(1)勤恳敬业,热爱旅客列车服务工作,有高度的职业责任感和强烈的进取精神,做到工作勤奋,业务熟练。

(2)廉洁奉公,坚持"人民铁路为人民"的服务宗旨,自觉维护铁路的路风路誉,做到公道正派,不徇私情。

(3)顾全大局,服从领导,尊重同事,做到团结协作,密切配合,共同为旅客提供良好服务。

(4)遵章守纪,忠于职守,服从指挥,严格执行客运工作的规章制度和职业纪律。

(5)优质服务,根据旅客的不同需求提供相应服务,做到全面服务,重点照顾,主动热情。

(6)礼貌待客,尊重旅客习俗习惯,诚信服务,讲文明,有礼貌,做到行为端庄,举止文明。

(7)爱护行包,在行包货物运输过程中,爱护国家财产和人民群众的私有财产,做到文明装卸,认真负责。

2. 铁路客运列车各工种岗位的职业行为规范和职业纪律

(1)列车长岗位的职业行为规范及职业纪律,如图 5-5 所示。

图 5-5　列车长的岗位服务

列车长岗位的职业行为规范:

①树立以旅客为本的服务理念,落实提供优质服务、构建和谐铁路的工作要求。以满足旅客需要为工作目标,使列车服务内容和标准适应旅客多样化的需求;坚持对上级负责、对职工负责和对广大旅客负责的一致性,把旅客满意不满意、赞成不赞成、高兴不高兴作为评判列车服务工作成效的主要标准,切实提高客运列车的服务质量。

②敢于负责,坚持原则,秉公办事。加强车

班建设，健全管理制度，认真组织落实。敢抓敢管，切实负起责任，对于违章乘车的旅客，坚持从维护国家和多数旅客的利益出发，坚决予以纠正；对于不负责任、违反纪律的职工，敢于批评教育；对于列车上出现的危害社会和人民利益的违法乱纪行为，敢于斗争，以维护良好的铁路运输秩序。

③热情周到服务，积极主动帮助旅客排忧解难，妥善处理列车运行过程中出现的问题。对旅客在旅行中遇到的各种困难，如乘错车、坐过站、生病、遗失钱物等意外事件以及老弱病残孕等重点旅客，积极主动给予关心和帮助，使他们感受到和谐铁路、人民列车的温暖。

④钻研技术业务，练就过硬的基本功。掌握列车特别是动车组等各种新型列车的作业特点和流程，正确填写报表，根据客流变化组织好旅客乘降，确保安全；组织列车乘务人员做好列车服务广播宣传、饮食供应、行包运输和车容卫生工作；组织列车乘务人员开展政治业务学习、劳动竞赛，不断总结经验，提高服务水平。

⑤主动搞好站车合作和列车上各工种间的团结协作，协调好“三乘一体”关系，调动各方面的积极因素，维持列车治安秩序，确保旅客运输工作正常进行。

⑥关心职工，加强思想政治工作，发挥表率带头作用，确保职工队伍稳定。

列车长岗位的职业纪律：

①不以权谋私，不以车谋私，不刁难和怠慢旅客，不向旅客索要财物。

②严格执行乘务纪律，落实作业标准；不乱补乱罚票款，不违反国家政策和客运规章制度。

③加强管理落实制度，做好各项基础工作，不以弄虚作假来应付上级检查。

④不违章“捎、买、带”。

⑤按统一规范着装，佩戴职务标志。胸章（长方形职务标志）佩戴在上衣左胸口袋上方正中，上衣左胸无口袋时，佩戴在相应位置；臂章（菱形职务标志）佩戴在上衣左袖肩下四指处。

（2）列车员岗位的职业行为规范及职业纪律，如图5-6所示。

图5-6 列车员的岗位服务

列车员岗位的职业行为规范：

①热爱岗位，业务熟练。掌握旅行常识和安全常识，熟悉列车站顺和停车站的到、开、中转时刻及其他知识，方便旅客，为旅客当好参谋。

②执行规章，落实责任。熟记客运规章制度，标准化作业；熟知车厢内各种设施的使用方法，确保旅客的人身和财产安全；耐心解答旅客的询问，正确处理列车运行过程中出现的问题。

③文明服务，热情周到。语言文明，礼貌热情，仪容整洁，端庄大方，微笑服务，环境整洁。了解本车厢旅客情况，区别不同类型的旅客，相应做好服务工作，特别要照顾好重点旅客。软卧列车员要熟悉接待外宾的礼仪知识。

④服从指挥，团结协作。坚守岗位，遵章守纪，服从领导，恪尽职守，做到有令则行，有禁则止；加强联劳协作，与其他岗位职工密切配合，共同做好列车服务工作。

列车员岗位的职业纪律：

①不刁难、怠慢旅客。不索要旅客财物,不乱补乱罚票款。

②不利用职务之便贩运倒卖,不违章“捎、买、带”。

③严禁闲杂人员进入乘务室。

④按规定着装,佩戴标志。

(3)餐车主任岗位的职业行为规范及职业纪律。

餐车主任岗位的职业行为规范:

①礼貌待客,热情服务,语言文明,仪容整洁。

②执行政策,诚信无欺,及时向旅客公布就餐时间,保证质量,满足供应。

③根据客流情况,组织安排供餐,主动热情地为重点旅客和有饮食忌讳的旅客解决就餐问题。

④严格执行餐料商品、备品、餐具的保管和交接制度,确保食品安全卫生。

餐车主任岗位的职业纪律:

不乱涨价,不乱收费,不克扣、刁难旅客用餐,遵守财经纪律和物价政策。不进、不售腐烂变质的餐料和食品,保持卫生清洁,杜绝食物中毒;不优亲厚友,顾全大局,搞好团结协作;不违章“捎、买、带”。

(4)餐车厨师和炊事员岗位的职业行为规范及职业纪律。

餐车厨师和炊事员岗位的职业行为规范:

①礼貌待客,文明服务,仪容整洁。

②熟练掌握烹饪技能,使食品色、香、味俱佳,能够满足旅客不同口味的就餐需要。

③严格遵守食品卫生法规和制度,做好厨房卫生及餐具的洗刷消毒工作,杜绝食物中毒。

④主动热情地为旅客就餐提供方便,照顾旅客的饮食忌讳。

餐车厨师和炊事员岗位的职业纪律:

①不配变质餐料,不简化消毒程序,保证食品卫生安全。

②不违反财经纪律和物价政策。

③不违章“捎、买、带”。

④服从领导,听从指挥,团结协作。

(5)餐车服务员岗位的职业行为规范及职业纪律。

餐车服务员岗位的职业行为规范:

①爱岗敬业,文明服务。

②语言亲切,举止大方,着装整洁,对就餐旅客主动热情地做好服务工作。

③严格执行岗位服务标准,做到“四勤”,即眼勤、口勤、手勤和腿勤;做到“三不端”,即饭菜量不足不端,不热不端,不卫生不端;做到“三声”,即来有迎声,坐有问声,走有送声。

④尊重旅客的不同习俗习惯,主动照顾重点旅客和有饮食忌讳的旅客就餐。

⑤服从领导,听从指挥,搞好团结协作。

餐车服务员岗位的职业纪律:

①严格遵守食品卫生法律法规,不出售变质食品,确保食品卫生安全。

②认真执行餐票或现金收付制度,不乱收费。

③执行标准化作业,严格按程序消毒餐具,确保餐具卫生合格。

④不违章“捎、买、带”。

(6)供水员岗位的职业行为规范及职业纪律。

供水员岗位的职业行为规范:

①热爱本职,勤奋工作。热爱供水岗位,全心全意为旅客服务;认真做好本职工作,为旅客提供方便。

②坚持标准,落实规章。熟练掌握业务技术,做到水开、量足,供应及时。开车前,要备足开水送到各车厢;列车运行途中,保证开水充足;终点到站前,收点好茶具,做好交接工作。

③文明服务,讲究卫生。语言文明,态度和蔼,仪容整洁,着装规范;勤洗茶具,严格消毒,保证饮水器皿卫生;严格执行卫生标准,不开或不洁的水,不往车厢送;茶炉水罐必须加锁,大壶加帽,防止旅客烫伤,保证饮水安全。

供水员岗位的职业纪律:

①不擅离职守,严格执行供水器皿消毒程序。

②不以车谋私,不刁难旅客。

③不违章"捎、买、带"。

④服从领导,搞好站车协作。

(7)行李员岗位的职业行为规范及职业纪律。

行李员岗位的职业行为规范:

①热爱本职,文明服务。忠于职守,尊客爱货,对待旅客、货主讲文明有礼貌,说话和气,办事公道,对旅客、货主不明白的问题要耐心细致地解释说明;及时修补破损行包,让旅客、货主放心满意。

②坚持标准,尽职尽责。认真执行各项规章制度,按标准做好行包承运、中转各环节的工作。熟知列车运行站顺及到、开、中转时刻,掌握各站行包运输规律、装卸能力和运输里程,安全、迅速、准确地完成行包和铁路文件、物品的运输任务。

③爱护货件,确保安全。严格监装、装卸和交接,精心组织搬运、码放,轻拿轻放,做好防火、防盗、防湿、防污染工作;爱护设备、备品,保持环境卫生;经常检查货仓,防止倒塌;主动向押运人员介绍安全注意事项;组织快装快卸,维护列车正点运行。

行李员岗位的职业纪律:

①坚守岗位,不擅离职守。

②不误装、漏装、损坏和遗失行李物品。

③不违章存放私人物品。

④不向货主索要财物。

⑤主动搞好站车协作,服从领导,听从指挥。

(8)列车广播员岗位的职业行为规范及职业纪律。

列车广播员岗位的职业行为规范:

①热爱本职,努力工作。发挥列车广播宣传媒体作用,面向旅客宣传党的方针政策,做好专题广播,按时转、录播中央人民广播电台新闻联播节目;及时编排内容健康的广播节目;配合乘务工作,做好服务、卫生、安全和旅行常识的宣传。

②精通业务,本领过硬。熟记岗位规章制度,坚持标准化作业,资料台账齐全、修改填写及时;认真编写广播计划,经列车长审批后播音;广播用语规范,播音准确;广播内容丰富、形式多样,能够根据需要增加英语、少数民族语言广播;精心保养广播设备,保持设备运用良好。

③文明服务，热情周到。播音语气亲切热情，当好旅客的向导和知音。旅客进入车厢，要致以亲切的欢迎词，介绍本次列车的情况、安全注意事项、餐车供应情况以及旅行常识。旅行中，及时通报列车到站、到开时刻及中转车次；组织播出内容丰富、生动活泼的多种节目，丰富旅客的旅途文化生活。遇有安全事件，及时利用广播通知旅客，协助做好安全和稳定工作。

列车广播员岗位的职业纪律：

①严格执行机器交接制度和操作规程，开机后不离岗位，离岗时关机断电加锁。

②不误传、错播、错报和使用不规范的用语。

③严禁闲杂人员进入播音室，不在播音室私存物品。

④不播未经审批的稿件。遇有特殊情况临时拟定的稿件，要经列车长审批后播放。直播稿件要做好预习；使用录音带（光盘）和转播节目要做好监听；严禁超范围使用音乐作品，切实保护音乐作品的著作权。

三、铁路客运站岗位的职业行为规范

铁路客运站是铁路联动机上完成铁路旅客运输任务的一个有机环节，也是铁路面向社会、服务广大人民群众、传播社会主义精神文明的重要窗口。随着经济社会发展、人民物质文化生活水平和铁路运输能力的不断提高，经由铁路运送的旅客人数显著增长，年均在10亿人次以上。由于社会文明程度和旅客素质的普遍提高，特别是科学发展观和构建社会主义和谐社会重要思想的日益深入人心，广大旅客对铁路客运站文明服务的要求也越来越高。因此，客运站作为铁路运输业的重要窗口，必须站在推进和谐铁路建设、构建和谐社会的高度，高度重视并加强员工的职业行为建设，切实提高职工的职业行为水准，增强其爱岗敬业意识，促进职工服务旅客自觉性的进一步提高。

作为铁路客运站员工，要清楚地认识到自身职业行为代表着铁路的形象、国家的形象、民族的形象，自觉践行"人民铁路为人民"的服务宗旨和社会主义荣辱观，牢固树立以旅客为本的服务理念，从旅客的实际需求出发，提高思想道德、职业操守、诚信服务客运业务和服务技能等综合素质，以高尚的道德、优质的服务、良好的形象，为铁路、为祖国赢得更多的荣誉。

1. 铁路客运站岗位的共同职业行为规范

铁路客运站岗位包括：客运计划员、售票员、车站行李员、行李计划员，客运值班员，客运服务员、客运员、检票员等。他们都是铁路客运站直接面向广大旅客的工作人员，有着共同的职业行为规范要求，包括以下几方面：

①勤恳敬业，做到工作勤奋，业务熟练。

②廉洁奉公，做到公道正派，不徇私情。

③遵章守纪，做到服从命令，执行标准；

④优质服务，做到主动热情，热心周到。

⑤礼貌待客，做到行为端庄，举止文明。

⑥爱护行包，做到文明装卸，认真负责。

铁路客运站员工良好的职业行为，优质高效的服务，展现出和谐铁路建设的工作成果，反映出铁路职工的精神风貌，对树立铁路企业良好形象，促进社会和谐发展有着重要的意义。例如，王凤莲是北京铁路局北京西站客运车间"036"候车室值班员。20多年来，她自觉践行"人民铁路为人民"的服务宗旨，在平凡的岗位上，以"诚心待客、热心服务、真心助人、实心爱岗”的“四心服务”,为南来北往的旅客奉献爱心、提供帮助。在她的带动下,全班职工长年坚持优质服务,为旅客做了数不清的好事,在社会上叫响了“036”服务品牌。有困难找“036”已为到过北京西站的广大旅客所熟知,北京有个“036”也在社会上广为流传。她本人先后被评为北京市劳动模范、全国劳动模范等,所在的“036”候车室荣获首都劳动奖状,全国五一劳动奖状。王凤莲和她所在的“036”先进集体自觉践行职业道德规范,长期坚持优质服务,赢得了旅客的广泛赞誉。她们身上集中体现了铁路职工高尚的道德情操和全心全意为人民服务的奉献精神,为铁路客运岗位职工提供了学习的榜样。

2. 铁路客运站各工种岗位的职业行为规范

(1)客运计划员岗位的职业行为规范。

客运计划员负责旅客运输协调组织工作,坚持旅客至上的服务理念,诚实守信,礼貌待客,优质服务。

①爱岗敬业,文明服务。

②善于学习,业务熟练。刻苦学习本岗位专业知识,熟练掌握业务技能,保证旅客运输组织有序、均衡发展,工作效率高、质量好。

③遵纪守法,秉公办事。

④坚持原则,严格执行规章制度,不以票谋私,自觉维护路风路誉。

(2)客运售票员岗位的职业行为规范。

售票窗口往往是旅客接触铁路的第一个窗口,售票员的职业行为,会使旅客留下对铁路的第一印象。为了维护人民铁路的良好形象,做好售票服务工作,售票员应遵守以下职业行为规范:

①热爱本职,尽职尽责。忠于职守,具有较强的事业心、责任心,尽心了解旅客的购票心理和要求,认真做好售票服务工作;文明礼貌,热情服务。

②语言文明,态度和蔼,待人热情;准确迅速地完成售票,减少旅客排队等待时间;耐心宣传解释旅行常识,积极宣传铁路安全知识;钻研业务,技能娴熟;刻苦学习专业知识,精通业务;熟悉主要车次到站和运行时间,主动向旅客提供出行参考,满足售票咨询服务要求,为旅客提供方便。

③遵守规章,严守纪律。遵守售票各项规章制度,公开窗口售票信息和售票时间;售票、退票唱收唱付,准确无误;按计划售票,严格执行超员率规定;保证票款安全,不以票谋私。

(3)车站行李员、行李计划员岗位的职业行为规范。

行李包裹(以下简称“行包”)运输是客运工作的重要组成部分。行包运输琐碎复杂,品类繁多,到站分散,涉及面广,对服务工作的要求较高。为了保证旅客、货主的行包完好无损、准时到达,车站行李员、行李计划员要根据岗位职责、工作特点,遵守以下职业行为规范:

①尊客爱货,文明服务。尊重旅客、货主,讲文明,有礼貌,积极主动帮助他们解决行包托运问题;爱护货物、行包,文明装卸,轻拿轻放,让旅客、货主放心满意。

②业务熟练,尽职尽责。刻苦学习掌握专业技能,练好基本功,熟悉各种货物特点和运输要求,做到办理托运手续迅速细心,准确无误,货物品名相符,正确检斤计费,按规定填写票据,按始发到站分类垛放;搞好均衡运输,消灭不合理中转,做好装卸计划,认真监装现卸,保证行包运输安全。

③遵章守纪,执行标准。严格执行车站行包运输的组织原则及有关规章制度,严格遵守劳动纪律和作业纪律,认真落实本岗位作业标准,养成遵章守纪的职业习惯。主动协作,密

切配合:树立联劳协作的全局观念,主动与列车邻站联系,认真做好站车交接,及时传递确报,消灭不负责任晚点,为下一环节创造好的条件。

(4)客运值班员岗位的职业行为规范。

客运值班员是客运服务员的向导和领班人,是客运站与旅客联系的纽带,在客运服务工作中肩负重要职责。为保证旅客安全有序乘降,候车室秩序良好,工作标准有效落实,做好文明服务各项工作,客运值班员要遵守以下职业行为规范:

①旅客至上,文明服务。坚持"人民铁路为人民"的服务宗旨,把旅客方便满意作为服务工作的出发点和落脚点,文明待客,讲究礼貌,热情周到地为旅客服务,树立铁路职工的良好形象。

②严格要求,按章办事。切实履行客运服务指导、督促、检查职责,严格管理,严格考核,确保各项规章制度的落实,不断提高客运服务水平。

③虚心诚恳接受监督。切实履行接待旅客及社会各界对客运站服务工作批评监督的职责,认真负责、热情诚恳、耐心细致地做好接待解释工作,善于接受旅客及社会的批评意见,不断加强和改进客运服务工作。

(5)客运服务员、客运员、检票员岗位的职业行为规范。

客运服务员、客运员、检票员是铁路客运站直接服务现场的工作人员,工作责任大,任务重,要求高,是铁路企业形象的集中体现。为落实岗位工作要求,做好客运服务工作,客运服务员、客运员、检票员要遵守以下职业行为规范:

①举止文明,仪容整洁。文明礼貌,谈吐文雅,举止大方,精神饱满,表情自然,着装统一规范,佩戴职务标志,以展示铁路员工文明庄重、热情朴素的良好形象。

②热情服务,平等待人。树立旅客至上的服务理念,认真履行岗位职责,扶老携幼,帮困助残,平等对待每一位旅客,照顾重点旅客,主动热情地为旅客排忧解难。

③精通业务,执行标准。勤奋学习,刻苦钻研,熟练掌握本岗位技术业务知识,熟悉旅客心理、文化传统、旅行常识等相关知识;严格执行规章制度,标准化作业,不断提高铁路客运服务工作水平。

四、铁路货运岗位的职业行为规范

铁路货物运输是铁路运输的重要组成部分,包括进货、承运、运送、到达、卸车、清点交付及货物保管等生产过程。铁路运输承担着确保煤炭、粮食石油、木材等关系国计民生的重点物资的运输任务以及各类军运、特运、专运任务,为国家加强和改善宏观调控,缓解煤电油运紧张状况,满足人民群众生产生活需要,保证国民经济平稳运行提供了有力的运输支持。近年来,铁路货物运输十分紧张,运输需求持续高增长,全国铁路日均请求车满足率只有35%左右。在繁重的运输任务和巨大的运输压力面前,铁路货运战线职工践行"人民铁路为人民"的服务宗旨,养成良好的职业道德,认真履行岗位职责,做好货运服务工作,对于确保重点物资运输,构建和谐铁路,促进经济社会又好又快发展具有重要意义。

1.铁路货运岗位共同的职业行为规范

铁路货运岗位员工包括货运值班员、货运员、装卸值班员、装卸工长(组长)、装卸机械司机、装卸工、司索工等,他们在货物运输的各个环节,承担着具体的服务工作,有着相近的业务特点和共同的职业行为规范要求。

(1)勤恳敬业,热爱货运服务工作,有着高度的职业责任感和强烈的进取精神,工作勤奋,业务熟练。

(2)秉公办事,树立货主至上的服务理念,自觉维护铁路的路风,不刁难货主,不以车谋私。

(3)顾全大局,尊重同事,团结友爱,协同作业,共同完成货物运输工作,执行有关规章制度和职业纪律。

(4)遵章守纪,忠于职守,认真学习铁路货运技术业务知识,严格执行有关规章制度和职业纪律。

(5)优质服务,服从指挥,讲文明、有礼貌,尽职尽责,做好货运服务工作。

(6)爱护货物,文明装卸,提高工作效率,保证货物运输安全。

铁路货运岗位服务如图5-7所示。

图5-7 铁路货运岗位服务

铁路货运岗位涌现出一批优秀的职工,如莫拥吉。莫拥吉是成都铁路局重庆西站货运车间值班员,从事装载“长、大、笨”及超限货物运输组织工作已经30多年。工作中,他刻苦钻研,根据不同货物情况,按照规章要求,设计出超限货物装载方案120多个,其中电机蜗壳、机架等8个装载方案被原铁道部选入《铁路货物装载加固定型方案》,转轮、支持盖、球阀、肘管、中心体等16个装载方案被成都铁路局列入《货物装载加固定型方案》,其余均被原重庆铁路分局批准采用。他摸索货物装载作业的安全规律,总结出超限货物装载“审、测、设、选、施、检”的六字工作法,被评为重庆市劳动创新奖。近10年来,他亲手装载和组织装载的货车达上万辆,其中超限货物装车1000多辆,从未发生过一起责任事故。他以优质的服务和精湛的装载技术赢得了货主的信任,许多货主慕名而来,点名要他负责装车。他以优异的工作成绩荣获重庆市劳动创新奖、全国铁路职工创新能手、全国铁路劳动模范、全国劳动模范等荣誉称号。莫拥吉作为一名普通货运员工,自觉践行职业行为规范,精通业务,优质服务,在平凡的岗位上创造了不平凡的业绩,为广大货运职工树立了学习的榜样。

2. 铁路货运各工种岗位的职业行为规范

(1)货运值班员岗位的职业行为规范。

货运值班员作为货运班组的带头人,肩负着带领全班完成各项装运任务的责任,要结合岗位工作职责,遵守以下职业行为规范:

①立足岗位,举止文明。着装整齐,接待货主讲文明用语,不讲服务忌语。准确耐心解答货主询问,虚心诚恳接受货主意见。

②加强学习,业务熟练。钻研技术业务知识,苦练基本功;熟练掌握本岗位业务技能,办理托运手续迅速细心,准确无误。

③强化管理,严守纪律。认真落实各项规章制度和管理责任,以身作则,坚决执行运输政策,兑现阶段计划,完成日班计划,管理好货区,坚持文明生产,保证货物安全。

顾全大局,团结协作。主动协调好货运员之间,货运员与装卸运转和货主等方面的关系。与各相关岗位互相支持,密切配合,共同完成各项运输任务。

(2)货运员岗位的职业行为规范。

货运员承担着办理货物承运、交付、保管、计算核收运输费用、填制货票监装等货运职能，是一项复杂细致的工作。根据岗位职责和工作特点，其主要行为规范有：

①文明服务，热情待客。语言文明，讲究礼貌，着装整齐，佩戴服务标志。接待货主主动热情，解答问询准确耐心，办理业务迅速细心，接受意见诚恳虚心。

②方便货主，爱车爱货。从货主需要出发，积极主动地为货主排忧解难；安全、迅速、快捷、便利地办理货物运输；爱护车辆、货物和各种机具，为安全生产创造条件。

③热爱本职，熟悉业务。钻研技术业务，勤学苦练基本功，掌握铁路货运基本知识和本岗位作业标准，熟知各种货运规章制度、命令指示。

④遵纪守法，不以职谋私。执行规章，严守纪律，不吃请，不收礼，不买运输物资，不刁难勒索货主，不乱收费用，按计划组织完成装卸车任务。

(3)装卸值班员岗位的职业行为规范。

装卸值班员根据车站内装卸车任务和取送车计划，负责派班和本班的组织管理工作，按计划合理使用人力、机力，组织装卸，保证多载、全正点，优质高效完成装卸任务。其主要行为规范有：

①坚守岗位，尽职尽责。经常深入现场，掌握作业情况，做到装卸过程中的每一个环节有人负责，对关键作业，涉外、保密、抢险物资的装卸要亲自指挥。

②遵章守纪，爱车爱货。熟练掌握本岗位业务，装卸搬运货物时做到严格执行标准化作业，做到货物堆码整齐，装载紧密，捆绑牢固，防止货物倒塌损坏。爱护车辆设备和运输货物，装卸搬运货物时做到不摔不砸，轻拿轻放，包破就缝，箱破就钉。杜绝野蛮装卸。

③顾全大局，服从指挥。团结友爱，互相帮助，服从指挥，搞好与货运运转等相关岗位的联劳协作，优质高效地完成装卸任务。

(4)装卸工长(组长)岗位的职业行为规范。

装卸工长(组长)负责带领全组员工，严格执行操作规程，合理组织作业分工，按时完成装卸任务，确保安全生产。其主要行为规范有：

①热爱本职，努力工作。树立爱岗敬业思想，干一行、爱一行、钻一行，熟练掌握本岗位技术业务知识，尽职尽责做好工作。

②遵章守纪，文明装卸。模范遵守各项规章制度，处处以身作则，严格执行标准化作业，爱护货物和机具设备，带领全组员工文明生产，杜绝野蛮装卸，遵纪守法，防范盗窃。

③团结友爱，关心他人。关心团结全组员工，搞好组内管理工作，自觉抵制损公肥私等不正之风，营造内部和谐的良好环境。

(5)装卸机械司机岗位的职业行为规范。

装卸机械司机负责货物运输吊装、接卸作业，不仅直接影响作业效率和质量，而且对实现安全生产起关键作用。其主要行为规范有：

①文明服务，礼貌待客。讲文明、有礼貌，说话和气，工作积极，热心为货主服务，主动提供方便，不刁难勒索货主。

②遵章守纪，爱车爱货。忠于职守，尽职尽责，严格执行各项规章制度，爱护货物和装卸机械，作业稳起稳落，不带病开车，不干违章活，确保安全生产。

③钻研技术，业务熟练。认真学习，熟练掌握技术操作规程及装卸作业知识，优质高效地完成装卸任务。

(6)装卸工、司索工岗位的职业行为规范。

装卸工、司索工在组长的带领下，按规定检查、保养索具，多装快卸，巧装满载，完成装卸任务，保证安全生产。其主要行为规范有：

①坚守岗位，尽职尽责。热爱本职工作，熟练掌握专业技术知识，认真执行各项规章制度，做到文明生产，杜绝野蛮装卸。

②遵纪守法，爱车爱货。严守纪律，防范货盗，不刁难勒索货主；爱护车辆货物、机具和各种设备，保证安全生产。

③团结协作，互相帮助。搞好与相关岗位的联劳协作，优质高效地完成装卸任务。

单元三　铁路车务部门岗位的职业行为规范

在铁路运输中，车务部门直接承担客货运输任务，包括车站、车务段等基层生产单位。车务部门负责客货运输组织、列车编组和货物装卸的具体工作。加强车务部门员工运输生产任务、维护路风路誉具有重要意义。

一、铁路车务部门岗位共同的职业行为规范

铁路车务部门岗位有站（场）调度员，站（场）值班员、助理值班员、车号员、调车员、连接员，制动员、扳道员等，按照提高运输组织效率、完成运输生产任务、保证安全正点、体现良好路风的工作要求，他们有着共同的职业行为规范。

1. 严守规章，保证安全

这是车务部门职工各项作业的内在要求，是维护正常运输秩序、确保大动脉畅通以及国家和人民群众生命财产安全的客观需要。严守规章，是指各岗位员工按照规章制度和技术标准、管理标准、工作标准的要求严格执行，一丝不苟地完成生产作业的行为。保证安全，是指各岗位员工立足本职、确保生产安全，确保铁路运输各环节有序可控、保持稳定。严守规章、保证安全，要求车务部门职工牢固树立安全第一、预防为主的理念，坚持铁的纪律，养成自觉遵章守纪、严格执行标准化作业的良好习惯，做到坚守岗位一刻不离，履行职责一项不漏，按章操作一丝不苟，监视列车运行一心一意，标准用语一字不差，作业中“多想一点，多问一句，多看一眼，多跑一步”，眼到、手到、心到，确保安全。

2. 通力合作，按图行车

铁路运输点多线长、互联成网跨越省区、贯通全国，运输产品是由一个复杂体系来完成的。车务部门内部结构复杂、分工细致，各工种之间存在配合和制约的关系，需要各个环节同时运作、协同作战。适应铁路运输大联动机的特点，车务部门职工必须按照运输组织方案、列车运行图要求的时间、标准化作业，联劳协作、环环相扣，保证运输秩序正常、安全畅通。通力合作是行车各岗位职工密切配合、团结协作、顾全大局的表现，按图行车是车务部门职工的“天职”。通力合作、按图行车，要求车务部门各岗位职工时刻想着铁路工作全局，无条件地服从全局利益，既要履行好本岗位职责，又要加强与机务、车辆、工务、电务等部门的配合，相互尊重，增强团结，共同完成运输任务；要求在日常行车工作中坚持集中统一指挥、逐级负责的原则，有令则行，有禁则止，做到下级调度必须服从上级调度的指挥，与运输有关的人员必须服从调度的指挥，一个区段的行车工作由列车调度员统一指挥，各工种调度员分别由各级调度的值班主任统一指挥；要求严格执行运行图规定的列车占用区间次序、列车在每一车站到达和出发（或通过）的时刻、在区间的运行速度、在车站的停留时间等，保证正常运输秩序，保证列车运行安全。

3. 忠于职守，尽职尽责

这是铁路职工的光荣传统，是铁路大联动机正常运转的重要保障，是车务部门岗位职工应该承担的职业责任、职业义务、职业纪律的集中体现，是每一个车务部门职工都要具备的基本职业道德修养。它包含踏踏实实、尽职尽责、不计较个人名利和得失的道德风尚，干一行、爱一行、钻一行的敬业精神，吃苦耐劳的奉献精神。忠于职守、尽职尽责，要求车务部门职工恪尽职守，认真履行岗位职责，严格执行行车纪律，标准化作业，做到沉着冷静、多谋善断、预想良策、合理指挥；立岗行车，紧盯列车进路；接发列车，严防错办，确保运输组织有序、安全畅通。

4. 诚实守信，注意保密

诚信是职业行为的灵魂，保密是运输部门维护国家、企业和人民群众利益的特殊要求。行车组织工作需要大量图表、计划反映运输完成情况，行车人员诚实劳动、实事求是，如实反映和分析行车中的情况和各种资料，准确上报运输指标，对运输指挥部门科学判断和正确决策具有重要意义。铁路运输担负繁重的军事运输任务和一些特种运输任务，国民经济发展情况可以从铁路运输的动态中分析掌握，大量运输信息也关系到企业的商业秘密。因此，车务部门职工信守诺言，确保安全生产，保守运输机密，是从职业特点出发，必须遵守的行为规范。这就要求车务部门职工做老实人、说老实话、办老实事，不弄虚作假，准确上报各种运输信息；要求车务部门职工自觉维护国家、企业和人民群众的利益，不得泄露运输机密，保证运输信息安全。

二、铁路车务部门具体岗位的职业行为规范

1. 站(场)调度员岗位的职业行为规范

站(场)调度员直接负责编制列车的编组计划，是编组站的指挥中心，如图5-8所示。其职业行为规范有：

(1)敬业爱岗，牢记安全。热爱本职工作，精通技术业务，牢固树立“安全第一”和“一切为运输”的观念，确保运输安全畅通。

(2)遵章守纪，按标准化作业。严格执行规章制度和调度纪律，认真编制作业计划，合理调配车辆，交接清楚，不错不漏，确保运输任务完成。

(3)信守诺言，实事求是。信守诺言，诚实作业，如实编制日均办理辆数，准确上报工作完成情况，绝不能弄虚作假。

图5-8 铁路调度员的岗位服务

2. 站(场)值班员、助理值班员的岗位职业行为规范

值班员是行车现场工作指挥员，对确保运输安全畅通，完成本班组生产任务，负有重要责任。其职业行为规范有：

(1)以身作则，严格管理。坚决执行上级命令，模范遵守规章制度，加强班组管理，搞好联劳协作，为班组人员起表率作用。

(2)执行标准，确保畅通。严格执行规章制度和作业纪律，坚持做到“三化”，即作业程序化、用语标准化、行动军事化，确保安全畅通和运输生产任务完成。

(3)爱车爱货,维护路誉。尊重货主,爱护车辆、货物,尽量为货主排忧解难,不故意刁难货主,不利用职务之便吃、拿、摸、要运输物资,自觉维护铁路的声誉。

3. 车号员岗位的职业行为规范

车号员负责解编列车的核对工作,决定列车的流向。正确核对车号、编组挂运,对于及时、准确地把货物运送到目的地起着重要作用,如图5-9所示。其职业行为规范有:

图5-9 铁路车号员的岗位服务

(1)爱岗敬业,精通业务。热爱本职工作,熟练掌握本职工作的业务技能,精心核对、及时准确地编制列车编组顺序表,按要求上报各种统计报表,做到车流明、股道清、数据准,以杜绝列车错编、漏编、晚点。

(2)严守机密,确保安全。要增强责任意识和保密意识,严格执行纪律,不泄露运输机密,确保运输货物安全。

(3)端正形象,维护路誉。加强路风建设,端正自身形象,不向货主索要、购买物品,不刁难货主,维护铁路的声誉。

4. 调车员、连接员岗位的职业行为规范

调车员、连接员负责列车车辆的编解联挂作业,是铁路运输生产的重要环节。其职业行为规范有:

(1)热爱本职,遵章守纪。树立干一行、爱一行、钻一行的高尚情操,尽职尽责做好本职工作;严格遵守规章制度和作业纪律,出务及时,技术过硬,坚持标准,保证安全调车,杜绝人身伤亡和调车事故。

(2)联劳协作,提高效率。树立全路一盘棋思想,正确处理局部与全局的关系,搞好与机车车辆等部门的团结协作、联防互控,保证安全;提高调车效率,共同完成运输生产任务。

5. 制动员、扳道员岗位的职业行为规范

制动员和扳道员是车务部门的重要岗位,直接关系到运输安全生产。其职业行为规范也有共性,主要有:

(1)敬业爱岗,牢记安全。热爱本职工作,树立坚守岗位、以苦为荣的思想,增强"安全第一"意识,确保作业和人身安全。

(2)遵章守纪,执行标准。严格遵守规章制度,执行标准化作业。制动员在制动过程中,坚持做到"三认真",达到"三保证":一要认真使用铁鞋,观察人、车、货,保证安全制动无差错;二要认真使用手闸选拭、磨,保证安全连挂及溜放;三要认真、及时、正确显示信号,保证列车编挂质量。扳道员在扳道过程中要做到"一看、二扳、三确认、四显示、五盯",一扳就准、制动就停止,确保安全,杜绝责任事故。

(3)爱车爱货,维护路誉。自觉爱护货物,自觉维护铁路的路风路誉,绝不能利用职务之便,向货主索要或购买货物,绝不允许偷拿托运货物。

单元四 铁路机务部门岗位的职业行为规范

机务部门作为铁路运输大动脉的动力部门,承担着客货列车运行牵引和列车车辆编组、调车小运转作业任务。铁路沿线负责机车运用和检修工作的机务段是机务部门的主要基层生产单位。机务部门虽然与旅客、货主不直接见面,不提供面对面的服务,但机车质量和列车牵引运行的安全,关系国家财产和旅客、货主生命财产的安全。特别是随着铁路引进消化吸收再创新的深入推进和第六次大提速的顺利实施,铁路机车装备水平显著提高,具有世界先进水平的高速动车组、大功率电力机车、大功率内燃机车等设备在既有线上大量采用,给机务部门完成运输牵引任务、提高检修水平和质量、确保安全生产带来新的挑战,对机务部门职工的综合素质提出新的要求。因此,加强机务部门职工的职业行为建设,增强责任意识,提高职业素养,强化职业纪律,对于确保运输安全畅通,树立铁路良好形象具有十分重要的意义,如图5-10所示。

图5-10 铁路机务段

一、铁路机务部门岗位共同的职业行为规范

机务段按工作性质分为运用检修整备和设备等车间。机务部门职工从事动车组、内燃机车、电力机车司机和检修、整备等相关岗位的工作。根据机务工作特点,机务部门职工有着以下共同的职业行为规范。

1. 安全正点,平稳操纵

这是指机车乘务员在担任牵引任务的全过程中,包括出勤、整备出库、挂车、发车、区间运行、到站、交班等各项作业,都要坚持铁的纪律,严格按照有关规章制度和标准,精心操纵,一丝不苟,按图行车,正点运行,确保列车运行安全,维护正常运输秩序。安全正点、平稳操纵,是机车乘务员作业的基本规范,它要求机车乘务员牢固树立"安全第一""开车想着乘车人"和国家、人民利益"系于我身"的责任意识;刻苦钻研技术业务,吃透各项规章制度和作业标准,掌握先进机车设备的驾驶检修技能,熟悉机车"三大件"等安全防控设备性能;严格执行标准化作业,精心操纵,认真瞭望,杜绝违章解锁,保证列车安全正点运行。

2. 精检细修,保证质量

这是对机务部门检修岗位的基本要求。机车质量是确保运输安全的关键,而高质量的检修是保持机车良好运行状态和安全运行的基础。精检细修、保证质量,要求机车检修人员树立为运输服务的思想,整备想着运用、修车想着用车人,千方百计为运用部门保证机车状态良好;刻苦钻研技术,缩短机车检修停时,提高检修效率;认真执行检修制度和工艺规程,精心检修,精心养护,干标准活,交放心车,确保机车整体质量。精检细修,保证质量,要求机车乘务人员确立"三分修理、七分保养"的思想,做好日常保养和自检自修,严格遵守修理制度、随时注意机车技术状态。

3. 爱护设备,勤俭节约

机车及机务设备在铁路固定资产和成本支出中占有很大的比重,机务系统作为铁路节能降耗的重要部门,切实节省燃料、油脂等各种能源材料,对于建设节能环保的和谐铁路、推进节约型社会建设具有重要意义。爱护设备、勤俭节约,要求机务部门职工树立节约意识,从全局出发,正确处理节约与机车质量、节约与安全正点的关系;加强日常机车检修管理,爱护机车和各种设备,做到勤擦、勤洗、勤保养;大力节能降耗,在保证运用和检修质量的前提下，尽可能地节省燃料、油脂和各种材料，降低检修成本和运营支出。

4. 团结协作，顾全大局

在铁路大联动机中，机车运行涉及车务、车辆、工务、电务等多个部门。机务部门确保安全正点、按图行车，维护正常运输秩序，完成运输生产任务，必须与车站等兄弟单位主动配合、紧密协作，处处讲大局，事事讲团结。团结协作、顾全大局，要求机务部门职工服从集中统一指挥，严格执行调度命令，按图行车，安全运行；紧紧抓住关键环节、关键部位，加强车机联防联控，既要确保本身行车安全，又要注意防止其他岗位员工违章造成的事故，实现安全有序可控、持续稳定。

二、铁路机务部门具体岗位的职业行为规范

1. 机车乘务员岗位的职业行为规范

机车乘务员直接参加运输生产过程，独立担当牵引作业，是机务部门的窗口。其职业行为规范有：

(1)安全第一，正点运行。牢固树立“安全第一”的思想，在确保列车旅客和货物安全的前提下，按图运行，平稳操纵，安全正点地把列车牵引到目的地。注意过往行人、牲畜、车辆和线路情况，避免发生路外伤亡事故。精心保养机车，及时排除机车故障，绝不能因机车设备故障，造成列车晚点，影响运输安全生产。

(2)忠于职守，遵章守纪。坚守岗位，尽职尽责，刻苦钻研业务，熟练掌握本职技能，严格执行机车运用的有关规章制度和命令、指示，自觉遵守职业纪律，不做任何违章、违纪、违法的事。

(3)团结协作，顾全大局。在与车务等联劳部门的工作联系中，从运输生产大局出发，搞好车机联控，互相帮助，互谅互让，妥善处理好途中遇到的突发事件，不能以任何理由或借口，影响机车的正常运行。运行途中，改变原来的运行计划或对机车和乘务员作临时调配时，一定要听从行车调度人员的指挥，坚决执行调度命令，确保运输安全。

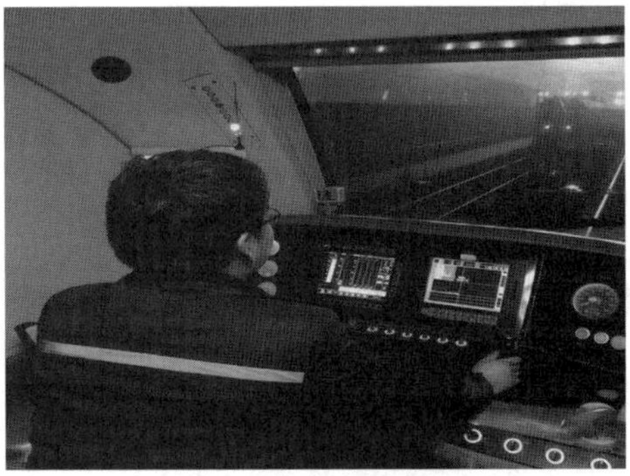

图 5-11　铁路机车乘务员的职业行为

(4)文明作业，礼貌待人。与其他部门职工发生工作联系时，要做到语言文明、态度和蔼。遇有意见分歧，要心平气和，礼貌待人，按规程办事，妥善解决。坚持文明作业，精神饱满，着装整齐，确保车况良好，车容、车貌整洁，自觉开安全车、文明车。诚实守信，出了事故不隐瞒，填写报单不作假，发生矛盾不报复；尊重货主，不索要物品，树立机车乘务员的良好形象(图 5-11)。

2. 整备、检修、设备保障岗位的职业行为规范

整备工作是在机车牵引列车或调车作业之前，供应机车必需的物资、燃料和做好各项准备。检修工作是为保证机车正常工作、延长使用期限，对经过一段时间运用的机车进行各种定期检修。设备保障工作负责整个机务段的各种机械、动力、照明设备的保养、维修，保证它们的正常使用。这些岗位主要从事生产服务性工作，其职业行为要求以调节本部门内部各方面的相互关系为主。具体职业行为规范有：

(1)敬业爱岗，任劳任怨。热爱本职工作，精通技术业务，坚持“一切为运输”的观念，充

分认识到本职工作是运输生产不可缺少的一部分，有着强烈的责任心和任劳任怨的工作态度，认真履行岗位职责和义务，熟练掌握本职工作技能，坚守岗位，甘当配角，共保运输安全畅通。

(2)爱护机具，勤俭节约。树立效益意识，注意节约、反对浪费、精打细算、勤俭办事；自觉爱护工具设备，搞好设备养护维修，保证性能良好、灵敏高效、使用方便；坚持文明生产，保持职场环境整齐干净。

(3)用户至上，优质服务。坚持用户第一的服务理念，精检细修，确保质量，做到车到人到，油够、灰净，不错不漏，不能因为整备、检修和设备工作的原因，影响机车出库和运转，为机车安全运行创造条件。

3. 供水供电岗位的职业行为规范

水电岗位是铁路后勤保障的一个重要环节，既包括一般的供水供电，也包括电气化铁路的机车牵引供电。做好供水供电工作，对于确保机车正常运行、完成运输安全生产任务、改善职工生产生活条件具有重要意义。根据水电岗位工作特点，其主要职业行为规范有：

(1)热情周到，优质服务。树立用户至上的理念，语言文明，仪表端庄，主动热心地为水电用户和铁路运输生产提供良好服务，以一流的服务质量，确保铁路运输安全生产和职工生活的用水用电需要。

(2)遵章守纪，不谋私利。认真落实各项规章制度，严格执行标准化作业，按章操作和防护，做好继电、仪表、线路管道等设备设施的养护维护，保持良好运用状态，确保生产和人身绝对安全。树立法纪观念和廉洁自律意识，不以水以电谋私，主动接受监督，树立行业新风。

(3)钻研业务，提高技能。适应铁路技师装备进步要求，刻苦学习本岗位专业知识，不断提高理论水平和技术业务能力，高标准、高质量、高效率地完成工作任务。

(4)勤检细查，开源节流。坚持以大局为重，增强主人翁责任感，勤巡查、勤养护，勤整修、细堵漏，使线路和设备保持良好状态；强化节约意识，改善送水送电条件，节水节电，堵塞浪费，实现增产节约。

单元五　铁路工务部门岗位的职业行为规范

工务部门负责铁路线路、桥梁、隧洞等基础设施的保养和维护，是实现铁路运输安全畅通的重要保障。工务部门职工岗位责任大、作业条件差、劳动强度高，对工作责任心、技术素质和职业纪律要求较高。特别是实施第六次大提速之后，列车运行密度更高，速度更快，载重更大，这对工务部门确保线路质量和提高职工队伍素质提出了更高的要求。适应新形势新要求，加强工务部门职工职业行为规范建设，对于做好工务工作，确保列车安全平稳运行，有着重要意义。

一、铁路工务部门岗位共同的职业行为规范

铁路工务部门职工的主要职责是保证线路质量良好，安全畅通。各工种虽然岗位特点不尽相同，但都肩负着确保大动脉安全畅通的共同职责，有着基本的职业行为规范。其主要内容有：

1. 热爱本职，勤奋敬业

精心养护，爱路如家，勇于吃苦，努力工作，干一行、爱一行、钻一行，以良好的精神状态和技能本领，保证各项工作任务完成，线桥质量良好，列车安全平稳运行。

2. 遵章守纪，尽职尽责

增强纪律观念，养成自觉遵章守纪的良好道德习惯；认真落实各项规章制度、办法细则，严格执行标准化作业；坚守岗位、听从指挥，做到令行禁止。

3. 精心养护，确保质量

树立以线桥质量为生命的职业理念，坚持预防为主，安排好“三修”（紧急补修、保养维修、正常维修）比例，经常进行重点病害整治，不断延长线桥设备寿命，提高线桥设备质量，满足运输安全生产的需要。

铁路工务工作责任重大，许多地区工作条件比较艰苦。一批批铁路工务工人，日复一日，年复一年，长期扎根在艰苦地区，爱岗敬业，吃苦奉献，恪尽职守，忘我工作，以自身的模范行动实践着职业行为规范，涌现出一大批先进集体和铁路楷模，其默默奉献的精神风貌是铁路的宝贵精神财富（图5-12）。近年来，呼和浩特铁路总公司福生庄养路工区的感人事迹和沈阳铁路总公司蛟河工务段巡道工刘学臣的先进事迹在社会上引起了强烈反响，为铁路行业赢得了荣誉，为全路职工树立了学习榜样。

图5-12　铁路工务部门职工的职业行为

二、铁路工务部门具体岗位的职业行为规范

1. 道口工岗位的职业行为规范

道口工岗位的职业行为规范有：坚守岗位，保证铁路运输安全畅通和道口来往行人的安全；遵章守纪，严格执行规范化作业，及时开关栏木和拉门，显示规定信号迎送列车。不得擅离职守；文明作业，礼貌待人，着装规范，佩戴标志，维护秩序，态度和蔼；加强联劳协作，积极做好路外安全教育工作，共同维护铁路运输安全。

2. 线路（桥梁）工岗位的职业行为规范

线路（桥梁）工岗位的职业行为规范有：热爱本职工作，坚持安全第一，质量第一；熟练掌握技术业务知识，练就过硬基本功，严格按照规章制度和作业标准、要求养护线路、桥梁和隧洞；勇于同一切破坏铁路设施的不法行为作斗争，做爱路护路的模范，确保铁路运输安全畅通。

3. 巡道工岗位的职业行为规范

巡道工岗位的职业行为规范有：按图巡查，尽职尽责，严格执行各项规章制度，落实标准化作业，及时发现险情隐患，果断采取应急措施，当好铁路卫士；忠于职守，文明生产，按规定着装，迎送列车讲究文明礼貌；工具齐全，做好补修，正点交班，准时对牌，在对方未到的情况下，主动越区检查，确保行车安全。

单元六　铁路电务部门岗位的职业行为规范

电务部门负责铁路通信信号设施的养护维修和管理工作。电务部门职工的主要职责有：提供质量良好的通信信号设备；迅速、准确、保密地传达命令、指示与联络，保证全路的统一指挥和正常行车、调车安全。加强电务部门岗位的职业行为规范建设，对于提高电务职工的责任意识，完成各项工作任务，确保运输安全畅通，起着积极的促进作用，如图5-13所示。

图5-13　铁路电务部门职工的职业行为

一、铁路电务部门岗位共同的职业行为规范

1. 用户至上，主动服务

一切从用户需要出发，切实为用户着想，主动走访征求用户意见，变被动服务为主动服务，变传统服务为科学服务，变习惯服务为标准化服务，充分利用国内外科技成果，充实完善运输安全，保障设施和通信信号设备，为铁路运输提供准确的信号显示和迅速畅通的通信联络服务。

2. 礼貌待人，用语文明

在与用户交往中，讲文明、有礼貌，"您"字当头，"请"字在先，尊"称"礼"呼"挂嘴边，呼唤应答带感情，言语谈吐立于"谦"，树立铁路电务部门职工文明服务、礼貌待人的良好形象。

3. 精检细修，质量第一

树立强烈的事业心和责任感，充分认识铁路通信信号设备状况对于运输安全畅通的重要性；刻苦学习，钻研业务，熟悉各种设备的性能，掌握日常维修技能；严格执行规章制度，按操作规程办事，落实标准化作业，严禁违法违规使用封连线；坚持日巡视、月计表、勤清扫、勤保养等做法，一丝不苟地做好日常维护工作，保证设备运用状态良好。

4. 遵守纪律，注意保密

电务职工工作性质特殊，掌握各种通信信息资源，必须严格执行保密纪律。在工作中，要做到不该知道的机密，绝对不问；不该看的机密，绝对不看；不该说的机密，绝对不说；不在不利于保密的场所谈论机密；不将机密文件私自给无关人员阅读；不在私人通信中涉及机密事项；不利用工作之便私阅机密文件，窃听机密事项，私摘机密材料。

二、铁路电务部门信号工岗位的职业行为规范

1. 热情服务，文明作业

坚持用户至上的服务理念，时刻为用户着想，坚守岗位，深入现场，文明施工，文明作业，精心保养设备，及时发现隐患，及时排除故障，确保信号设备联锁正确、正常显示。

2. 遵章守纪，尽职尽责

刻苦钻研技术，熟悉设备种类、性能，掌握过硬的检修技能；增强安全和法制观念，严格

遵守各项规章制度，自觉执行作业程序和“三不动、三不离”的规定，认真负责，确保安全。

3. 主动协作，共保安全

树立全局观念，加强联劳协作，主动与工务、车务和机务部门配合，遇有问题，协商解决，做到既不影响行车，又保证线路和信号设备的正常运用，共同维护铁路运输安全畅通。

单元七 铁路车辆部门岗位的职业行为规范

铁路车辆部门负责铁路车辆检修和运用工作，下设基层单位主要是货车车辆段和客车车辆段，第六次大提速新增加的动车组车辆设备检修，主要由专门的检修基地负责。车辆检修质量直接影响铁路行车安全，车辆部门职工作业条件艰苦，劳动强度大，生产环境差，工作标准要求高。从车辆部门岗位特点出发，加强职工职业道德建设，对于提高职工职业道德素质、提高车辆检修质量、确保运输安全生产至关重要。

一、铁路车辆部门岗位共同的职业行为规范

铁路车辆部门主要工种有车辆检车员、车辆钳工、车辆乘务员和制动钳工。他们的共同职业行为规范有：

1. 热爱本职，任劳任怨

牢固树立为运输生产服务的思想，忠于职守，爱岗敬业，勤奋学习，刻苦练功，熟练掌握本职技术业务，特别是动车组等新技术、新设备检修知识，发扬主人翁精神，做好车辆检修工作。

2. 坚持标准，精检细修

坚持预防为主的原则，养成严细作风，认真落实规章制度，严格执行标准化作业，以防燃、防切、防制动梁脱落为重点，加强车辆走行部和制动系统的检修，严格检查滚动轴承各零部件等关键部件，杜绝漏检漏修，做到不放过疑点，不交质量不放心的凑数车，把事故隐患根除在车辆检修过程中，确保列车运行安全。

3. 团结协作，确保全优

树立整体意识，加强与相关部门、各检修环节的协调配合，上道工序想着下道工序，按照检修作业过程和生产调度员的调度均衡有序地工作，注重整体组装质量，保证检修车辆按时交车，优质高效地完成检修任务。

4. 爱车爱货，维护路誉

严格纪律、遵纪守法，提高思想道德修养，爱护车辆和运输货物，不图私利，不向货主、送车单位索要物品，不拿摸公共财物和车上物品，自觉维护铁路的路风路誉。

二、铁路车辆部门具体岗位的职业行为规范

1. 车辆检车员岗位的职业行为规范

（1）爱岗敬业，忠于职守。热爱本职工作，吃苦耐劳，甘于奉献，深刻认识检车工作对于铁路运输安全畅通的重要性，时刻牢记肩负的责任，牢固树立职业荣誉感，认真负责，精益求精地做好检车工作，不断提高检车质量，确保列车运行安全。

（2）精心检修，保证质量。坚持“安全第一”的思想不动摇，严格遵守各项规章制度，按标准及技术要求检查、维修车辆，坚决杜绝各种违章作业行为（图 5-14）；不存侥幸心理，严

把质量关，不漏检漏修，不离岗串岗，爱护车辆设备；加强技术业务学习，练就过硬的检车技术本领，能够及时发现各种故障和事故隐患，迅速处理，绝不拖延，确保列车安全正点。

(3)团结协作，共保安全。树立全路一盘棋的思想，时刻以大局利益为重，搞好与车站、车务及机务部门的联劳协作，互相支持、互相配合，共同维护铁路运输安全。

(4)爱护货物，尊重货主。践行“人民铁路为人民”的服务宗旨，尊重货主，礼貌待人，严格要求自己，爱护运输物资，绝不偷、吃、摸、拿、要运输物资，绝不向货主强行索取或购买运输物资，自觉维护铁路的路风路誉。

图 5-14　车辆检车员岗位的职业行为

2. 车辆钳工岗位的职业行为规范

(1)钻研技术，提高素质。适应铁路车辆装备发展进步的要求，刻苦学习钻研技术业务，掌握过硬的技术本领，不断提高自身素质和技术水平，确保车辆维修质量。

(2)程序规范，一丝不苟。严格按照规章制度、技术标准、工艺要求检修车辆，绝不随意简化修车工艺程序，绝不违章蛮干，严把修车质量关，将各类事故隐患根除在车辆维修过程中。

(3)顾全大局，联劳协作。加强车间之间、工种之间、班组之间、上下道工序之间的分工协作，相互配合，相互支持，共同完成车辆检修任务，确保检修质量和效率。

3. 车辆乘务员岗位的职业行为规范

(1)心系旅客，确保安全。牢记安全第一，时刻想着旅客安全，一切为了旅客安全，做到及时上岗，消灭漏乘，绝不擅离职守。

(2)遵章守纪，尽职尽责。严格执行规章制度和作业程序，落实卡死制度，标准化作业，绝不漏检漏修；坚持巡视，及时发现各种隐患，迅速处理出现的故障，确保列车安全正点运行。

(3)顾全大局，团结协作。服从运输工作大局，主动和列车长、列车员协作配合，自觉接受列车长的领导，积极配合列车长开展工作，主动协助处理好列车运行中临时发生的各种情况，自觉维护“三乘一体”。

(4)尊重旅客，文明作业。按规定着装，佩戴工作标志；与旅客打交道时态度和蔼、语言文明、讲究礼貌，绝对不能侮辱、刁难旅客；严格遵守有关乘务纪律，绝不违章“捎、买、带”，自觉维护铁路的路风路誉。

案例

【案例 5-1】张志全是广州铁路(集团)公司广州客运段列车员。他在这一普通服务岗位上一干就是 20 多年。他总是说：“每个平凡的岗位都有它的精彩，每个人都能在工作中找到快乐和成就。”他热爱生活、热爱工作，始终把为旅客服务当成一件快乐的事，把别人认为简单、枯燥无味的普通服务工作，干出了精彩、干出了特色。他从旅客需求出发，先后创造了“零距离”服务法，“三个一”礼貌服务法，“架心桥”送水法，“勤轻静”整洁服务法。为使旅客愉快旅行，他以“快乐之旅”为主题，在车上自编自导自演一些引人发笑的节目，与旅客快乐互动，活跃了气氛，使旅客放松了旅行心情，受到了旅客热烈欢迎。许多旅客留言说，乘坐张志全担当乘务的列车，就好像去朋友家做客一样，舒服、开心。张志全以优异的工作成绩，受到上级组织和广大旅客的好评，先后被广东省委授予“模范共产党员”光荣称号，入选铁路优秀共产党员“十大标兵”。

案例分析：张志全这样爱岗敬业，优质服务，以实际道德规范，集中体现了当代铁路职工的精神风貌和优秀品质，具有鲜明的时代特征，是全路客运列车服务岗位职工学习的榜样。

【案例5-2】

砸冰箱的故事

1984年创建的海尔冰箱厂因经营不善亏损数百万，新厂长张瑞敏临危受命，拉开了革故鼎新的序幕。正当一切艰难开始时，发生了一件颇有争议的事情。由于生产过程的问题，几十台有瑕疵的冰箱从生产线上下来，这样的产品当然不能投往商场，于是就有职工建议将其作为公关品送人，有人建议当作职工福利分发下去。张瑞敏却做出了一个震惊四座的举动——挥起锤子把有瑕疵的冰箱统统砸毁。

案例分析：砸冰箱的故事表明了海尔服务客户的理念是：宁愿砸了自己的产品，也坚决不让一件次品流到客户手里，也喻示着对客户“真诚到永远”。

【案例5-3】邓必清工作20年来，刻苦学习技术业务知识，掌握了柴油机系统用车检修的娴熟技艺，具有较高的故障处理能力，是全段出了名的生产骨干、机车柴油机“土专家”。工作中，他共发明、制作了100多件柴油机检修工装设备和故障处理专用工具，减少了单项作业时间，降低了劳动强度，而且提高了柴油机检修效率和工艺水平。许多发明设计在铁路机车检修工作中得到应用推广。他也以出色的工作成绩，被授予“火车头”奖章。

案例分析：每一名机务部门设备保障岗位的职工，都应该向邓必清学习，爱岗敬业，刻苦钻研，尽职尽责，掌握过硬的技术本领，成为本专业的行家里手，立足岗位，为确保铁路运输安全畅通作贡献。

【案例5-4】程利甫是太原铁路局湖东电力机务段一名优秀的机车乘务员，也是中国铁路第一个实践重载战略、开行万吨列车的机车乘务员。他担当乘务工作的大秦铁路，是我国第一条万吨重载现代化煤运通道，线路隧道多、坡度大、设备更新快。大秦线年运量从1989年的2007万吨增长到2004年的1.5亿吨，2005年的2亿吨，再到2006年的2.54亿吨，创造了世界铁路重载运输的奇迹。大秦线车流密度非常高，日开行最高时达105对，平均间隔不到15分钟就开出一列车，平均间隔不到20分钟，就有一列万吨列车或组合列车上线。这对机车乘务员操纵提出了很高的要求。许多机车乘务员说，机车乘务员不好当，大秦线上的万吨重载机车乘务员更难当。工作中，程利甫始终坚持“把事情做好、做得更好、做到最好”的信条，刻苦学习，钻研重载牵引技术，成了全段首屈一指的技术骨干。他的手机号码被其他机车乘务员称为“机车故障程利甫专线”。他撰写的《万吨列车突破故障的建议》，有18条被原铁道部采纳为部颁标准。近年来，他以优异的工作成绩，先后荣获部、局级荣誉称号10余项。

于荣昌是兰州铁路局嘉峪关机务段的一名机车乘务员。他自1984年入路以来，一直在机车乘务员的岗位上工作。20多年来，他经历了铁路机车由蒸汽到内燃、再到电力、动车组的换型过程。他以“当工人就要当最好的工人”为理想，刻苦追求，凭着蚂蚁啃骨头的精神，一点一滴积累，从没有在新机型、新技术面前低过头、服过输，练就了一身过硬的技术本领。他掌握机车所有零部件尺寸限度和技术要求，能够在90分钟内把上万个零部件检查一遍。并且查找出故障假设。他随时都可以构思出一个模拟机车，凭记忆把部件、电路图及易发故障处理方法说出来。他的手机号被机车乘务员称为机车“110”故障处理热线，就连外段的机车乘务员也经常打电话向他求教。他主动传授技术知识，帮助其他机车乘务员提高业务能力，编写了40句280字行车谚语，归纳编制了机车联锁关系控制图，将枯燥的理论变得通俗易懂，方便了机车乘务员学习。这些年，他带的徒弟中，有4人考上了工人技师，6人成为业务骨干司机长和指导司机。他只有高中学历，却自学了《电工学》《物理学》《牵引力学》等许多高等教育书籍，写下十几万字的心得笔记，绘制出了几十幅行车电路的对照图解。针对SS3型电力机车电路设计缺陷，写出《SS3升弓电路和2SDC得电电路改进设计见解》改进方案，被采纳应用。他先后发表有关机车技术方面的论文10余篇，有多项成果得到推广应用。20多年来，他没有发生过任何责任行车事故，还防止险性事故3起，一般事故162起。

案例分析：像程利甫、于荣昌这样刻苦钻研、精通业务、成绩突出的机车乘务员在全路还有许多，他们立足本职岗位，自觉践行职业行为规范，保安全保畅通，为推进和谐铁路建设作出了突出贡献，成为每一名机务部门职工学习的楷模。

【案例5-5】王德明是郑州铁路局洛阳车辆段检车员。他担当检车任务的陇海线郑州至洛阳区段日均通过列车达到145对，是世界铁路列车顺利通过较高的区段之一。他们班组当一个班12个小时，每人检查车辆100辆左右，平均走行20多千米。他在工作中一年曾穿破了20多双军用解放鞋。作为一名退转军人，他30岁进入铁路部门后，面对重新学艺的困难和挑战，始终保持军人的优良作风，一心扑在工作上，刻苦学习，潜心钻研，埋头苦干，以永不言败的精神，创造了骄人的业绩。他总结的“望、闻、问、切”等检车工作法，简捷实用，在郑州铁路总公司检车系统推广，职工们称他为“车辆大夫”。10年来，他共防止了各类车辆典型故障400多起，查出各种重大安全隐患50多起，取得了安全检车9万多辆无漏检的好成绩，荣获全国铁路“火车头奖章”。

案例分析：王德明的事迹告诉我们，只要立足本职，践行职业行为规范，刻苦钻研，在平凡的岗位上也能作出不平凡的贡献。

思考题

1. 铁路客货运部门岗位的职业行为规范有哪些？
2. 铁路车务部门岗位的职业行为规范有哪些？
3. 铁路机务部门岗位的职业行为规范有哪些？
4. 铁路工务部门岗位的职业行为规范有哪些？
5. 铁路电务部门岗位的职业行为规范有哪些？

模块六　铁路员工职业化技能

学习目标

【知识目标】

1. 了解什么是职业理想和理想职业；
2. 了解职业生涯规划的概念及意义；
3. 掌握职业生涯规划的原则及要素；
4. 了解职业生涯规划的基本步骤与职业生涯管理；
5. 掌握时间管理的基本原则；
6. 掌握时间管理的方法和技巧；
7. 了解人际关系处理技巧；
8. 掌握铁路员工岗位技能与职责。

【能力目标】

1. 能够开展职业生涯规划；
2. 能够对自己的职业生涯进行有效管理。

【素质目标】

培养学生德智体美劳全面发展，成为创新型、复合型和应用型人才的综合能力。

建议学时：4 学时

理论知识

职业化技能是工作岗位对工作者专业技能的要求，是企业员工对工作的一种胜任能力。通俗地讲就是你有没有这个能力来完成这个工作任务。职业化必备技能主要有：角色认知、正确工作观与企业观、科学工作方法、职业生涯规划与管理、专业形象与商务礼仪、高效沟通技巧、高效时间管理、商务写作技巧、团队建设与团队精神、人际关系处理技巧、商务谈判技巧、演讲技巧、会议管理技巧、客户服务技巧、情绪控制技巧、压力管理技巧、高效学习技巧等。

单元一　职业理想与理想职业

人类生活离不开理想。理想是事业的灯塔，指引着人们前进的道路，使人们有了明确的奋斗目标和方向；理想是前进的动力，促使着人们不断努力奋斗；理想是人生的精神支柱，支撑着人们在任何困难面前都充满必胜的信心和勇气；理想使人生道德得到升华，使人心胸宽广，目光远大。职业理想是理想在职业人生中的体现。在了解自己的能力、兴趣、个性，对自己进行基本的职业定位的基础上，大学生要对自己的职业生涯进行理性思考，着手制定职业生涯规划，为职业生涯作素质、能力准备，并通过不断努力，实现人生价值。

一、职业理想

1. 什么是职业理想

理想是人们对未来社会、个人职业和个人生活等各个方面所作的具有实现可能性的想象和期望，是人们对美好未来的向往与追求。人们对未来从事的工作种类、性质、岗位以及事业上获得成就的向往与追求,形成了职业理想。

职业理想属于社会意识范畴,是一定的社会生产方式、职业地位、职业声望在人们头脑中的反映。职业理想是人特有的思想方法,表现为对自己未来职业生涯的提前规划。职业理想总是与个人的奋斗目标联系在一起,是激励个人奋斗的动力。

2. 职业理想的5个特征

(1)社会性。提出和设定自己的职业理想,是与社会形态和社会条件息息相关的。现实职业理想取决于现实的社会因素,依赖于现实的社会条件。

(2)时代性。不同时代的职业理想总是受到该时代社会生产方式的发展水平的制约,反映了时代的需求,具有源于现实而又高于现实的特点。

(3)阶层性。职业理想是社会意识的一部分,必然受社会不同阶层意志的影响,不同阶层的职业理想、职业价值等必然反映本阶层的根本利益和要求。

(4)发展性。职业理想的发展性,是随着年龄的增长、社会阅历的增强而逐渐由朦胧、幻想变为现实,由波动变化而趋于稳定的。

(5)个体差异性。职业理想来源于现实,带有明显的个性化特点。例如自身的政治思想觉悟、道德修养水准及人生观,决定着职业理想的方向;自身的知识结构以及个人的性格、气质、情感、意志等非智力因素决定着职业理想实现的可能性。另外,职业理想还表现为性别、身体等生理特性上的个体差异。

3. 职业理想的3个层次

职业理想分为初层次、中层次和高层次。

初层次职业理想往往把职业作为谋生的手段,对于职业发展前景、职业成就等基本没有考虑。通俗一点讲,就是把职业当作“饭碗”。

中层次职业理想通常把职业作为满足个人兴趣、特长的手段,主要关注个人的满足,没有涉及社会理想的境界。

高层次职业理想是把职业作为个人创业、技术创新,最大限度地施展个人才华,为社会和人类的共同幸福作贡献等,是经过周密思考的,需要较长的时间,甚至一生的努力才能达到的境界。

4. 职业理想的影响因素

影响职业理想的因素主要包括:①个人的思想觉悟、道德修养水准以及个人的人生观、价值观等决定了职业理想的方向;②个人的文化知识与技能水平、受教育程度等决定了职业理想的层次;③个人的性格、气质、情感、心态等心理特征以及性别、身体状况等生理特性决定了职业理想实现的可能性。

二、理想职业

理想职业是能够将个人能力、职业理想与职业岗位最佳结合起来,达到三者的有机统一,即特定主体的理想职业。

理想职业通常以职业的社会地位、薪酬福利、发展前景等具体化指标来衡量,其标准因人而异。但是,理想职业必须以个人的能力作为基础,如果脱离了这个基础,那么理想职业就会高不可攀,可望而不可及。即使追求到了,也会身在其职而力不从心,难以适应。所以,“为自己量身定做适合自己的职业”,才是真正意义上的理想职业。

理想职业的实现大多需要经过一条布满荆棘的努力奋斗之路。一旦自己选择了理想职业，就应该克服一切困难和阻力，发挥最大的聪明才智来创造条件，实现理想。千万不可以跟着感觉走，摸着石头过河，更不能左顾右盼，迷失方向。

三、正确处理职业理想与现实、与理想职业的关系

1. 职业理想与现实（图 6-1）

大多数时候，追求职业理想的过程就表现为努力工作、得到回报的过程。做好了工作，职业理想才有实现的现实性。但是生活中，现实往往与职业理想存在一定距离。例如，有一种观点认为，现在找工作能赚到钱就行，尤其是在就业形势非常严峻的情况下，没有必要再谈职业理想了。

现实情况中，在大学生毕业后的前两年，不少人都会感到现实与自己的职业理想的落差非常大，失落感很强烈。其实，职业理想与现实发生冲突非常正常，但出现这些消极想法却是不可取的，是应该坚决克服的。如果“冒出”这种想法，大学生应该从自身和周围环境中寻找帮助和力量，调整情绪，走出失落。常常跟自己说：尝试，便有可能成功，如图 6-2 所示。

图 6-1　职业理想与现实

图 6-2　希望就在前方

2. 职业理想与理想职业

理想职业是受职业理想的指导和制约的。理想职业是将个人能力、职业理想与职业岗位最佳结合起来，达到三者的高度统一。因为每个人对职业的认识不同，职业理想各异，所以，理想职业没有绝对的标准。现实生活中，往往是在大家都不太关注的领域更容易出成绩，脱颖而出。如果你中意的职业岗位暂无空缺，而你又需要立即就业，不妨先降低自己的要求，即“先就业再择业”。因为，如果没有工作，就意味着没有实现职业理想的可能；而就业以后，可以在主观作用下向自己的职业理想靠近，或者根据实际条件对自己的兴趣、爱好进行调整。

一个人在事业上要有所成就，不在于职业的种类，关键在于社会需要和自己的拼搏进取。只要在黄金时期播下种子并辛勤耕耘，就一定会迎来累累硕果。所以，只要是能实现自己的职业理想的职业，很大程度上就是理想职业。

职业理想不等同于理想职业。职业理想强调的是理想，而理想职业则强调能力、理想与岗位的结合。古人云：“人弃我取，人取我弃。”“三百六十行，行行出状元。”选择理想职业，是实现职业理想的第一步，这一步对一个人的一生将会产生非常重大影响。所以，选择理想职业对大学生来讲，是非常重要的一件事。在实际生活中，现实往往与职业理想发生矛盾。很多人不能按照自己的理想标准选到合适的职业，于是有的人索性不就业，坐等理想职业的出现；有的人随便谋个有收入的职业混日子；也有的人对与自己的职业理想不相符的工作怨

天尤人，无所作为。这些现象发生的根源，皆在于择业者没有能正确认识职业理想与现实的关系，也没能正确认识职业理想与理想职业的关系。

四、职业理想的作用

职业理想在我们的职业生涯中发挥着十分重要的作用，为了更好地理解职业理想的作用，我们不妨打个比方：假如你想在房子旁边盖座小房子。当你确定了盖房子这个目标后，可能就会注意收集砖块、木头等材料。也许用不了多长时间，你就能够把盖房子的材料备齐全了，这样，你的房子就能盖起来了。但是，假如你当初没有盖房子这个目标，你就不会做收集材料等准备。也就是说，两个人在同一条路上走，一个有目标，另一个没有目标，其收获肯定大不相同。现对职业理想的作用阐述如下：

1. 职业理想是指引人生之舟的航标

职业理想有助于确定人生发展的目标；职业理想有助于增强人生前进的动力，在自己所从事的职业活动中产生无穷的力量，创造出不凡的业绩；职业理想有利于激励人生价值的实现，无论顺境或逆境都会给人以激励，让人奋发向前，创造充实、美丽的人生。

2. 职业理想是实现个人事业理想和生活理想的条件

个人事业理想是人的职业理想在事业的成就大小上的体现；个人生活理想则体现在自我价值，如衣、食、住、行及休息、娱乐、恋爱、婚姻家庭等方面。职业理想影响个人的职业，而个人的职业收入等因素又直接影响到个人及家庭的经济生活和生活方式等方面。因此，职业理想不可能脱离生活基础。

3. 职业理想是实现社会理想的重要桥梁

职业理想是在社会理想指导下形成的，是对社会理想的具体实践。人们通过从事一定职业去实现自己的社会理想。今天，全面建成小康社会，实现中华民族的伟大复兴，是中华民族历史上空前伟大的事业，要靠千百万人的长期奋斗，离开了每个社会成员在各自岗位上的努力和点点滴滴的贡献，这一社会理想是不可能实现的。

单元二　职业生涯规划与管理

一、职业生涯规划的概念

"职业"比较好理解，"生涯"却有诸多解释。美国生涯理论专家Super(萨珀)认为，生涯是个人终其一生所扮演角色的整个过程，生涯的发展是以人为中心的，只有个人在寻求它的时候，它才存在。职业生涯规划是指个人发展与组织发展相结合，通过对职业生涯的主客观因素分析总结和测定，确定一个人的奋斗目标，并为实现这一奋斗目标而预先进行的过程，这个过程包括制订相应的工作计划，以及每一时段发展方向及顺序。

二、进行职业生涯规划的原因

现代企业，每一位员工，无论是刚入职的毕业生还是已在职的员工；无论是拥有高学历还是仅初中毕业，人人都想在事业上获得成功。然而，并非人人都能如愿，问题何在？如何做才能使事业获得成功？职业生涯规划是理性设计出的一条走向成功的路径，如图6-3所示。

图6-3　职业生涯规划的左与右

职业生涯规划的作用在于帮助人们树立明确的目标，运用科学的方法、切实可行的措施，发挥个人的专长，开发自身的潜能，克服生涯发展困阻，避免人生陷阱，不断修正前进的方向，最后获得事业的成功。

常言道，“种瓜得瓜，种豆得豆”，你希望未来有什么收获，就通过对自己的生涯进行精心设计与规划，实现个人预定的理想与目标。

理想与目标是事业成功的先决条件，而科学的生涯规划是实现理想与目标的重要手段之一。

每个人都是自己人生事业的规划者、设计师，同时也是耕耘者。作为一个现代人，不仅要有短期的打算、中期的计划、长期的规划，还须有终生的目标。特别是近年来，随着社会的发展、人们文化素质的提高，多数人都想施展自己的才能，成就一番事业，来体现自己的人生价值。然而，由于社会的快速变迁，竞争的不断加剧，一些不能体察时代变异和环境变迁的人，在这种多变时代往往手忙脚乱，不知所措，造成内心的惶恐与紧张不安，不知何去何从，结果不仅事业无成，而且身心也受到严重的影响。因此，只有及早做好职业生涯规划，认清自己，并在自己内在潜能上不断探索、觉察和发展，才能正确掌握人生方向，创造成功的人生。

有人会问：“不搞职业生涯规划也能成功啊！你看那些科长、经理、处长，也没有搞什么职业生涯规划，不是也当了领导嘛！”是的，不搞职业生涯规划，也有可能获得事业成功。但是如果搞了职业生涯规划，你的事业会取得更快的进展，取得更大的成就。

人生在世，要干成一番事业，就要树立明确的目标，这样才能向着目标努力，才能有意识地收集有关素材，创造有利条件，使你的事业尽快获得成功。

此外，职业生涯规划是满足人才需求、留住人才的手段。人才流失的原因主要有三个方面：一是报酬问题。待遇偏低，人才难留，这是人才流失的重要原因。二是才能发挥问题。个人在某一岗位上，如果才能得不到发挥，专长得不到利用，也不会安心工作，迟早会跳槽。三是社会角色问题。对于一个人才而言，尽管待遇较高，才能也得到了发挥，但如果没有适当的职务，心理也会不平衡。人们对能力的大小有一个认同理念，往往认为职称和服务的高低是一个人能力大小、贡献多少的体现，如果不能量其才，任其职，使其担任一定的角色，人才也难以留住。

获得报酬才能发挥社会角色，就好比一个三条腿的桌子，这三条腿中的任一条腿出现问题桌子都会倾斜，避免人才流失是使这条腿稳定而不出现问题的重要手段。

职工职业生涯规划的重要内容之一，是对个人进行分析。通过分析认识自己，了解自己，评估自己的能力，评价自己的智能，确认自己的性格，判断自己的情绪，找出自己的特点，明确自己的优势，衡量自己的差距，以此来开发自己，改变自己，塑造自己，跨越自己的障碍，成功地把握自己，使自己的才能得到充分发挥。所以职业生涯规划能解决“才能发挥”的稳定问题。

通过职业生涯规划，可选择适合自己发展的职业，确定符合自己兴趣与特长的生涯路线。正确设定自己的人生目标，运用科学的方法，采取有效的行动，化解人生发展中的危机与陷阱，使人生事业发展获得成功，担当起一定的社会角色，实现自己的人生理想。所以职业生涯规划能解决“社会角色”的稳定问题。

当一个人的才能得到相应的发挥，并担任一定的社会角色时，他的地位及职务也会得到提高，如担任综合工长、生产经理、项目经理、项目书记、部门经理、工程师或高级工程师等，其待遇和报酬也必然相应提高。

综上所述，职业生涯规划是员工个人发展和企业留住人才的重要方法与手段之一。当然，员工的职业发展目标只有与组织的发展目标相一致、相吻合，才能发挥其作用，产生其效力。

三、职业生涯规划应遵循的原则

1. 清晰性原则

考虑目标措施是否清晰明确，实现目标的步骤是否直截了当。

2. 变动性原则

目标或措施是否有弹性或缓冲性，是否能依据环境的变化而调整。

3. 一致性原则

主要目标与分目标是否一致，目标与措施是否一致，个人目标与组织发展目标是否一致。

4. 挑战性原则

目标与措施是否具有挑战性，是否仅保持其原来的状况。

5. 激励性原则

目标是否符合自己的性格、兴趣和特长，是否能对自己产生内在激励作用。

6. 合作性原则

个人的目标与他人的目标是否具有合作性与协调性。

7. 全程原则

拟定职业生涯规划，须考虑到生涯发展的整个历程，作全程的考虑。

8. 具体原则

职业生涯规划各阶段的路线划分与安排，必须具体可行。

9. 实际原则

实现职业生涯目标的途径很多，在做规划时必须考虑到自己的特质、社会环境、组织环境以及其他相关因素，选择切实可行的途径。

10. 可评量原则

职业生涯规划的设计应有明确的时间限制或标准，以进行评量、检查，使自己随时掌握执行状况，并为规划提供参考的依据。

职业生涯规划按期限一般划分为短期规划、中期规划和长期规划。

短期规划为3年以内的规划，主要是确定近期目标，规划近期完成的任务。中期规划一般为3~5年，在近期目标的基础上设计中期目标。长期规划一般为5~10年，主要设定长远目标。

四、职业生涯规划应考虑的因素

从职业生涯发展的规律来看，每个人都有不同的发展阶段与历程，职业生涯规划的重点也有所不同，不同的人在做其职业生涯规划时所考虑的因素也有所不同。一般而言，在做职业生涯规划时至少应考虑以下四个方面的因素。

1. 关于自我认识方面的因素

(1)个人的兴趣爱好与特长;
(2)个人的性格与价值观;
(3)个人所选定的目标与需求;
(4)个人的情商;
(5)个人的优缺点;
(6)个人的学历与能力;
(7)个人的工作经验;
(8)个人的生涯情况。

2. 关于外围环境方面的因素

(1)组织的需求;
(2)家庭的期望;
(3)社会的需求;
(4)科技的进步;
(5)经济的发展;
(6)政策法律的影响。

3. 关于个人目标选择方向的因素

(1)设定该目标的原因;
(2)欲达到该目标的途径;
(3)欲达到该目标所需的能力、训练及教育;
(4)达到该目标可能得到的助力;
(5)达到该目标可能遇到的阻力。

4. 落实生涯目标措施方面的因素

(1)教育训练的安排;
(2)获得发展的安排;
(3)排除各种阻力的计划与措施;
(4)争取各种助力的计划与措施。

五、职业生涯规划的要素

俗话说,“知己知彼,百战不殆”。这句话点出职业生活规划的要素,所谓“知己”,就是自我认识与自我了解。“知彼”,就是熟悉周围的环境,特别是与生涯发展有关的工作环境。知己知彼相互关联,如确定的个人生涯目标符合现实,而不是一厢情愿;如对从事的职业极感兴趣,而不是被动地去干;如从事的工作能发挥专长,利用了个人的强项;如对工作的环境感到适应,而不是感到处处困难,难以生存。所以“知己”“知彼”与“抉择”就是职业生涯规划的三要素,即职业生涯规划 = 知己 + 知彼 + 抉择,如图6-4所示。

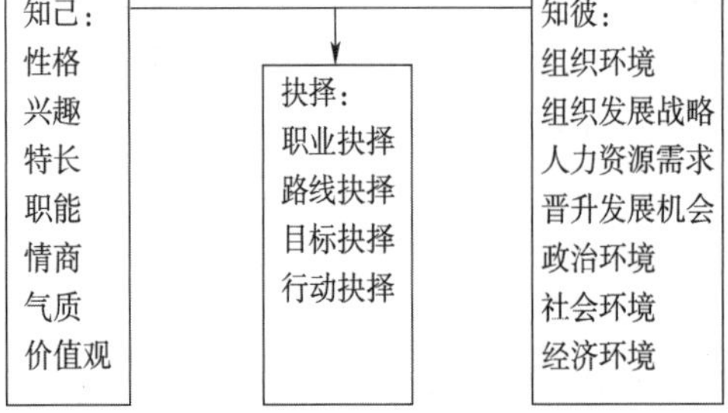

图6-4 职业生涯规划的要素

六、职业生涯规划的基本步骤

职业生涯规划是一个周而复始的连续过程，其过程包括确定志向、自我评估、职业生涯机会评估、确定目标、制订行动计划与措施、评估与回馈六个基本步骤。

1. 确定志向

志向是事业成功的基本前提。没有志向，事业的成功也就无从谈起。俗话说，“志不定，天下无可成之事”。立志是人生的起跑点，反映着个人的理想、胸怀、情趣和价值观，影响着一个人的奋斗目标及成就的大小。所以，在制定职业生涯规划时，首先要确立志向。这是制定职业生涯规划的关键，也是职业生涯规划中最重要的点。

2. 自我评估

自我评估的目的是认识自己，了解自己。因为只有认识了自己，才能对自己的职业作出正确的选择。所以，自我评估是职业生涯规划的首要步骤。一般来说，自我评估内容包括自己的兴趣、特长、性格、学识、技能、智商以及组织管理、协调、活动能力等。

3. 职业生涯机会评估

职业生涯机会评估主要是评估各种环境对自己职业生涯发展的影响。每一个人都处在一定的环境之中，离开了这个环境，便无法生存与成长。所以，在制定个人的职业生涯规划时，要分析环境条件的特点、环境的发展变化情况、自己与环境的关系、自己在这个环境中的地位、环境对自己提出的要求以及环境对自己的有利条件与不利条件等。只有对这些环境因素充分了解，才能做到在复杂的环境中避害趋利，使你的职业生涯规划具有实际意义。例如，组织环境因素评估包括组织发展战略、人力资源需求晋升发展机会等。

4. 确定目标

职业生涯目标的设定是职业生涯规划的核心。一个人事业的成败，很大程度上取决于有无正确适当的目标。一个人没有目标，就如同大海的孤舟，四面茫茫；没有方向，就不知道自己应走向何方。只有树立了目标，才能明确奋斗的方向，它犹如海洋中的灯塔，引导你避开险礁暗石，走向成功。目标的设定是在继生涯路线选择后，对人生目标作出抉择。其抉择是以自己的最佳才能、最优性格、最大兴趣、最有利的环境等信息为依据。目标通常分短期、中期和长期目标。

5. 制订行动计划与措施

在确定了职业生涯目标后，行动变成了关键的环节。没有达成目标的行动，就不能达成目标，也就谈不上事业的成功。这里所说的行动是指落实目标的具体措施，主要包括工作、训练、教育、轮岗等方面的措施。例如，为达成目标，在工作方面，你计划采取什么措施提高你的工作效率；在业务素质方面，你计划如何提高你的业务能力；在潜能开发方面，你计划采取什么措施开发你的潜能；等等。这些目标的实现都要有具体的计划与明确的措施，并且这些计划要特别具体，以便于定时检查。

6. 评估与回馈

俗话说“计划赶不上变化”，影响职业生涯规划的因素很多，有的因素是可以预测的，而有的因素则难以预测。在此状况下，要使职业生涯规划行之有效，就需不断地对职业生涯规划进行评估与修订。修订的内容包括：职业的重新选择、生涯路线的选择、人生目标的修正、实施措施与计划的改变等。

七、职业生涯设计

1. 个人因素分析

个人因素分析也就是“知己”的过程，实质上就是自我认识的过程。自我认识是职业生涯规划的基础，关系到职业生涯发展的成功与否。人人都有梦想，都有希望，重要的是在规划或希望之前应先自我认识与了解，才不致使梦想成为幻想。因此要有充分的自我认识，特别是认识内在深层的自我部分，除了职能、兴趣、性格外，还要充分了解人格特质，即个人的优点、缺点和特点。唯有如此，才能确切地掌握自我，超越自我，促进自我成长。只有充分地认识自我后，才能为自己定位，确定目标，走出自己的路来。

然而，世界上最难认识的就是自我。因为自己的眼睛总是忙于向外看，看自然界、看他人、看社会，看得眼花缭乱，却很少有闲暇来看自己。即使有时间看看自身，也只是扫视一下自己的外表，很少有空来反观自己的内心世界。人有时借助于镜子来观察自我的外表，但这种“物镜”对于认识自我有很大的局限性，只能看到自我的正面。人可以借助于“心镜”来反思自我，但“心镜”上总难免蒙有来自内在和外在的自然飘移的尘埃。所以，自我认识不是件容易的事。

自我认识是对自我性格、行为、情感、价值、社会角色等与自我有关的一切因素的认识，包括生理自我、心理自我、理性自我、社会自我几个部分。在生理自我部分，自我认识主要包括自己的相貌、身体、穿着打扮等方面。在心理自我部分，自我认识主要包括对自我的性格、兴趣、气质、意志能力等方面的优缺点的评判与评估。在理性自我部分，自我认识主要包括对自我的思维方式和方法、道德水平、情绪情商等因素的评价。在社会自我部分，自我认识主要包括对自己在社会上扮演的角色，在社会中的责任、权利、义务、名誉，他人对自己的态度以及自己对他人的态度等方面的评价。

2. 环境因素分析

所谓环境因素分析，就是“知彼”，也就是对他人的了解，对组织环境的了解，对社会环境的了解，对经济环境的了解。这些因素对职业生涯的发展都有直接影响，故要做深入的研究与分析。

(1)对他人的了解。人的工作是一个群体性的组织活动，不管你所工作的单位与部门的大与小，都由不同数量、不同年龄、不同专业、不同能力、不同性格的人所组成。你的发展与他人会或多或少发生关系。因此，在制定职业生涯规划时，须了解他人的情况。通常；要了解的情况包括以下方面：他人的学历如何，他人的业绩如何，他人的年龄层次如何，他人的专业技术职称如何，他人的性格如何，他人的情商如何，他人的竞争实力如何，他人的发展趋向如何，等等。只有全面了解他人的情况后，才能确定自己的优势与强项，才能准确把握自己的奋斗目标与方向。

(2)对组织环境的了解。它主要包括以下五个方面：

①组织特点。组织特点包括组织文化、组织规模、组织气氛、组织阶层、组织结构、人员流动等。

②经营战略。经营战略包括组织的发展战略、战略措施、竞争实力以及发展态势等。诸如组织是处于发展期还是处于稳定期，或是处于衰退期等，发展态势不同，人的生涯发展速度也就不同。

③人力评估。人力评估包括人力需求的预测、人力规划、人力供需、升迁政策、培训方

法等。

④工作分析。工作分析，如基本工作能力的需求、工作绩效评估等。

⑤人力资源管理。人力资源管理包括人事管理方案、薪资报酬、福利措施、员工关系、发展政策等。

(3)对社会环境的了解。人是社会的成员，无论从事何种工作，其发展均应适应社会环境的变迁。适者生存，自然界如此，人也不例外。社会环境主要包括以下四个方面：

①国家政策。国家政策对人的成长与发展影响极大，如政策规定破格重用提拔年轻干部，就为年轻人开辟了升迁的渠道，使职业生涯的成功期提前。

②社会变迁。例如手工业社会的没落，工业化、自动化、信息化社会的演进等，都对人的职业生涯发展产生较大的影响。

③社会价值观。随着社会的进步和生活水平的提高，人们的价值观都在不同程度地发生变化，需求层次也在不断地提高，由过去的生存、安全的需求上升为人的尊重及自我实现的需求。这些价值观念的变化，对人的职业生涯发展无疑产生了直接的影响。

④科学技术的发展。例如技能的补充、理论的更新、观念的转变、思维的变革等，这些因素在人的职业生涯规划中是不可忽视的。

(4)对经济环境的了解。经济环境对人的生涯发展也会产生影响，如经济增长率、经济建设速度等。当经济振兴时，百业待举，新的4行业不断出现，新的组织不断产生，机构增加，编制扩容，为职业的选择及晋升创造了条件。

3. 职业选择

职业选择是人生事业发展的起点，选择正确与否，直接关系人生事业的成功与失败。在认识自己、了解自己、了解内外环境后，接下来就是选择职业的问题了。那么哪些因素与职业有关呢？一般对个体来说，性格、兴趣、能力是最主要的因素，因为无论从事什么职业，都与这三个因素有关。

4. 职业生涯路线的选择

所谓职业生涯路线是指当个人选定职业后，选择向专业技术方向发展还是向项目管理方向发展，或是向企业管理方向发展。由于发展方向不同，对其要求也不相同。因此，当职业确定后，便可规划职业生涯路线。是走企业管理路线，是走专业技术路线，还是先走专业技术路线，再转项目管理路线，这些在规划中须作出抉择。

在抉择过程中，要询问自己三个问题：一是我想往哪一路线发展，二是我适合往哪一路线发展，三是我可以往哪一路线发展。

回答上述几个问题是对“知己”“知彼”有关情况的综合分析并加以运用的一个过程。第一个问题是通过对自己的兴趣、价值、理想、成就动机的分析，确定自己的目标取向；第二个问题是通过对自己的性格、特长、经历、学历的分析，确定自己的能力取向；第三个问题是通过对自己身处的组织环境、社会环境、经济环境、政治环境的分析，确定自己的社会取向。三个取向确定后，进行综合分析，以确定自己的职业生涯路线。

5. 职业生涯目标的选择

在确定了自己的职业和职业生涯路线后，就是目标的抉择问题了。所谓目标抉择就是明确自己想成为一个什么样的人，在行政管理职务上达到哪一级(层面)，担任什么角色，在专业技术职务方面成为哪一领域、哪一职级的专家。所以目标是职业生涯发展的方向，是人生事业能否成功的先决条件。

一个人要获得事业的成功,就要按照人生成功的规律制定行动的目标和规划。一般来说,一个未来的成功者,必定是一个目标意识很强的人。所谓"目标意识"就是头脑中始终有清楚的目的,就像是准确控制的导弹一样,一直"咬"着目标不放,直到击中目标为止。当这个目标实现以后,他(她)又会盯住另一个目标,直到事业的成功。当然,有目标的人中也有没有成功的,不过都另有原因,有的是由于目标失当;有的是行动不够,半途而废;有的是由于失误或遇到职业变迁;等等。因此,有了目标虽未必一定成功,但若想获得理想的成功必须要有明确的目标。目标抉择一般来说有六个基本步骤。

第一步:自我分析,认识自我,了解自我,找出自己的特点;

第二步:对内外环境进行分析,确定自己在内外环境中的位置;

第三步:根据第一、二步分析的结果,确定职业岗位;

第四步:选择自己的生涯路线,决定向着哪一方面发展;

第五步:确定事业目标,把目标具体详细地写出来;

第六步:制订行动计划。按照目标的要求,制订出详细的行动计划与措施。行动计划包括十年计划、五年计划、三年计划、明年计划、半年计划、下月计划、下周计划等。

确定目标的基本参数,要根据主客观条件和实现的可能性来加以设计。一般来说,目标应符合社会与组织需求。有需求,才有位置;目标要适合自身的特点,要高低适度,长短结合;同一时期目标不宜过多;目标要明确具体,没有余地。要明白,目标一经确定,自己的生命便掌握在自己的手中。计划好自己的职业生涯,规则好自己的职业发展,这是职业者的义务、责任和权利。

八、职业生涯管理

职业生涯管理是指组织和员工个人对职业生涯进行设计规划、执行、评估与反馈的一个综合性的过程。通过员工和组织的共同努力与合作,使每位员工的生涯目标与组织发展目标一致,使员工的发展与组织的发展相吻合。因此,职业生涯管理包括两个方面:一是员工的职业生涯自我管理,员工是自己的主人,自我管理是职业生涯成功的关键;二是组织协助员工规划其职业生涯发展,并为员工提供必要的教育、培训、轮岗等发展的机会,促进员工目标的实现。

人是无价的资源,是组织中最宝贵的资产,通过员工的职业生涯发展和组织的职业生涯管理活动,使员工发挥其潜能,实现组织的战略目标。在职业生涯管理中,最重要的特征是员工和组织是伙伴关系。彼此有如一体之两面,车之两轮,鸟之两翼,相辅相成,方能相映生辉。通过组织与员工彼此之间的合作、鼓励和支持,自然能营造出信任、和谐、安全、诚恳沟通的环境,最终实现员工个人不断成长、组织不断发展的目的。

单元三　人际关系处理技巧

一、人际关系描述

1. 正确理解人际关系

长期以来,人们有一种偏见:一说到人际关系,人们就会马上联想到裙带关系。实际上这个观点是错误的,良好的人际关系是职业发展以及成功必不可少的因素。

2. 人际关系的定义

人际关系是指在某个范围内人与人之间的关系。

3. 人际关系的产生

人们关系的产生是指人们在相互交往、联系和影响中而形成的心理行为关系。

二、人际关系的分类

各种各样的人际关系可分为组织外部的人际关系和组织内部的人际关系。如图6-5所示。

图6-5　三者的结构关系

(1)组织外部的人际关系

①我们提供服务的人,如供应商。

②我们的客户。

(2)组织内部的人际关系

经常与你打交道的人,如上司、同事、下属。

从表6-1中可以看出:面对同样的事物,输家的心态和赢家的心态有着天壤之别,所以在组织内部或组织外部进行交往时,首先要摆正自己的心态。

人际关系的分类　　表6-1

交往心态		
参照事物	输家	赢家
看待周围的人	是竞争者	是帮助者
看待敌人	是一种威胁	是一种考验
看待上司	是讨厌的工头	是可敬的教练
看待对手	是关系产生摩擦的来源	是灵感的源泉
看待异己分子	是一种对立	是一种差异
看待抱怨者	是问题人物	是有特别需要的人
看待雇员	是公司赚钱的机器	是公司的家庭成员

三、处理组织外部的人际关系的方法

1. 社交活动中的不变法则

社交活动中的不变法则,主要有以下三点:

(1)看准了再说。

(2)"嘴边儿有个把门儿"的。在任何情况下,一切争辩都应尽量避免;用质问的口气说话最伤感情;说服别人最好的方法是把自己的想法慢慢移植给他,让他自己修正观点;对于你不知道的事情,不要充内行;别向陌生人夸耀你的个人生活。

(3)倒霉的事往肚子里咽。

2. 客户关系的维持通常采用“套近乎原则”

良好的客户关系的前提是保持和谐的人际关系。要保持良好的客户关系，就要在销售过程中消除客户对你的恐惧感，让客户接受你的观点。这里面有个窍门，就是“套近乎原则”，具体内容如下：

(1) 了解客户的爱好。例如，在拜访客户时，首先要从两个方面了解客户：一方面是个人情况，另一方面是企业情况。个人情况包括个人爱好、工作方式；企业情况可以通过浏览公司的网站、阅读媒体对企业的报道等加以了解。

(2) 根据不同客户适量使用专业术语。在同一些传统行业的客户交流时，过多使用专业用语不仅无法显示你的职业化水平，反而会适得其反，会使沟通产生隔阂，进而导致人际关系障碍。在同新兴行业的客户交流时可以用一些专业术语进行沟通，以体现你的职业化水平，增加对方的信任感。

(3) 避免否定对方。即便你们的观点有冲突或差距，也应尽量避免正面否定对方。

(4) 了解对方期待的价值。希望彼此交往能够取得某种结果，为达到这种结果，应明确自己还需要做的事情。

(5) 注意自己和对方的表情。在运用语言技巧时，同时还要注意对方的表情。如果对方正忙于某项工作，或者正在思考某个问题，对方对你谈话的主题是不感兴趣的，这些可以从他(她)的表情上显示出来，要根据对方的表情及时修正你的谈话内容。

(6) 引导对方，多谈他(她)高兴或者得意的事情。例如，有些人喜欢在办公室摆放照片，你可以对这些照片进行询问或赞赏：这是在什么地方照的？景色真美，显得真精神等。又如，有些人喜欢得到别人的尊重，那么你可以提及对方非常得意的事情：听说去年贵公司营业收入比前年增长25%，您真是经营有方。

(7) 给对方必要的回应。交往当中最怕对方没有反应，如果对方没有反应你就不知道自己说的是对还是错，也不知道对方是否认同你的观点。所以交流中定要给对方必要的回应。

(8) 找出双方的共同点。在交往时，找出双方的共同点，这是迅速套近乎的一个诀窍。

(9) 征求对方的意见。交往中不要总是发表自己的看法，要经常征求对方的意见。

(10) 记住对方“特别的日子”。例如，记住客户公司的店庆日，客户及其家人的生日，等等。

(11) 表现出对对方的关心，可以表现为对对方身体健康、饮食的关心，以及对对方文化信仰的认同。

(12) 选择让对方家人认可的礼物。在拜访客户的时候，经常会给客户送些礼物，其选择原则是：选择让对方家人认可的礼物。通常情况下，只送一些印有公司标志的纪念品，但如果想增进客户对你以及你公司的了解，并认为公司处处为客户着想，值得信赖，你就应该考虑客户家人的需要及其认可程度。

3. 谈判的技巧

当双方对某项产品的价值和价格有异议的时候，或当双方对某一件事情的观点有出入的时候，往往采用谈判的形式来解决问题。在谈判过程中处理人际关系需要注意以下几个方面：

(1) 谈判的原则

谈判成员的态度要保持一致，注重团队精神。谈判中首先要有认同原则，只有认同对方，才能达成彼此合作；其次是让步原则、截止日期原则、理解和尊重原则等。

(2)谈判的程序

谈判的程序依次分为谈判初始阶段、交锋阶段、妥协阶段、签订协议阶段。谈判之初应制造和谐的气氛,这样可以拉近彼此的距离,消除双方的敌视,这对于谈判非常重要。

(3)谈判人员的素质

谈判人员需要具备的素质包括诚信沉稳、自信、观察和思考能力、估测能力、应变能力、回答技巧、情绪控制能力、语言表达能力等。如果谈判人员是一个正直诚信的人,同时沉稳、自信,那么会有一个好的谈判结果。同时还需要在谈判中运用多种语言技巧,有控制情绪的能力。要注意在谈判之前你并不十分了解你的对手,很多信息只有在谈判桌上才会发现,这就需要你具备良好的观察能力和思考能力。

四、处理组织内部的人际关系的方法

在组织内部,需要和三类人员产生联系,或者说每天都要和这三类人员打交道,即上级、同事和下级,如图6-6所示。

1. 与上级相处的艺术

首先要了解上级的人品、爱好、工作能力和工作方式,如你的上级是喜欢授权,还是喜欢"摆官架",最后还要了解他的价值观。

(1)和上级交往的原则

①关系适度原则。同上级之间的距离要适度,既不能太远也不能太近。

②交流原则,或者称为汇报原则。作为下属,你要让上级知道你的工作情况,告诉他你的工作进行到什么阶段、现在面临什么样的问题等。这种交流和汇报是必不可少的。

图6-6　组织内部的人际关系

③服从原则。每一个组织都拥有自己的团队,作为团队的一员,服从是必不可少的,且个人利益要服从组织利益。

④尊重原则。每个人所处的位置不一样,承担的压力也是不一样的。要理解你的老板,多站在他的角度思考问题,要相互尊重。

⑤坚持原则。当你所做的一切与企业的目标没有偏差时,你可以坚持自己的原则、信念和理想。

(2)处理好同上级的私人关系

作为下属,在上级需要帮助的时候,要真诚地提供帮助,但一定要处理好同上级的私人关系,不能过近,也不能过远。

2. 与同事相处的艺术

企业职工每天都要与同事打交道,在交往中需要注意以下几点:

(1)如何寻求帮助

通俗地说,如何寻求帮助就是如何求人办事。求人办事的原则如下:

①有诚意,也就是说在求人的时候,特别是求别的部门的同事时,首先要尊重对方,要有诚意。

②有的放矢,也就是说选择那些急需别人帮助的工作,请别人帮助完成,不要把自己的

工作完全推给别人去做。

③不是什么事都要别人帮。“这个工作是我想做的，由于我没有时间，才请你做的。”或者你向他人交代工作时，交代不清楚就推给对方。这些做法都是非常错误的，应该坚持自己能做的事情自己做的原则。

(2)要乐于助人

要礼尚往来，你得到他人的帮助，也要主动帮助他人。

(3)指出他人的不足

指出他人的不足是需要技巧的，心直口快的人往往不受欢迎。

(4)多参加集体活动

你毕竟是在一个团队中，要多参加集体活动。

(5)避免非正式组织的存在

“非正式组织”这个概念是在梅奥的霍桑实验中提出的，非正式组织的目标往往同组织的目标有偏差，所以每个团队里小组织的存在，都不利于组织目标的实现，这是组织中需要避免的。

3.与下级相处的艺术

与下级相处的艺术包括授权、激励以及绩效考核等方面。

比尔·盖茨曾经说过这样一句话：一个主管，不管他拥有多少知识，如果他不能带领他人完成使命，他是毫无价值的。

简而言之，改善人际关系有必备的三样法宝：勇气、智慧和平常心。要有勇气改变身边可以改变的事情。要分辨出工作当中哪些是可以改变的，哪些是不可以改变的。对那些现实条件下不能改变的事情，要用平常心去对待。

单元四　高效时间管理

一、时间的概念

世界在进步，但一天还是只有24小时。最成功的人和最不成功的人一样，一天都只有24小时，区别就在于他们如何利用所拥有的24小时。“时间就是效率”“时间就是金钱”“时间就是生命”“一寸光阴一寸金，寸金难买寸光阴”，诸如此类的描述每个人都可以脱口而出，那么时间究竟是什么呢？

哲学家这样定义：“时间是物质运动的顺序性和持续性，其特点是一维性，是一种特殊的资源。”

要想真正地了解时间并且管理“时间”，有必要对时间的本质有深刻的认识。首先要了解时间的四项独特性：

(1)供给毫无弹性。时间的供给量是固定不变的，在任何情况下都不会增加，也不会减少，每天都是24小时，所以无法开源。

(2)无法蓄积。时间不像人力、财力、物力和技术那样能被积蓄储藏。不论愿不愿意，人们都必须消费时间，所以无法节流。

(3)无法取代。任何一项活动都有赖于时间的堆砌，这就是说，时间是任何活动所不可缺少的基本资源。因此，时间是无法取代的。

(4)无法失而复得。时间无法像遗失物一样失而复得。它一旦丢失,则会永远丧失。花了金钱,尚可赚回,但挥霍了时间,任何人都无力挽回。

二、时间管理的概念

“时间管理”所探索的是如何减少时间浪费,以便有效地完成既定目标。由于时间所具备的四项独特性,所以时间管理的对象不是“时间”,而是面向时间进行的“自我管理者的管理”。

所谓“时间的浪费”,指对目标作毫无贡献的时间消耗,没有妥善安排计划,分配时间。要进行有效的时间管理,必须抛弃旧习惯,引进新的工作方式和生活习惯,包括要制定目标和权力下放,加上自我约束,持之以恒,才可提高效率,事半功倍。大凡能够在事业上作出卓越成绩的人都是时间管理的专家,如图6-7所示。

图6-7　时间的管理与安排

实际上,时间管理的核心是人的自我管理,人们研究它是为了最大限度地利用自己宝贵的时间资源。一个人能否有效地管理时间,不仅仅是方法和技巧是否掌握的问题,还与这个人对时间价值的认识、自身素养(包括文化素养、知识素养、智力水平、性格等)以及对工作和休闲的看法有关。新一代时间管理理论,尤其强调目标和方向,这实质是将时间管理放在人生这一宏阔的背景下,使之与个人的人生观、价值观联系起来,与个人的发展联系起来。这是时间管理的深层内涵,也是其终极价值所在。

三、时间管理误区

探索克服时间浪费的途径便是“培养克服时间管理误区的技能”。所谓时间管理误区,是指导致时间浪费的各种因素。以下列出时间管理的五个误区:

1. 工作缺乏计划

要走上职业化的道路,成为一个强调实效性的职业人士,应重视制订工作计划。

(1)固然有些事情是易行而难料的,但若过分地强调这一点则有可能养成一种“做了再说”或“船到桥头自然直”的侥幸心理。

(2)不做计划的人只是消极地应付工作,做计划的人则是有意识地支配工作,处于主动地位,并能提高工作效率。

(3)由于目标中拟定假设的客观环境发生变动计划与事实常常难以趋于一致,所以必须定期检查目标与计划,作出必要的修正,寻找最佳途径。但如果是处于无计划的引导,则一切行动将杂乱无章,最终走进死胡同。

综上所述,工作缺乏计划,将导致目标不明、没有进行工作归类的习惯、缺乏做事轻重缓急的顺序、没有时间分配的原则等。

2. 组织工作不当

组织工作不当主要体现在以下几个方面:职责权限不清;工作内容重复;“事必躬亲,亲力亲为”;沟通不良;工作时断时续。要减少组织工作不当的情况,可以通过以下方法:

(1)学会如何接受请托。

对于每一个人来说,所面临的请托可能来自部属、上司、同级管理者或是组织以外的人士。在众多请托中,有一类是职务所系而责无旁贷的;有一类虽然也是职务所系但请托本身却是不合时宜或是不合情理的;还有一类请托则属无义务予以的请托,经常引起人们困扰的是后两类请托。

如果为了做一个广受爱戴的好人而有求必应,则各色各类的请托将从四面八方源源涌来。一旦自己办不了委托的事项,则不仅所有的爱戴将化为乌有,而且自己将失去请托者的尊敬。“明智地接受请托”的重要性在于:第一,“拒绝”是一种“量力”的表现。有的请托由他人承受可能比你承受更为恰当,你不妨对请托者提出适时的建议。第二,“拒绝”是保障自己行事优先次序的最有效手段。倘若因勉强接受他人的请托而扰乱自己的步伐,是不合理且不明智的。

所以在接受请托之前不妨先问问自己:这种请托是属于我的职责范围吗?对实现我的目标有帮助吗?如果接受它,将付出什么代价?如果不接受它,需承担什么后果?经过这样一番“成本效益分析”之后,你就可以决定取舍了。

(2)学会利用资源。

对于基层人员而言,要善于利用资源,学会从相关的部门或人员手中获取所需的资料,这样,既节约了时间,又保证了信息的正确性。例如,你想了解本月度部门考勤信息,不妨去问部门秘书;想了解公司的考勤信息,不妨去问公司的考勤管理员;等等。其实每个人的精力都是有限的,尤其是管理者应当学会授权,将主要的精力和时间放在更重要的事情上。

3.时间控制不够

人们通常在时间控制上陷入下面的陷阱,应尽量避免。

(1)习惯拖延时间。

(2)不善于处理不速之客的打扰。

(3)不善于处理无端电话的打扰。

(4)泛滥的“会议病”困扰。不少员工曾经指出,会议竟占去他们日常作息时间的四分之一,甚至三分之一。然而更令他们感慨的是在这么多的会议时间之中,几乎有一半是徒劳无功的浪费!

4.整理整顿不足

办公桌的杂乱无章与办公桌的大小无关,因为杂乱是人为的。“杂乱的办公桌显示杂乱的心思”这句话是有道理的。让一个不富条理的人使用一个小型的办公桌,这个办公桌会变得杂乱无章,即使给他换一个大型的办公桌,不出几日,这个办公桌也会遭遇同样的命运。套用“帕金森定律”——“工作将被扩展,以便填满可供完成工作的时间”;也可以导入“文件堆积定律”——“文件的堆积将被扩展,以便填满可供堆积的空间。”

当你的上司向你索取一份技术资料,你是否能在第一时间从容不迫地递给他?当你需要一份信息时,是否满文件夹地翻个底朝天?如果你的答案并不理想,则需要提高整理整顿能力。

5.进取意识不强

人们经常说:“人最大的敌人就是自己”。有些人之所以能够让时间白白流逝而毫无悔痛之意,最根本的原因就是他缺乏进取意识,缺乏对工作和生活的责任感和认真态度,主要表现在以下几个方面:个人的消极态度、做事拖拉,找借口不做工作;唏嘘不已,做白日梦;工作中闲聊。

如果一直处于迟钝的时间感觉中,换句话说,当你觉得时间可有可无,不愿面对工作中的具体事务、沉溺于“天上随时掉下大馅饼”的美梦,那就需要好好反省自己了,因为你随时在丧失宝贵的机会,随时可能被社会所淘汰。

记住,昨天是一张已被注销的支票,明天是一张尚未到期的本票,今天则是随时可运用的现金,请善用它。

四、时间管理的基本原则

1. 明确目标

(1)目标激励我们奋勇向上

在人生的旅途中,没有目标就好像走在黑漆漆的路上,不知往何处去。虽说目标能够激励人们奋勇向上,但是,对许多人来说,拟订目标实在不是一件容易的事,因为人们每天单是忙日常工作就已透不过气,哪有时间好好想想自己的将来。但这正是问题的症结,就是因为没有目标,人们才会每天被弄得没头没脑、蓬头垢面,这只是个恶性循环罢了。

另外,有些人没有目标,是因为他们不敢接受改变,与其说安于现状,不如坦白一点儿,那便是没有勇气面对新环境可能带来的挫折与挑战,这些人最终只会一事无成。

事实上,随波逐流、缺乏目标的人,远没有淋漓尽致地发挥自己的潜能。因此,一定要做一个目标明确的人,这样生活才有意义。然而不幸的是,多数人对自己的愿望,仅有一点模糊的概念,而只有少数人会为实现这模糊的概念而努力。许多人在公司工作 5 年,却没有 5 年的工作经验,只能说有 5 年一次的工作经验。

(2)如何制定目标

一个目标应该具备以下五个特征,即具体的、可衡量的、可达到的、相关的、基于时间的。

①具体的。如有人说:“我将来要做一个伟大的人。”这就是一个不具体的目标。制定目标,一定要具体,如你想把英文学好,那么就订一个具体的目标:每天一定要背十个单词、一篇文章。

②可衡量的。任何一个目标都应有可以用来衡量其完成情况的标准,你的目标越明确,就能提供给你越多的指引。例如你要盖一栋房子 ,先要在心里有个底——房子要多大,有几层,需要多少卧室,要砌木质的还是钢筋水泥的,要多少平方米,坐落地点,你的预算。有了这些明确的标准,你才有可能顺利地盖好房子。

③可达到的。不能达到的目标只能说是幻想,太轻易达到的目标又没有挑战性,所以,目标的制订应可达到并有适当难度。

④相关的。目标的制订应考虑和自己的生活、工作有一定的相关性。例如一个公司的职员,整天考虑的不是怎样才能做好工作,却一心想做明星,又不肯努力奋斗,在一天天的消耗中丧失学习、工作的能力,不思进取,不努力提高业务能力,最终被公司抛弃、被社会遗弃。

⑤基于时间的。任何一个目标的设定都应考虑时间的限定,如你说:“我一定要拿到律师证书。”目标很明确,只是不知是在年内完成,还是 10 年后才完成。这便是没有时间限制的目标,自然实际意义不大。

2. 有计划、有组织地进行工作

所谓有计划、有组织地进行工作,就是把目标正确地分解成工作计划,通过适当的步骤和方法，最终达成有效的结果。通常会体现在以下五个方面：

（1）将有联系的工作进行分类整理。

（2）将整理好的各类事务按流程或轻重缓急来排列。

（3）按排列顺序进行处理。

（4）为制订上述方案安排一个考虑的时间。

（5）由于工作能够有计划地进行，自然也就能够看到这些工作应按什么次序进行，哪些是可以同时进行的。

有了计划，就必须有行动。行动是件了不起的事。要切实实行你的计划和创意，以便发挥它的价值。不管主意有多好，除非真正身体力行，否则永远没有收获。实行时心理要平静，充分估计困难、做好准备、及时调整。

3. 分清工作的轻重缓急

请看下面的行事次序，看看你平时喜好用哪种做事方式：

（1）先做喜欢做的事，再做不喜欢做的事。

（2）先做熟悉的事，再做不熟悉的事。

（3）先做容易的事，再做困难的事。

（4）先做只花费少量时间即可做好的事，再做需要花费大量时间才能做好的事。

（5）先处理资料齐全的事，再处理资料不全的事。

（6）先做已排定时间的事，再做未排定时间的事。

（7）先做经过筹备的事，再做未经筹备的事。

（8）先做别人的事，再做自己的事。

（9）先做紧迫的事，再做不紧迫的事。

（10）先做有趣的事，再做枯燥的事。

（11）先做易于完成的整件事或易于告一段落的事，再做难以完成的整件事或难以告一段落的事。

（12）先做自己所尊敬的人或与自己关系密切的、有利害关系的人所拜托的事，再做其他人所拜托的事。

（13）先做已发生的事，再做未发生的事。

以上各种行事准则，从一定程度上说大致都不符合有效的时间管理要求。既然是以目标的实现为导向，那么在一系列以实现目标为依据的待办事项中，应明确到底哪些应该先着手处理，哪些可以拖后处理，哪些甚至可以不予处理。一般认为是按照事情的紧急程度来判断。越是紧迫的事，其重要性越高；越是不紧迫的事，其重要性越低。可是在多数情况下，越是重要的事偏偏不紧迫。例如，参加管理技能培训，向上级提出改进营运方式的建议，培养接班人，等等。如果按事情的“缓急程度”办事，不但会使重要事情的履行遥遥无期，而且会使自己经常处于危机或紧急状态之下，最糟糕的情况是原本重要不紧急的事必然会转化为重要又紧急的事。

因此，处理事情优先次序的判断依据是事情的“重要程度”。所谓“重要程度”，是指对实现目标的贡献大小。请注意：虽然有以上理由，也不应全面否定按事情“缓急程度”办事的习惯，只是需要强调的是，在考虑行事的先后顺序时应先考虑事情的“轻重”，再考虑事情的“缓急”，也就是通常采用的“第一象限组织法”。

第一象限是重要又急迫的事情。诸如应付难处理的客户，准时完成工作，住院开刀，等等。其考验人们的经验判断力，也是可以用心耕耘的"园地"。如果荒废了，人们很可能会变成行尸走肉。但请不要忘记，很多重要的事都是因为一拖再拖或事前准备不足而变成迫在眉睫的事。

第二象限是重要但不紧急的事情。主要是与生活品质有关，包括长期的规划、问题的发掘与预防、参加培训、向上级提出问题处理的建议，等等。荒废这个领域将使第一象限日益扩大，使你陷入更大的压力，在危机中疲于应付。反之，多投入一些时间在这个领域有利于提高实践能力，缩小第一象限的范围。做好事先的规划准备与预防措施，很多急事将无从产生。这个领域的事情不会对你造成催促力量，所以必须主动去做，这是发挥个人领导力的领域。

第三象限是紧急但不重要的事情。表面看似第一象限，因为迫切的呼声会让你产生"这件事很重要"的错觉，实际上就算重要也是对别人而言。电话会议、突来访客都属于这类。人们花很多时间在这里面打转，自以为是在第一象限，其实不过是在满足别人的期望与标准。

第四象限属于不紧急也不重要的事情。简而言之，就是浪费生命的无所谓的事，所以根本不值得花半点时间在这个象限。但人们往往在第一、三象限来回奔走，忙得焦头烂额，不得不到第四象限去疗养一番再出发。这部分倒不见得都是休闲活动，因为真正有创造意义的休闲活动是很有价值的。然而像阅读令人上瘾的无聊小说、看毫无内容的电视节目、办公室聊天等休闲方式不但不是为了走更长的路，反而是对身心的毁损，刚开始时也许有滋有味，到后来你就会发现其实很空虚。

4. 合理安排时间

效率坐标如表 6-2 所示。

效率坐标表　　表 6-2

程　　度	紧　　急	不　紧　急
重要	危急 急迫的问题 有期限压力计划	防患于未然 改进产能 发掘新机会 规划、休闲
不重要	不速之客 某些信件和报告 某些会议 必要而不重要的问题 受欢迎的活动	烦琐的工作 某些信件 某些电话 浪费时间的事 有趣的活动

5. 与别人的时间取得协作

认清并适应组织的节奏性与周期性是成功的要素。任何人类的组织，不论大小，都有其周而复始的节奏性、周期性，作为社会或是团体组织中的一员，毫无疑问地要与周边部门或人发生必然的联系。在这种情况下，需要互相尊重对方的时间安排，也就是说要与别人的时间取得协作。当你需要到某一部门去参观学习，也需要提前与该部门人员进行预约，双方共同达成一个有关时间、地点、人员安排等的约定。否则，突如其来的打扰会令对方措手不及，甚至有可能将你拒之门外。

6. 制定规则、遵守纪律

人们在成长的过程中,常被各种纪律所束缚,但“没有规矩,不成方圆”,因为有规矩,才有秩序,时间管理中同样强调纪律与规则。

制定规则、遵守纪律的核心主要体现在以下三个方面:

(1)在进行工作的时候,定要念念不忘这个工作应于何时截止。

(2)即使外部没有规定截止的日期,自己也要树立一个何时完成的目标。

(3)由于不得已原因而不能按期完成时,定要提前和相关部门取得联系,将影响限定在最小范围内。

五、时间管理的方法和技巧

1. 制订计划

(1)计划类型

①根据广度的不同,可将计划分为战略性计划与作业性计划。应用于组织,为之设立总体目标和寻求组织在环境中地位的计划称为战略性计划;而规定目标如何实现的细节计划称为作业性计划。战略性计划趋向于覆盖较久的时间间隔,通常以年为单位,涉及较宽的领域,不规定具体的目标;作业性计划趋向于覆盖较短的时间间隔,如月度计划、周计划、日计划,主要偏重于实现的方法。

②根据时间的不同,可将计划分为短期计划、中期计划与长期计划。短期计划是指一年以内的期间,长期计划一般超过 5 年,而中期计划介于两者之间。

③根据明确性的不同,可将计划分为具体计划与指导性计划。具体计划具有明确规定的目标,不存在容易引起误解的问题;指导性计划只规定一些一般的方针,指出重点而不限定在特定的行动方案上。例如,一个增加利润的具体计划,可能具体规定在未来 6 个月中,成本要降低 4%,销售额增加 6%,而指导性计划也许只提出未来 6 个月使利润增加 5% ~ 10%。显然,指导性计划具有内在的灵活性,具体计划则更具有明确性。

(2)计划管理

①定义。

工作任务分解(WBS)是计划管理的一部分。WBS 与因数分解是一个原理,就是把一个项目按一定的原则分解,项目分解成任务,任务再分解成一项项工作,再把一项项工作分配到每个人的日常活动中,直到分解不下去为止,即项目—任务—工作—日常活动。它是创造产品所必须进行的全部活动的清单,是分层计划以及预算和人员分配的基础。

②WBS 基本框架。

WBS 基本框架包括阶段、步骤、任务、活动。

③WBS 衡量标准。

WBS 衡量标准为:是否全部分解完毕;WBS 分解是否可行,是否包含临时的里程碑和监控点;WBS 的分解结构是否合适,即分解的所有活动是否全都定义了,项目分解后的活动在逻辑上是否能形成一个大的活动,是否集成了所有的关键因素,逻辑上是否合理、清楚和简单。

2. 不要让别人浪费你的时间

办公室的打扰不可避免,甚至有不少人对打扰提出了抱怨,同时也无可奈何。对待打扰的方法有很多,有全面出击来对付的,也有消极应付的,更有甚者是视而不见。全面出击的人终会变得疲劳不堪,消极应付和视而不见的人终究会错失良机或是贻误大事。那么究竟怎样做才是可取之道呢? 正确的策略是将被打扰的时间缩短,将其负面影响降至最低。

(1)打电话的艺术

①事先约定与准备。

打电话约定时间和约定要求并不是什么新奇的概念,通过约定可以避免你在需要安静工作的时候被不断打扰,更主要的是可以避免电话中需要某些资料却无法提供的情况发生,从而造成时间的浪费。

②保持简短而明确的开场白。

平时打电话是为了联络感情的需要,在开场白中经常会有一些寒暄,除了拜访客户问候"早啊""您身体还好吧,吃饭还行吧"等情况,办公室场合就应该少有寒暄,尽量从工作角度出发,使用明确的开场白。假如你正在将电话打给某人,不妨开门见山:"你好,我是×××,我给你打电话是因为你以……"或"你好,我是×××,有这样一件事需要……"等等,如果是某人打电话给你,你可以说"接到你的电话真高兴,有什么事需要帮助吗?"或"你打电话来我真高兴,能为你做点什么吗?"或"好久没有收到你的消息了,请问有什么事需要帮助吗?"等等。

③控制通话时间,保持通话主题。

在打电话的时候,要注意做好适当的记录,以免挂电话后忘记某些信息,又不得不重新联系一次。另一个需要注意的就是控制好打电话的时间并保持通话的主题。有许多人喜欢拿起电话就开始喋喋不休,而且经常缺乏主题。在这种情况下,你不妨直言:"你现在需要我们解决的问题是什么呢?""你的重点是什么呢""你看我们今天的沟通(讨论)是不是到这儿呢?"

虽然一次电话省下的时间可能只有2~3分钟,但按照每天接10个电话来计算,每个月就可以省下7~10小时,一年就是84~120小时,这可是不少的时间。

④过滤电话。

你一定经常会遇到一些不想接的电话,这时你就需要"过滤电话"了。首先解释你现在不能接电话的原因,如马上要出门了,要去开会了,正在与主管或其他同事商议工作等,但是在拒绝的时候一定要注意有礼貌,并约定回电或是对方再次来电的时间,既要保证自己的时间,又不要给对方留下不良印象。

(2)当你被打扰时

在工作中,被各种情况打扰时,应该如何处理呢?

①来自上司的打扰。

来自上司的打扰最难控制,尤其是当你正在尽全力处理某项紧急而重要的事情时。不过,如果你就是一名上司,就应该首先想想,你是不是也会打扰下属呢?

②来自下属的打扰。

你不妨想想以下有关解决下属打扰上司的各项问题:

你是否曾经训练你的助理,将他人可能的打扰集中起来,然后每天或每星期一次总结汇报。

你是不是尽可能地把集体例会列为每日/每周工作的一部分。

你是不是每天都会保留一段固定的时间,供下属提出问题,同时在发觉某些日程发生改变时,告诉对方何时见面较合适。

你是不是曾经鼓励下属以便条/邮件方式提出问题,而不必亲自上门。

你是不是立即向下属回话,使他们不认为他们必须经常打扰你,才能立刻获得回应。

③来自同事的打扰。

在上司打扰你的时候,你只能无奈地接受;而下属打扰你的时候,你可以将他的打扰方式加以定型化。可是,处理同事或同级人员的打扰,你应该牢记以下要点:

双方应事先达成共识。你应该力求对他们的要求保持热心、同情以及随时愿意加以协助的态度,但是你更应该让他们知道这么做往往会影响到你的工作效率。

不要随意打扰对方。你可以预先与同事约好时间等,只有如此你才有可能获得相同的回报。

想想为什么你的中断情形无法受控:你不喜欢得罪他人;你喜欢参与每件事;别人经常来询问你的意见,使你觉得自己很重要;你不善于结束他人的来访;你让别人习惯于经常咨询你的意见;你就是喜欢不断地和他人交谈。

如果你让这些现象一直持续下去,终究会一事无成。

3. 省时之道

有时经常会听到这样的说辞:“等我有空再做。”这句话通常表示“等手上没什么重要的事情时再做”。但事实上,没有所谓“空”的时间。你可能有休闲时间,却没有“空”的时间。在休闲的时候,你也许会躺在游泳池边尽情玩乐,但这绝不是“空”的时间。你的每分钟都很值钱,凡在事业上有所成就的人,都有一个成功的诀窍:变“闲暇”为“不闲”,也就是不偷清闲,不贪逸趣。爱因斯坦组织过享有盛名的“奥林比亚克科学院”,利用晚上休息的时间聚会,与会者总是手捧茶杯边饮茶边议论,后来相继问世的许多科学创见,有不少产生于饮茶之余。实际上生活和工作中,有不少时间是零碎的,还有一些时间用在了等待上,浪费的时间是惊人的。所以,除了能够认识到时间管理的误区和掌握些基本的技巧外,还要了解一些省时之道。

在一天的活动时间里,可能常常不管如何精密规划,还是必须等待。乍看之下,这些时间可能永远无法追回。当你忙得不可开交而又必须等待的时候,你的失望只会增加而不会减少。以下是如何利用无聊时间的一些建议。

在等待的时候记得带上一本书。不管你多么有效率,总是有人让你等待:你可能错过公共汽车、城市轨道交通、飞机,你也许已经尽可能地小心计划每一件事,但是你可能意外地被困在机场。许多有成就者在这种情况下所做的事情是带本书看、写点东西、修改报告,检查邮件、打电话、用手机口述信件等。

4. 逆势操作

什么是逆势操作?在华尔街,逆势操作者就是当多数人都在买股票时卖股票,而当大多数人都在卖股票时买股票的人。如果每个人都在观望,逆势操作者则疯狂地大买大卖。1980 年,美国人肯·库珀写了一本相当吸引人的书。这本书的意义是:“远离高峰时刻,避免一窝蜂。”

将逆势操作运用在时间管理上,就意味着当别人没有在做某件事的时候,你就去做,这样可以省下许多等待的时间。逆势操作者会在没有人排队的时候去兑现支票采购,所以他们不会在周五下午去兑现支票,也不会在周五晚上进超市,而会选在晚上 11 点或早上 6、7 点逛逛 24 小时开放的超市。逆势操作者退房的时间与他人不同,他们会选择旅馆自动退房的方式,如果你可以在人潮多起来之前就退房,你就不应该在早上 9、10 点时去排长队。

在办公室里，逆势操作者会在中午大多数职员外出就餐时，使用传真或复印机。逆势操作者会在人潮涌入餐厅前或人潮散去后去吃饭，等等。

单元五 铁路员工岗位技能与职责

铁路系统的各部包括车务、机务、工务、电务、车辆、供电、客运等重要部门，各部门的岗位技能与职责也有所区别。

一、铁路客货运服务的岗位技能与职责

1. 客运值班员的主要岗位技能与职责

客运值班员属于车站客运工作人员的班组，具体负责的工作会有所不同，如有些分工较细的车站会分为：服检、售票、行李等。一般说来，负责服检（服务、检票、上水）是其主要工作内容，其主要岗位技能与职责有以下几个方面：

（1）负责本班组领导工作，根据车站工作布置，提出完成任务的具体措施，质量良好地完成任务。

（2）认真执行规章、命令、指示，按照作业标准检查、指导班组完成各项客运工作，妥善处理班组中发生的问题。

（3）正确处理客运业务问题，接待旅客来访，处理旅客投诉意见。

（4）及时与车站信号楼值班员联系，掌握本班列车运行情况。

（5）安排班组各岗位劳动力，负责站台、候车室、旅客候车乘降组织工作，确保旅客候车、乘降组织安全、有序。

（6）负责站车交接工作，处理有关业务问题，协调站车及各岗位工作关系。

（7）及时妥善处理列车移交和站内发生的旅客意外伤害事故。

（8）抓好班组基础管理，不断提高技术业务素质和班组管理水平。

（9）抓好班组建设，严格落实班组自控互控运作及考核机制。

（10）督促上水员做好上水工作。

（11）督促保洁公司及时做好卫生清扫。

（12）督促行李员搞好站台行包装卸工作，确保列车安全正点。

（13）完成领导交办的其他任务。

2. 客运员的岗位技能与职责

（1）熟知本职业务，遵章守纪，执行命令，听从指挥，坚持全面服务，重点照顾，文明礼貌地为旅客服务。

（2）按作业标准要求，组织好旅客购票、候车、进出站秩序，宣传旅行常识，搞好安全检查，负责查验车票、维护乘降秩序和解答问询。

（3）掌握列车运行情况及到、开时刻和停靠站台，按时显示车次方向牌，有秩序地组织旅客检、收票，正确统计上、下车人数。

（4）认真执行接送车制度，组织旅客通过地道、天桥、平过道口上下车，从指定出入口进出站，严禁旅客扒车、钻车、横越股道和在列车背面上下，安全迅速地组织旅客乘降，确保旅客人身安全、列车正点。

（5）负责军用人员列车的接送，正确查验军用人员的乘车中转凭证，确保军用人员运输

安全。

(6)坚守岗位,尽职尽责,严格查堵,及时清理站台,严禁闲杂人员在站内逗留,防止易燃易爆等危险违禁品进站上车,确保旅客运输安全。

3. 售票员的岗位技能与职责

(1)认真执行规章制度、命令、指示和售票计划,按作业程序迅速、准确地发售车票,办理签证、退票和变更手续。

(2)售票、退票要做到唱收唱付,票种、日期、车次、席别、到站准确,收、找、退款清楚、正确。

(3)及时修改规章和客运运价里程表,按规定填写票据,做到正确、清楚,并严格保密。

(4)严格执行交接制度,按规定和发售规律及时清领、妥善保管客票、票据和现金,正确结算账目,按时填报有关表报,做到票、款、账相符。

(5)坚守工作岗位,按规定开关窗口,加强联劳协作,减少旅客排队等待时间。

(6)认真审核各种票据、账表,及时登记、正确处理、认真查询,随时订正发现的问题。

(7)严格遵守售票纪律,自觉维护售票秩序,做好安全保卫工作,现金入柜,出门落锁,严禁闲杂人等进入售票房。

(8)负责室内卫生和定置管理,搞好文明生产,搞好清洁卫生,爱护设备、备品。

4. 上水员的岗位技能与职责

(1)严格执行各项规章制度,服从命令,听从指挥,认真做好客车上水工作。

(2)认真执行上水作业过程,按分工负责的水栓和客车上水数,在站停时间内主动给客车上满水。

(3)爱护上水设备和工具,保管好上水胶管,随时关闭水栓,注意节约用水,发现水栓漏水和损坏,及时通知维修部门检修,保证客车上水需要。

(4)认真执行各项安全制度,加强瞭望,防止旅客背面上、下车和钻车,保证旅客和自身安全。

(5)保证股道的清洁卫生和水井卫生,做到对口认真交接。

5. 货运员的岗位技能与职责

(1)去取车,与驻点货运员认真交接票据,核对顺序。

(2)严格执行运单与现车对照制度,并将核对后的顺序及车号交给调度员。

(3)合理使用货位,指挥调车组对好货位后,组织装卸队快装快卸,压缩装卸时间。

(4)根据到达车的计划,及时通知货主,对各专用线卸的车辆,送车时要交接清楚。

(5)对专用线和站内装车,负责检查装车标准,对卸车后的车辆检查门窗是否关闭及货位距离。

(6)正确及时掌握车辆的出入及篷布数量。

(7)经常检查货物堆码、货区残货清扫情况。

(8)重点货物到现场检查装卸情况,保证货物安全。

(9)认真填写卸货簿及货运作业表。

6. 货运部门主管的岗位技能与职责

(1)负责部门日常物流管理工作,包括运输、仓储、配送、车辆管理等。

(2)制订和执行物流工作计划,对物流工作规范进行总结和完善。

(3)监督实施物流体系职责与管理标准。

(4)控制送货和仓储成本。

(5)参与制定与控制物流运作预算。

(6)制订物流解决方案,提升客户满意度。

(7)定期汇总上报各项物流管理报表。

(8)负责所在部门人员的考核、培训工作。

二、铁路电务员工的岗位技能与职责

1. 通信信号工长的岗位技能与职责

(1)认真执行安全生产的各项规章制度,按操作规程、电路纪律标准化作业程序指挥生产,确保各项任务完成。

(2)负责管内通信、信号设备的故障处理和修复。

(3)定期组织安全分析,制定技术组织措施,确保安全生产。

(4)认真开展电气特性测试,加强电气特性分析,确保设备运用质量达标。

(5)定期对管内设备质量、运用质量进行检查整改。

(6)努力探索设备的变化规律,并运用到日常的养护维修中。

(7)经常组织职工学习规章制度、技术业务及作业纪律,努力提高工区人员素质。

(8)做好与相关部门的联劳协作,互相沟通,为顺利完成日常生产任务创造条件。

(9)搞好工区内部团结,抓好班组文明建设。

(10)及时完成领导交办的临时任务。

2. 信号工的岗位技能与职责

(1)负责铁路信号设备的日常维护、保养及故障处理工作,严格执行《信号设备定期点检标准》,保证信号设备正常安全运行。

(2)合理使用工具仪表,根据季节特点和作业性质、作业场所的不同进行特殊的安全防护,防止人身和设备事故的发生。

(3)信号工必须定期检查道岔密贴情况,发现道岔有缝立即进行调整,保证道岔密贴,电动转辙机轨道灵活,机械部分润滑良好,扣件磨损不过限。

(4)信号工必须定期测试电源屏各输出电压,并及时进行调整;定期测试调整轨道电压,并做好记录工作。

(5)定期擦抹信号机玻璃片灰尘,调整信号显示距离,保证信号显示正确明亮,达到规定的显示距离。

(6)信号设备故障或发生设备事故时要积极组织修复,做到先摇道放车后处理。遇有疑难故障或事故时要及时向段和调度汇报,听从调度指挥。

(7)信号工上岗前要充分休息,岗位上严格执行"八不准",下班时严格执行交接班制度。

(8)做到有故障不交接,环境卫生不清理不交接,接班人员与交班人员必须当面交接,各项事宜交付清楚,写清记录,树立全局观念,保证安全生产。

3. 电力接触网工长的岗位技能与职责

(1)认真执行上级的各项规章制度,按规程检修工艺、标准化作业程序指挥生产,确保各项任务完成。

(2)熟悉管内设备及运行状态,组织召开班组各种会议,按时提报生产计划,认真填写各种记录。

(3)组织职工搞好政治、法制、业务学习，开展岗位练兵，不断提高职工思想政治觉悟和业务技术水平。

(4)搞好班组的各项管理工作，组织职工开展修旧利废、节约材料、降低能耗、推广先进经验。

(5)掌握年、季、月生产任务进度，明确每月生产任务项目，做好生产前的各项准备工作，合理组织、精心安排好生产，及时解决生产过程中出现的各种问题，保质保量完成月度生产任务。

(6)带头遵章守纪，团结同志，关心职工生活，以人为本，做好思想政治工作。

(7)及时组织职工赶赴现场进行事故抢修，制订措施，并及时按程序逐级报告事故现场情况。

(8)及时完成领导交办的临时任务。

4.电力接触网工的岗位技能与职责

(1)在工长的领导下，严格遵守劳动纪律和技术纪律，坚守工作岗位，服从命令听指挥。

(2)熟悉管内设备状况，加强工作责任心，按规定标准质量良好地完成各项工作任务。

(3)严格贯彻执行各项规章制度，坚持标准化作业程序，发现危及人身和设备安全问题，迅速采取措施进行处理，及时向负责人汇报。

(4)精心爱护、正确使用各种劳保用品、机具仪表。

(5)积极参与班组民主管理工作，努力搞好班组建设，学好技术，练好基本功。

5.通信工长的岗位技能与职责

(1)认真贯彻执行国家有关法律、法规及公司、段制定的各项规章制度。

(2)贯彻“安全第一，预防为主”的方针，按照《铁路通信技术维护规则》和《电缆技术维护规则》进行设备及通信线路的维护、保养工作，确保通信设备不间断使用。

(3)努力钻研业务技术，加强理论学习，不断提高自身业务素质。

(4)认真执行技术标准检修作业程序，提高通信设备及线路质量，确保通信清晰可靠，畅通无阻。

(5)精心爱护、保养、管理好本岗位使用的工具、仪器及仪表，并做到节约原材料。

(6)认真填写各种报表及各种设备维护卡片。

(7)保质保量完成领导交给的各项维修任务。

6.通信工的岗位技能与职责

(1)认真执行国家的安全生产方针及公司、段制定的各项规章制度。

(2)按照《铁路信号技术维护标准》，进行信号设备的维修工作，保证信号设备正常使用。

(3)努力钻研业务技术，加强理论学习，不断提高自身业务素质。

(4)熟悉分管的设备性能，严格执行检修顺序和技术标准，减少设备故障，压缩故障延时，提高设备运用质量，保障安全可靠运用。

(5)有权制止非信号维修人员随便进入机械室或乱动信号设备。

(6)保质保量完成所管的工作任务和领导交给的各项工作任务，做到文明生产。

(7)精心爱护、保养、管好本岗位使用的工具、仪器、仪表和防护工具，并做到节约使用材料。

(8)坚守岗位,遵守劳动纪律,认真填写各种检测记录,做到准确、清晰。

三、铁路工务部门的岗位技能与职责

1. 技术员岗位技能与职责

(1)负责编制施工计划、作业指导书,并组织实施。

(2)负责检验、测量和试验设备的检校工作。

(3)负责维修过程中的技术交底、技术图册、文件资料收发和有关记录工作及收集、整理、保存工作。

(4)对各种质量事故、质量问题和纠正预防措施的落实情况进行调查、分析、处理和监督整改。

(5)参加对全队维修工作的月、季检查、评比工作。

(6)辨识危险源,评价其危险程度,判定出重大危险源,为建立实施管理体系和管理方案提供依据。

(7)负责统计技术的管理及记录工作。

(8)辨识环境因素,并评价出重大环境因素,为建立实施管理体系和管理方案提供依据。

(9)收集适用于本部门的法律法规及其他要求,并确定本队适用的法律、法规和其他要求。

(10)积极开展小组活动,解决维修工作中的难题。

2. 兼职安全员的岗位技能与职责

(1)认真贯彻执行国家、行业部门有关安全质量、环保等方面的政策、法规、文件、制度、标准,严格执行《铁路技术安全规程》《铁路技术管理规程》《铁路行车组织规则》。

(2)在上级领导及段安检主任的带领下,认真做好本职工作,进行生产监督检查,开展安全工作。

(3)对单位违反管理体系运行的干部员工有权提出批评意见,对危及行车安全者有权立即制止,必要时停止其工作,及时上报,并督促有关部门迅速解决。

(4)检查工区对上级、段有关安全文件精神、安全生产规章制度、措施执行情况,检查各工种安全生产情况,及时正确处理“两违”现象。

(5)经常深入现场进行生产安全的监督检查,确保生产安全有序可控。

(6)开展安全质量、环保活动,总结推广先进经验。

(7)负责现场作业过程的监测与测量,总结安全质量、环保活动情况,推广先进经验。

(8)参与上级组织的关于安全质量、环保大检查和生产安全检查,对检查结果进行分析、总结,做好安全预防工作。

(9)负责本队消防器具的维护、检验、监督检查和防火安全检查。

(10)负责对工区作业人员标准化作业过程全方位实行监控。

3. 巡道员的岗位技能与职责

(1)班前充分休息,精力充沛,不得饮酒。

(2)按巡回图规定的交接班时间,提前10分钟到班,不得迟到。

(3)熟知本管区列车运行情况,坚持勤回头瞭望,注意反方向列车。

(4)下道避车时,要站在运行列车的左侧,距钢轨不少于2米的路肩上(根据情况也可以站在右侧，严禁抢越线路去迎车）。迎车时要拢起黄色信号旗，手举迎车，列车通过时要注意列车上货物装载和车辆走行情况。如无异状，以拢起信号旗手举送车。

（5）认真检查线路、道岔、道口、桥隧涵等设备，打紧防爬设备，拧紧各种松动螺栓，清除障碍物，保证行车安全，同时做好小补修工作。

（6）在巡检中如发生设备故障，危及行车安全时，应立即采取防护措施，并及时向工长和车站值班员汇报。

（7）向接班人交清发现的问题和处理情况，以及需要继续观测和处理的问题。

（8）巡道检查记录要准确，按规定时间到达交接牌地点。

4. 防护员的岗位技能与职责

（1）防护员应具有很强的责任心和事业心，要有较强的政治素质，并在考试合格后方能上岗。

（2）熟悉防护信号备品的使用，熟知列车运行规律和工地地形情况，不得臆测行车，不做与防护工作无关的事。

（3）站立位置要便于瞭望，并能与工地通视、联系，同时也要注意确保自身安全。

（4）防护地点距离施工地点不得小于20米，发现来车及时通知作业人员下道避车。

（5）不得擅离工作岗位。如遇特殊情况，应征得现场负责人同意，并有人接替，方可离岗。

5. 道口员的岗位技能与职责

（1）认真执行交接班制度，正确及时做好各项记录。

（2）检查道口设备，及时清扫轮缘槽，清除障碍物。

（3）经常保持信号标志、工具备品齐全无损。

（4）严格执行九项作业程序（坚持瞭望、转接通知、疏通道口、适时落杆或关闭栏门、检查设备、迎接列车、监视运行、确认抬杆及疏导车辆）。

（5）遇有大风、雨、雪、雾等恶劣天气时，要坚持室外瞭望，确保行车交通安全。

（6）道口发生故障时，必须先做好防护，然后进行恰当处理，确保行车和道口安全。

（7）掌握列车运行规律，做好安全预测，杜绝交通事故的发生。

（8）严格执行八不准（不准饮酒后接班、不准擅离岗位、不准打盹睡觉、不准与他人闲谈、不准闲人在道口房内停留、不准看书看报和听广播看电视、不准依赖电铃或电话放松瞭望、不准做与本职无关的工作）。

（9）及时准确地完成上级领导安排的各项临时工作任务。

案例

【案例6-1】赵明是某高等专科学校金融专业的学生。毕业那一年，他带着仅有的几百元到东莞寻找机会，并通过努力，成为学校第一个找到工作的毕业生，也成了那家公司第一个外省的大专毕业生。在公司，他积极认真，工作努力。不到两年时间里，先后做过行政、宣传、企划、销售，经常受到公司的表扬。时间久了，赵明觉得自己能力这么强，公司给的待遇却太低了，为了实现自己最初的理想，他辞掉了工作。凭借一股闯劲，赵明很快找到了新工作。然而不到一年，由于不适应公司的管理，他又离开了……从第一次参加工作到现在，前后换了15家公司……10年过去了，他依然重复着自己的职位，在一家企业做业务员。

【案例 6-2】

从平凡的岗位上成长起来

小张从某职业学院的文秘专业毕业后,到沿海某企业工作,刚开始仅被安排从事打扫卫生、收发信件、送达文件、打字等杂务。实事求是地讲,他的工作与公司里那些搞项目设计开发和管理的技术人员相比,在技术含量上有一定的差别。但是,他虽然处在最普通、最平凡的岗位上,却始终把繁杂的事务安排得井井有条,并且不断地看书学习,提高自己。老板觉得他很是不错。后来,老板认为小张年轻,能安心工作,就叫他试着去学业务管理,没想到他竟然学得又快又好,不比专业人员差。于是,他被安排到业务部,不久又当上了组长。接着,老板居然放心地让他学财务,从事财务工作,他把账目做得清清楚楚,一丝不苟。最后,经过几年的打拼,小张终于成为这个企业分管业务的副经理。不少人对这个看起来毫不起眼的小伙子的发展感到惊讶,难道那些本科毕业的大学生还不如他?

案例分析:诚然,小张的成功与很多因素有关,如他的勤奋、务实、好学以及个人潜在的能力,还遇上了一个十分器重他的老板等。但是,职业理想也在小张的成功路上起到了不小的作用。如果对自己的职业没有理想、追求和奋斗,小张很可能会在简单的岗位上日复一日、年复一年地重复,甚至可能因为某次差错被老板炒掉。正是因为小张不安于现状,对自己的将来有计划、有理想,所以才能通过努力,逐渐实现自己的职业理想。

【案例 6-3】许多年前,某报做过"300 条鲸鱼突然死亡"的报道。这些鲸鱼在追逐沙丁鱼时,被困在一个海湾里。报道上说:这些小鱼把海上巨人引向死亡。鲸鱼因为追逐小利而死,为了微不足道的目标而空耗了巨大力量。

美国作家福斯迪克说得好:"蒸汽或瓦斯只是在压缩状态下,才能产生动力;尼亚拉加瀑布也要在巨流之后才能转化成电力。而生命唯有在专心一意、勤奋不懈时,才可获得成长。"

【案例 6-4】有人曾经做过一个试验,他把人分成两组,让他们去跳高。两组人的个子差不多,先是一起跳过了 1 米。他对第一组说:"你们能够跳过 1.2 米。"他对第二组说:"你们能够跳得更高。"经过练习后,让他们分别去跳,由于第一组有具体的目标,结果第一组每个人都跳过1.2 米,而第二组的人因为没有具体目标,所以他们中大多数人只跳过了 1 米,少数人跳过了 1.2 米。这就是有具体目标和没有具体目标的差别所在。

【案例 6-5】假设有人向你挑战比试腕力,时间限定在60 秒内, 比赛规则是扳倒对方次数多者便是赢家,而旁观的另一人愿意提供给赢家 1 元钱。双方各就各位后,一场激战即将展开。为了便于说明,请你假设一开始那人便把你扳倒,但是他并不停在那儿,反而立即放松施加的压力,让你把他扳倒,接着他迅速反应,将你再度扳倒,而你基于以往的习惯会全力抗拒。

这时候你心中只有一个念头:"我要赢!"你的肌肉紧张、全神贯注,以至于眉头紧锁,但就在僵持不下时,你和那人脑中突然灵光一闪,发现一个事实:你们现在已各赢了 1 元钱!倘若你让他赢一回、接着他让你赢一回,不断相互扳倒,那么 60 秒结束,双方都赢了超过 1 元钱……于是,你们两人同心协力,不断地进行你扳倒他、他扳倒你的动作,反复地互相扳倒对方。在 60 秒结束的那一刻,你们各赚了 30 元钱,改写了只有一人能获得 1 元钱的局面。

案例分析:双赢的精髓便是:人与人之间存在着合作的潜力,合作将能取得远大于个人凭一己之力创造的成就。

大多数人习惯以输或赢来判断自己的处境,"赢"便是代表其他所有人都得输,运动场上非赢即输的角逐,学习成绩的分布曲线在灌输给我们"少便是好"的思维,于是我们便通过这副非赢即输的眼镜看待人生，倘若没能唤醒内在的知觉；就只为了争1元利益，一辈子拼个你死我活，从来不想通过合作的手段来实现彼此的目标。“赢”的真正意义是实现目标，所以若用合作代替竞争，便能在有效的时间内或较短的时间里达成更多的目标，甚至有意想不到的收获。

希望大家能通过点滴的改进与积累，寻求合适的支点位置，不断扩大组织和个人的力量，促使生活品质和工作品质的改善，获得一个有意义、充满快乐的人生！

【案例6-6】查尔斯·史瓦在半世纪前担任伯利恒钢铁公司总裁期间，曾经向管理顾问李爱菲提出这样一个不寻常的挑战：“请告诉我如何能在办公时间内做妥更多的事，我将支付给你任意的质问费。”李爱菲于是递了张纸给他，并对他说：“写下你明天必须做的最重要的各项工作，先从最重要的那一项工作做起，并持续地做下去，直到完成该项工作为止。重新检查你的办事次序，然后着手进行第二项重要的工作。若任何一项着手进行的工作花掉你整天的时间，也不用担心，只要手中的工作是最重要的，则坚持做下去。假如按这种方法你无法完成全部的重要工作，那么即使运用任何其他方法，你也同样无法完成它们，而且倘若不借助某一件事的优先次序，你可能甚至连哪一种工作最为重要都不清楚。将上述的一切变成你每一个工作日里的习惯。当这个建议对你生效时，把它提供给你的部属采用。”数星期后，史瓦寄了一张面额25000美元的支票给李爱菲，并附言她确实已为他上了十分珍贵的一课，伯利恒钢铁公司后来之所以能够成为世界最大的独立钢铁制造者，据说可能是由于李爱菲的那番话。

尽管计划的拟订能给员工带来诸多的好处，但有的员工从来不做计划或是不重视做计划，原因不外乎如下几条：因过分强调“知难行易”而认为没有必要在行动之前多做思考；不做计划也能获得实效，不了解做计划的好处；计划与事实之间极难趋于一致，故对计划丧失信心，不知如何做计划。

【案例6-7】在1974年，美国著名证券经纪人邓尼斯是一个已工作6年的证券经纪人，以社会标准来看，他是美国中产阶级分子的典范，他拥有美满的婚姻、三个聪明伶俐的孩子、一栋房子、两部车，但是他患了溃疡。证券经纪人的收入虽然不错，却与他的性格格格不入，他希望活得更扎实些。“只有自己与上帝才能支配我的命运”这句话提醒了他。于是，他开始设立自己的目标，他从小就爱好业余无线电，于是他决定创业，成立邓特隆无线电公司，生产并销售“火腿”(指业余爱好者)的设备。

1974年4月，邓尼斯辞去工作，卖掉车子当资金，以信用卡借款，开始在他的地下室生产业余无线电设备，邓特隆无线电公司诞生了。他的许多朋友与亲戚都以忧伤和惊恐的眼光看着他，断定他发疯了。1974年8月24日，邓特隆无线电公司成交了第一笔生意。1975年4月，公司搬到了俄亥俄崔斯堡的厂房中，到1975年底邓特隆无线电公司的营业额超过了100万美元，邓尼斯到退休时家产已达数亿美元。

【案例6-8】穆尔于1939年大学毕业后，在哥利登油漆公司找到业务员的工作。当时的月薪是160美元。但满怀雄心壮志的他仍拟订了一个月薪1000美元的目标。当穆尔逐渐对工作感到得心应手后，他立即拿出客户资料以及销售图表，以确认大部分的业绩来自哪些客户。他发现，80%的业绩来自20%的客户，同时不管客户的购买量大小，他花在每个客户身上的时间都是一样的。于是，穆尔的下一步就是将其中购买量最小的36个客户排除，然后全力服务其余20%的客户。

结果如何呢？第一年，他就实现了月收入1000美元的目标，第二年便轻易地超越了这个目标，而成为美国西海岸数一数二的油漆制造商，最后还当了凯利穆尔油漆公司的董事长。

案例分析：这个故事除了告诉我们树立正确的目标的重要性，还体现了帕累托法则定律（也称80/20定律）：总结果的80%是由总消耗时间中的20%所形成的。按事情的“重要程度”编排行事优先次序的准则是建立在“重要的少数与琐碎的多数的原理的基础上的”。举例说明：80%的销售额源自20%的客户；80%的电话来自20%的朋友；80%的总产量来自20%的产品；80%的财富集中在20%的人手中。

80/20定律的一个重要启示便是：避免将时间花在琐碎的多数问题上，因为就算你花了80%的时间，你也只能取得20%的成效。所以，你应该将时间花在重要的少数事情上，因为掌握了这些重要的少数事情，你只需花20%的时间，就可取得80%的成效。

掌握重点可以让你的工作计划不致偏差。一旦某项工作计划存在危机，犯错的概率就会增加。人们很容易陷在日常琐碎的事情处理中；但是有效进行时间管理的人，总是确保最关键的20%的活动具有最高的优先级。

【思政案例】

【案例6-9】著名的诺贝尔奖获得者屠呦呦，就是因为有着坚定的理想信念，才能被世界所瞩目。屠呦呦专心做科研，牢记医者的初心，历经数百次试验，研究两千味中药，率先发现新型抗疟有效单体——青蒿素，并开创性地研发了青蒿素类抗疟药物。青蒿素类的复方药物是世界卫生组织推荐的抗疟一线用药，挽救了全球数百万人的生命。

屠呦呦克服种种障碍，无惧年龄，无惧条件的艰苦，无惧挫折与失败，在不断地坚定信念中一次次努力，在科研界努力钻研，终于获得了成功，造福人类。正是这种坚定的理想信念支撑着她以顽强的毅力把疟疾踩在脚下，最终获得诺贝尔奖。

实施或预期成效：同学们通过学习屠呦呦的事迹，时刻要告诫自己，作为当代的一名大学生，只要有坚定的理想信念，在顺境中不断奋勇前进，在逆境中能够迎难而上，才会实现自己的人生价值，为实现中国梦贡献自己的力量。

思考题

1. 什么是职业理想与理想职业？
2. 如何正确规划与管理自己的职业生涯？
3. 人际关系处理技巧有哪些？
4. 如何高效管理时间？

模块七　铁路员工职业化能力

学习目标

【知识目标】

1. 了解什么是学习力以及学习力三要素；
2. 探索如何提高学习力；
3. 了解什么是思想力以及如何提升铁路员工思想力；
4. 了解执行力的内涵，探索如何提高执行力；
5. 了解沟通的含义以及三大要素；
6. 掌握如何提高沟通效率；
7. 掌握团队合作及其重要性。

【能力目标】

1. 能够掌握提高学习力的方法；
2. 能够掌握提升思想力的方法；
3. 能够进行高效沟通。

【素质目标】

培养学生协作、团结、尊重的品德修养。

建议学时：4 学时

理论知识

职业化能力是企业职工自身综合知识的获取能力，要求工作者在适应工作岗位的同时不断获取新知识。职业化必备能力主要有：学习力、思想力、执行力、沟通协调力、解决问题能力、团队合作能力等。

单元一　学　习　力

一、学习力的概念

学习力是一个人或一个企业、一个组织学习的动力、毅力和能力的综合体现，是把知识资源转化为知识资本的能力。

个人的学习力，不仅包含他的知识总量，即个人学习内容的宽广程度和组织与个人的开放程度；也包含他的知识质量，即学习者的综合素质、学习效率和学习品质；还包含他的学习流量，即学习的速度及吸纳和扩充知识的能力。更重要的是他的知识增量，即学习成果的创新程度以及学习者把知识转化为价值的程度。

组织学习力是人们创新能力的集中体现，能直接转化为创新成果。它倡导团队学习比个人学习更重要。团队具有整体搭配的学习能力，团队内信息和知识实现自由流动，高度共享，团队学习既是团队成员相互沟通和交流思想的过程，也是团队成员寻求共识和统一行动的过程，从而也是产生团队的“创造性张力”的过程。

二、学习力的三要素

学习力是由三个要素组成的（图 7-1）。这三个要素分别是学习的动力、学习的毅力和学习的能力。学习的动力体现了学习的目标,学习的毅力反映了学习者的意志,学习的能力则来源于学习者掌握的知识及其在实践中的应用。

一个人、一个组织是否具有很强的学习力,完全取决于这个人、这个组织是否有明确的奋斗目标、坚强的意志和丰富的理论知识以及大量的实践经验。

学习力模型图(图7-2)揭示了学习力和其三要素的内在联系。这个模型告诉我们,学习力是其三个要素的交集,只有同时具备了三要素,才能具有真正的学习力。当你有了努力的目标,你只是具备了“应学”的动力;当你具备了丰富的理论和实践经验,你仅仅具有了“能学”的力量;当你学习的意志很坚定的时候,你不过是有了能学的可能性。只有将三者合而为一、集于一身,你才真正拥有学习力,学习力是本质的竞争力。

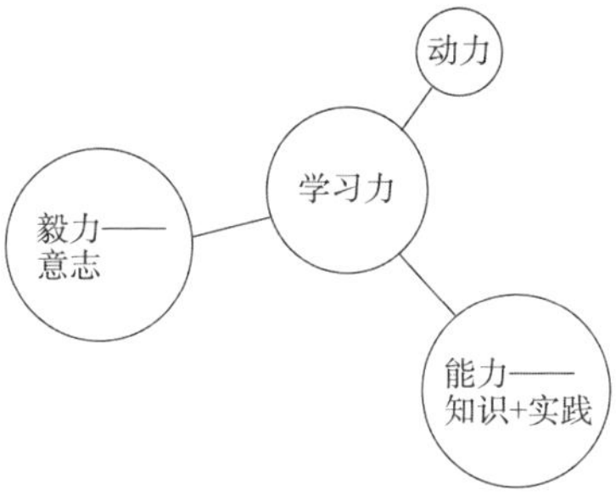

图7-1　学习力的三个要素

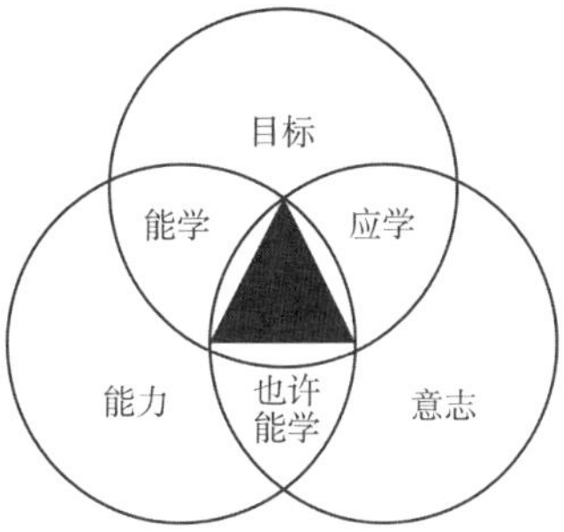

图7-2　学习力模型图

当今世界处在一个充满竞争的时代。在20世纪60年代,被《财富》杂志列为世界500强的大公司,堪称全球竞争力最强的企业。然而,1970年的500强到20世纪80年代三分之一时已销声匿迹,到20世纪末更是所剩无几。这不仅反映了风起云涌的新科技革命和新经济的产生迅速切换或淘汰传统产业的大趋势,也反映出这些企业不善于与时俱进,跟不上时代的节拍而被时代抛弃的必然性。实践证明,企业凡通过自我超越、心智模式、团体学习等进行学习修炼,都能在原有基础上重焕活力,再铸辉煌。

三、学习力的三大内容

心理学上,学习力包括注意力、记忆力与思维力。基于学习力在现今和未来所占的重要地位,首先,我们必须进行自我认知。我们的学习力正在下降当中,注意力、记忆力和思维力一天天地模糊,这些现象,我们可以从职业生涯的发展看出端倪。一般而言,同一个企业里不同员工工资的高低往往是衡量个人对企业贡献的价值指标,包含能力、专长、学识等,所以要超越职场上的竞争对手,只能从学习力上下功夫,站对位置、瞄对方向以及学对东西,让自己成为一位具有竞争力的员工。

以下将针对学习力的三大内容,即注意力、记忆力和思维力,分别阐述“如何改善和提高学习力”。

1.学习源于注意力

人们花在某些地方的注意力,无法同时被分配到其他方面,也就无法特别注意某些重要的信息,仔细思索所有信息的含义。如果人们经常遇到注意力匮乏的情况,或是已经长期处于这种状态,最终必定会产生严重的心理失衡状态。这种力不从心的失衡状态让人们喘不过气,对人们的工作与学习造成冲击。所以,从知识学习的角度来看,必定先从吸引人们的注意力开始获取信息，筛选可用的加以分类储存，通过记忆及理解后，运用思维付诸行动，不断积累经验而产生知识的价值。

2. 学习持续于记忆力

从现代医学的观点可以知道，大脑是由将近1000亿个神经细胞集结而成的，那么它有多大的储存容量呢？如果以一份大约40万字的报纸来看，大概可以把700年的报纸内容装进去。但是，大脑擅长遗忘多于记忆。俗话说，“左耳进，右耳出”。这句话有一定道理，专家研究指出，如果要毫无遗漏地把所有信息全部记下，大概5分钟大脑就会达到极限，信息大都在没有记忆下来的情况下便被删去。此外，如果承受的压力上升，会造成皮质类固醇也跟着上升，此时我们的记忆力就会下降。记忆力与遗传有关，但更主要的是取决于后天的努力，要加强学习效果，就要增强记忆力。

3. 学习的关键是思维力

所谓思维，简单地说就是思考，是人的大脑对客观事物的认识过程，包括对客观事物的感性认知与理性认知阶段。通过运用思维，人们才能从客观事物中获取大量的相关信息，再经过分析、综合，来深刻理解事物的本质。因此思维力就是一个人进行思维的能力，也是人类成长过程中必须培养与具备的智力素质之一。其一方面将内在知识含量外化为行动；另一方面，将外界的新知识和新能力内化到头脑当中，使人们的内在素质不断提高。思维分成两种方法：一种称为分析型“垂直思维”，即运用逻辑传统的思维方法进行思维；另一种称为启发型的“水平思维”，它是打乱原本的思维顺序，从另一个角度来获得答案。

四、个人的学习与发展

1. 个人生涯发展与终身学习的历程

当学习力再度被我们从流失的边缘挽救回来，再来谈学习什么内容已不是一件力不从心的事，凭着兴趣的培养和个人的天赋特质；选择学习的内容不外乎以提高价值为主要目的。以下通过生涯发展与终身学习的历程图(图7-3)，来说明个人的学习与发展。

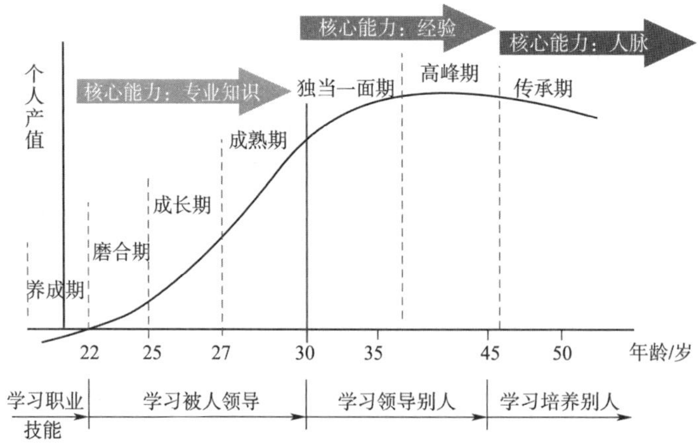

图7-3　生涯发展与终身学习的历程图

由图7-3我们可以看到，大致以30岁为一个生涯的分界点。30岁之前，处于恋爱阶段，必须多看多听，多学多积累，学习重点在强化专业能力；30岁之后，进入成家立业的阶段，必须秉持永续经营的原则，在学习上要强化管理能力。该历程图把职业生涯划分为七个阶段：

养成期：22岁之前，大部分在求学阶段，此时的学习重点应当放在职业技能的学习上，处于负价值的状态,必须持续投入到基础知识与技能的学习上。

磨合期、成长期到成熟期:22 岁至 30 岁,在职场中由新手逐渐变为老手,此时的学习重点放在学习被人领导,以专业知识为核心能力,在实战中不断积累经验,不断成长,个人价值处于高速增长状态。

独当一面期到高峰期:30 岁至 45 岁,在生活和工作上已经不需面对生存的压力,但是背负的责任也越来越重大,学习的重点在于决策与领导别人,以经验为核心能力,而个人的价值将随着带领团队而逐渐转移为团队价值。

传承期:45 岁之后,积累了足够的经验与智慧,在工作中扮演的角色已由阵前的指挥官转变为向下传承的教官或导师角色,选择与培养接班人选,成为工作上的主要责任。因此学习的重点在于培养他人,此时的核心能力为丰沛的人脉关系,并可通过关系网络的优势,寻找个人持续发展的契机。

2. 知识内容的类型

从图 7-3 中可以看出,职业技能与基础知识就是对各专属领域信息进行训练及经验传承,以协助任务执行、管理决策及解决问题的生存性知识。在学校学习的是系统性知识,包括案例、规则和模型三种形式。工作之后,学习的是专业知识和人际方面的技能。此外,还需要有能力解释归纳它们的知识成果并且作出推论,进而发展出新的推论和架构之后能传授他们的知识经验给其他人。学习到了最高的知识层级,就是能力(如组织能制造产品的一系列过程,甚至提高服务的绩效都属能力的范畴)。能力的养成需要团队及个人能力的整合与协调合作。

(1)按照经济性分类

按照经济合作发展组织(OECD)的定义,依经济性把知识分成四类:

①Know-what(知事),即关于事实认知的知识。例如,律师、医师、会计师在专业领域的知识,Know-what 与一般称为信息的意义接近。

②Know-why(知因),即关于科学原理以及自然规律的知识。例如,研究实验室所产生的新技术与创新应用知识,这类知识是产业进步与创新发展的最重要基础。

③Know-how(技能),即从事业务的技巧、秘诀、窍门与能力,专业技术工作者或知识工作者所必需的专业能力与知识。

④Know-who(知人),即哪些人有特殊专长的知识及特殊社会人脉关系,人才与技能数据库在未来日益重要,可充分运用组织内外的专家与专长知识。

(2)按照性质分类

①目标设定或理想化的知识(Knowledge-why):利用知识找到那些可能实现的目标和价值。

②系统化的知识(Knowledge-what):利用知识去深度分析问题,并且提出新的方法和选择。

③程序化的知识(Knowledge-how):决策以及事实性的知识。

④自动化的知识:将任务自动执行,不加入人类意识的因素。

(3)按照形式分类

①隐性知识:无法用文字描述的经验式知识,不容易文件化与标准化的独特性知识,以及必须经由人际互动才能产生共识的组织知识,可重复使用的机会较少,通常应用在附加价值较高的作业活动之上。例如,员工本身所具备的知识,包括个人能力、记忆、技能、经验等。

②显性知识:是指可以文件化、标准化、系统化的知识,因此显性的知识可以从知识库中直接复制并进行独立的学习。广泛适用性、能够被重复使用以及与人分离是显性知识的特点,因此使用显性知识,不需与知识的创造者接触,就可以产生知识转移的学习效果。

与企业相关的显性知识来源存在于企业的内部和外部。内部知识的来源包括:手册简介、表格、备忘录调查报告、组织图、评价系统、程序图及其他形式的文件等。外部知识的来源则包括:图书、期刊学刊、财务金融与新闻报道研究新知和产业分析等。而更广义的外部知识来源包括:互联网、学术界、会议、趋势分析预测专家、环境扫描、顾问、标杆与最佳实践等。如果是非正式化的知识,来源包括现在与先前的职工客户、供货商、各种利益团体、政府、产业界与学术界。广义的非正式来源包括:沟通系统领导人与合伙人可观察到的行为以及众所周知但没有书面记录的政策与奖励制度等。非正式化知识最好能将其转换为正式化知识,否则容易丧失。

所以,在学习知识的过程中,必须清楚地知道知识来源于何处,存在于何处,才能善于使用学习能力快速精确地获取知识。

单元二 思 想 力

一、思想力的概念

思想力是指思想的深度和力度,也就是创造性地思考和解决问题的能力,它是创新力的实质和根本。思想力必须能够抗打击,坚定地执行自己的意志。执行力是第一要素。很多时候,成功并不需要深奥的理论或者精密的实验,其实哪怕只是生活中很小的一件事,也能触动你发明创造的那根神经,如发现某种产品的缺陷,注意某种需求,等等。

二、思想力的作用

思想力是一把双刃剑。是战略重要,还是执行重要,一直是人们不断争论的话题。其实,一个糟糕的战略被强有力地执行了,并不比一个好的战略被缓慢地执行好到哪里去。其中,最重要的是思想力。笔者认为,执行力来源于思想力,而思想力无疑也作用于执行力,指导着执行力,决定着执行力的大小和方向。

三、提升员工思想力的意义

当今,企业内有正确思想力的员工会受到欢迎,因为他们遇到问题,不是袖手旁观,把问题当成借口,而是将其看作一种挑战,积极主动地想办法解决,而企业需要的就是能为组织解决难题的人。有很多本身具备不错的智力条件的员工之所以不能在职场上有所发展,原因就是他们没有把自己所具备的智力潜能转化为能够解决问题的思想力。

四、提升员工思想力的方法

思想力是基础,执行力是归宿,没有好的思想力就没有好的执行力。具体到铁路公司,在着手解决思想力问题的过程中,主要需做好以下四个方面的工作:

1. 在铁路公司内部大力倡导建立学习型组织

通过学习,领导层更能高瞻远瞩地制定战略规划思想体系、管理模式和管理制度等,使其更加切合企业实际;企业员工的整体素质可以得到进一步提升，对领导层的决策和意图能够更准确地把握和理解,执行过程中就不会走样。

2. 使铁路公司的核心理念进一步深入人心

铁路公司不断地宣传做大做强铁路公司的目的是整体员工的利益,是让员工活得更幸福、更有尊严,从而在思想上形成高度的一致性。

3. 让员工学会正确处理时间、空间、人与人之间的关系

在时间上避免拖拉,讲究高效,树立起时间就是金钱的观念;在空间上找准定位,学会协调,坚持原则,又要相互帮助、和谐相处,形成一个强有力的团队。

4. 进一步加强干部队伍思想建设

积极开展"自责"和从自身做起,树标杆、当榜样活动,为提升思想力和执行力创造一个良好的环境。

单元三　执　行　力

一、执行力的内涵

执行是按质按量地完成任务,实现既定目标的具体过程。执行力就是完成执行的能力和手段,它是贯彻战略意图,完成预定目标的操作能力。不是简单的战术,而是一套通过提出问题、分析问题,采取行动的方式来实现目标的系统流程,故执行力是一种行为过程而不是结果,但执行力的力度决定结果。企业都会制订战略、制度、计划,但如果缺乏执行力,再漂亮的战略、再科学的制度和计划也会落空。所以说执行力不是力量,其重在行动、重在快速、重在到位、重在跟踪、重在落实、重在到底、重在持续。执行力是每位职业化员工及企业必备的发展和竞争能力。

执行力是企业竞争力的核心,是把企业战略、规划转化成为效益成果的关键。一个企业是一个组织,一个完整的机体,企业的执行力也应该是一个系统组织和团队的执行力。执行力是企业管理成败的关键。铁路公司要解决管理中存在的问题,就必须在员工中打造一流的执行力。一个执行力强的企业,必然有一支高素质的员工队伍,而具有高素质员工队伍的企业,必定是充满希望的企业。

二、职业人执行力的内容和要求

根据主体不同,执行力可以分为企业执行力和个人执行力。就职业人而言,可以认为,职业人个人执行力就是职业人独自或者带领下属有效运用可控资源、保质保量完成工作和任务的能力。

执行力是针对角色来讲的,不同层级的职业人在组织中都要具备执行力,企业的高层职业人应成为高层执行者,中级职业人应成为中层执行者,基层职业人则应成为基层执行者,而基层职业人尤其要具备出色地完成任务的能力,即执行力。那么,职业人的执行力有哪些内容和要求呢?

1. 职业人执行力的内容

职业人执行力的内容包括多个方面,主要如下:

(1)领会与设计能力。执行始于委派,首先要明确需要完成的任务和完成任务所必需的

条件。其次是对任务进行分解和设计，以制定完成任务的路线图。要有将模糊、笼统的期望转化成清晰、具体目标的能力。最后是组成任务团队，为每一项任务找到合适的负责人。

(2)按原则办事的能力。按原则办事，主要发生在授权和监督过程中。首先，要具备有效的智慧和命令的能力，在授权时，要明确任务内容、任务背景以及完成任务的标准，既要给予权利和支持，又要对方作出承诺；其次，要尊重公开承诺，培养责任感；再次，要有严格的计划时间表、预算和控制体系；最后，要能适时进行监督，监督内容主要针对的是绩效表现，关键点在于监测工具和手段的运用。

(3)处理棘手问题的能力。职业人在生产和服务的工作活动中，常会碰到紧急、棘手问题，这需要具备克服和应对各种障碍、赢得支持的能力。要杜绝延误，具备保持主动性的能力。

(4)学习能力。受认知能力的影响，任务的领会和设计不是一次就能完成的，需要不断在实践中总结，学习经验。另外，与不同的员工沟通和交流监督的方法等都需要不断地学习。学习能力不仅是执行力提高的保证，也是执行力的内容。

2. 职业人执行力的要求

衡量一个职业人是否具备出色的执行力，主要看他是否能够做到以下几个方面：

(1)了解自己所在的企业上级领导和员工。必须用一种客观的态度来看待企业和他人，将自己所在的企业与其他企业进行比较的时候，要非常清楚地了解企业当前所发生的一切，同时还要放开眼界，在衡量自己进步的时候，把眼光放在与其他企业的对比之上，而不是仅仅局限于本企业内部。

(2)确立明确的目标和实现目标的先后顺序。职业人要关注那些重要而明确的目标，只有目标明确，才有前进的动力和方向。如果没有事先设定清晰的目标顺序，在完成任务时很可能陷入迷茫。

(3)建立及时跟进机制，确保自己和同事能够意识并切实完成自己的任务。因为“人们所做的并非你所期望的，而是你所要检查的”。

(4)对执行者进行奖励。职业人应该做到奖罚分明，并把这种精神传达到整个组织或团队当中，确保自己和他人都清楚地知道：得到的奖励和尊重完全建立在工作业绩之上。

(5)提高能力和素质。作为职业人，其工作与学习是密不可分的，这需要与他人共享知识和经验，对管理者来说更是如此。管理者需要指导和培训下属，通过这种方式来不断提高团队中个人和集体的能力。

(6)了解自己，认识自我。职业人必须具备坚韧的性格，只有这样，才能真实地面对自己，真实地面对自己的业务和组织现实。只有对自己和他人作出正确的评价，才能容忍与自己相左的观点，才能建立起执行型文化。

三、企业执行力的关键

1. 沟通是前提

这里有一个概念，即 SMART 原则：

Specific——目标必须是具体的；

Measurable——目标必须是可以衡量的；

Attainable——目标必须是可以达到的；

Relevant——目标必须和其他目标具有相关性；

Time-based——目标必须具有明确的截止期限。

有好的理解力，才会有好的执行力。好的沟通是成功的一半。通过沟通，群策群力、集思广益，可以在执行中分清战略的条条框框，适合的才是最好的。通过自上而下的合力，才能使执行力更强。

2. 协调是手段

协调内部资源往往是企业协调的主要工作。好的执行往往需要一个企业至少80%的资源投入，而那些执行效率不高的企业资源投入可能不到20%，中间的60%就是差距。一块石头在平地上只是一个死物，而从悬崖上掉下时，可以爆发出强大的能力。这就是集中势能，把资源协调到所要实现的战略上，从上到下一个方向，便能收到事半功倍的效果。

3. 反馈是保障

执行的结果需要经过反馈来得知，其主要包括市场的被动反馈和市场主动调研。反馈得来的效用可以用具体而细致的数据来展示，如铁路系统可靠性指标等。

4. 责任是关键

企业的战略应通过绩效考核来实现，而不仅仅是从单纯的道德上来约束。从客观上形成一种阳光下进行的奖惩制度，才不会使执行做无用功。人力资源（HR）中目标协议书利用关键绩效指标（KPI）来管理执行力。该绩效指标以法律为依据，明确当事人责任。从主要业绩、行为态度、能力等主客观方面来评价个体执行能力。

5. 决心是基石

狐疑犹豫，终必有悔；顾小忘大，后必有害！成功就像一扇门，如果我们已经找到“战略”这把合适的钥匙，那么现在需要的只是我们把钥匙插进去并朝正确的方向旋转，把门打开。

四、提高执行力的方法

1. 你好我好大家好——三赢法则

有一个游戏，说的是每个学员和身边的伙伴比手劲，赢者可获一枚钱币，许多人都使劲把别人扳倒，于是赢的机会很少。高明的人会不使劲让对手赢，那么对手也让自己赢，这样双方都能获得更多钱币。这个游戏告诉我们，当你让别人好时，才会让自己更好。

2. 高效执行，从尽职尽责开始

德国全社会都把遵守规则看成很平常的事情。在一个企业中，创造一种被大家共同认可的主流价值是非常重要的，这就是企业的执行理念和执行文化。在铁路行业中，执行力是铁路安全运营的强力保证。规章制度、安全生产的执行是非常重要的，管理层的各种精神传达与中下级的认真执行是一个相互依赖的整体。管理者高瞻远瞩、全面谋划、通盘考虑，执行者领会通透、精心实施，所有这些都是执行力的展现。

3. 绝不拖延，马上行动

执行最大的窃贼是拖延。很多事情没有做好，大部分原因是拖延。当你想拖延时总是找很多理由，如等有足够的压力才能干得更好，不到最后期限灵感激发不出来等。

仔细思考一下，拖延的事情迟早要做，为什么要等一下再做？现在就做，等一下可以休息，有什么不好？现在休息，也许待会儿要付出更大的代价。

杜绝拖延的最好办法是：立即行动，做自己不敢做的事，强化奖励与处罚手段，把要做的事记下来提醒自己，想到就做。马上行动就是“今天的事今天毕”，此时的事绝不留到彼时。

4. 分清轻重缓急，做最有生产力的事。

做最有生产力的事是确保执行效率的前提，企业中什么是最有生产力的事？培养核心竞争力，确保竞争优势；企业文化建设；改进客户关系等，可以说是，也可以说不是，应根据各企业情况确定。唯一决定取舍的标准为：是否给企业带来利润及利润大小，这个参数就是80/20原理。

5. 善于授权，人人参与执行

通用电器总裁CEO杰克·韦尔奇说：“以前在通用，我们通常习惯于告诉别人做些什么甚至怎么做，而对方也照单全收，不多不少。但自从我们授权员工自主管理后却惊讶地发现，他们做了很多主管没叫他们做的事情。授权的作用在于它是一种开发员工潜能的方法，过去改善生产力是管理者的责任，现在变成全体员工的责任，而且企业动作更快，更具有生产力和执行力。”难怪有人说：在企业里，公司付钱购买我的劳动力，其实完全可以使用我的脑，而且不用支付任何工钱。

如果下属提出方案，马上问他问题：“按照你的方法，时间、人员、设备等处理这件事有问题吗？”如果没有问题，让他马上去办。切记，当下属提出方案，主管人员千万别说：好！我同意你的方法，没有问题。这样下属会认为你都认可了，有问题不怪我了。只有当下属自己许诺没有问题了，下属须承担所有责任才授权，同样他会全力以赴地认真完成。

授权时的注意事项如下：

(1)明确工作目的及要求，说明“做什么”而非“怎么做”；

(2)经常定期评估检查；

(3)注重结果，掌控过程；

(4)不能姑息“倒授权”；

(5)你仍然要承担责任。

6. 自动自发

一个人会做是远远不够的，除了会做，还要愿意做，有工作的意愿(动机)，即要自动自发。所谓自动自发，不是一个口号、一个动作，而是要充分发挥人的主观能动性与责任性，在接受工作后想尽一切办法把工作做好。“自动自发”就是一种可以帮助你扫平挫折的积极向上的人生态度。自动自发就是没有人要求你、勉强你，自觉而出色地做好自己的事情，做到对工作勤奋、对公司敬业、对老板忠诚、对自己自信。

7. 认真做事，不找借口

无论做什么事情，都要牢记自己的责任，无论在什么样的工作岗位，都要对自己的工作负责。成功者不善于也不需要编制任何借口，因为他们能为自己的行为和目标负责，也能享受自己努力工作的成果。缺少机会，则往往是不愿意付出努力工作的人用来原谅自己的借口。

在极平凡的职业中、极普通的岗位上，也时常蕴藏着巨大的机会。只要调动自己全部的智力，全力以赴，就能发现机遇，推开通往成功的大门。

工作就是我们生命的舞台，我们要像珍惜生命一样珍惜自己的工作。这样我们才会把工作做得最好，获得人生的最高成就。

单元四　沟通协调力

一、高效沟通概述

从出生到成长,我们无时无刻不在和他人进行着沟通。那么沟通是什么? 沟通是为了一个设定的目标,把信息、思想和情感在个人或群体间传递,并达成共同协议的过程。

1. 沟通的三大要素

(1)有一个明确的目标

只有有明确的目标才叫沟通。如果没有目标,那就不是沟通,是什么呢? 是闲聊。而人们以前常常没有区分出闲聊和沟通的差异,经常有同事或经理会说:某某,咱们出去随便沟通。随便沟通,本身就是矛盾。沟通就要有一个明确的目标,这是沟通最重要的前提。所以理解了这个内容之后,你在和别人沟通的时候,见面的第一句话应该说:"这次我找你是为了……"沟通时第一句话要说出你的目的,这是非常重要的,也是你的沟通技巧在行为上的一个表现。

(2)达成共同的协议

沟通结束以后一定要形成一个双方或者多方都共同承认的一个协议,只有形成了这个协议才叫完成了一次沟通。如果没有达成协议,那么这次就不能称为沟通。沟通是否结束的标志就是,是否达成了一个协议。实际工作过程中,人们往往一起沟通,但是最后没有形成一个明确的协议,就各自去工作了。由于对沟通的内容理解不同,又没有达成协议,最终造成工作效率低下,双方又增添了很多矛盾。因此,当你和别人沟通结束的时候,一定要用这样的话来总结:非常感谢你,通过刚才的交流我们现在达成这样的协议……你看是这样的一个协议吗? 沟通技巧的一个非常重要的体现,就是在沟通结束的时候一定要有人来做总结。

(3)沟通信息、思想和情感

沟通的内容不仅仅是信息,还包括更加重要的思想和情感。那么信息、思想和情感哪一个更容易沟通呢? 是信息。例如,今天几点钟起床? 现在是几点了? 几点钟开会? 往前走多少米?

这样的信息是非常容易沟通的,而思想和情感是不太容易沟通的。在人们工作过程中,有很多障碍使思想和情感无法得到一个很好的沟通。事实上,在沟通过程中,传递更多的是彼此之间的思想,而信息的内容并不是主要的内容。

2. 沟通的方式

在工作和生活中,人们会采用不同的沟通方式。归纳起来,沟通方式有两种,即语言的沟通和肢体语言的沟通。通过这两种不同方式的沟通,可以把沟通的三个内容,即信息、思想和情感传递给对方,并达成协议。

(1)语言的沟通

语言是人类特有的一种非常好的、有效的沟通方式。语言的沟通包括口头语言、书面语言、图片或者图形。口头语言包括我们面对面的谈话、会议等。书面语言包括我们的信函、广告和传真,甚至现在常用的 E-mail 等。图片包括一些幻灯片和电影等。

在沟通过程中,语言沟通对于信息、思想和情感的传递而言,更善于传递的是信息。语言的沟通渠道如表 7-1 所示。

语言的沟通渠道 表 7-1

语言的沟通渠道	书　面	图　片
模式 一对一(面对面) 小组会议 讲话 电影 电视、录像 电话(一对一、联网) 无线电 录像会议	信件 用户电报 发行量大(小)的出版物 传真 广告 计算机 报表 电子邮件	幻灯片 电影 电视、录像 投影 照片、图表、曲线图、画片 与书面模式相关的媒介定量数据

(2)肢体语言的沟通

肢体语言包含的信息非常丰富,包括我们的动作、表情、眼神等。实际上,人们的声音里也包含着非常丰富的肢体语言,人们在说每一句话的时候,用什么样的音色去说,用什么样的语调去说等,都是肢体语言的一部分。肢体语言的沟通渠道如表 7-2 所示。

肢体语言的沟通渠道 表 7-2

肢体语言表述	行 为 含 义
手势	柔和的手势表示友好、商量,强硬的手势意味着:“我是对的,你必须听我的”
脸部表情	微笑表示友善礼貌,皱眉表示怀疑和不满意
眼神	盯着意味着不礼貌,但也可能表示兴趣,寻求支持
姿态	双臂环抱表示防御,开会时独坐一隅意味着傲慢或不感兴趣
声音	演说时抑扬顿挫表明热情,突然停顿是为了造成悬念,吸引注意力

语言更善于沟通的是信息,肢体语言更善于沟通的是人与人之间的思想和情感。

3. 沟通的双向性

人们在工作和生活的过程中,常把单向的通知当成沟通,即你在与别人沟通的过程中,通常是一方说而另一方听,这样的效果非常不好。换句话说,只有双向的交流才叫沟通。任何单向的交流都不叫沟通。因此沟通的另外一个非常重要的特征是:沟通是一个双向交流的过程。

4. 沟通的三个行为:说、听、问

要形成双向的沟通,必须包含三个行为,即说的行为、听的行为和问的行为。一个有效的沟通技巧就是由这三种行为组成的。换句话说,考核个人是否具备沟通技巧,要看他这三种行为是否都出现,这三者之间的比例是否协调。如果具备了这些,将是一个良好的沟通。

二、高效沟通的三个原则

1. 谈论行为不谈论个性

谈论行为就是讨论一个人所做的某一件事情或者说的某一句话。个性就是对某一个人品性的评价,即通常说的这个人是好人还是坏人。在工作中,有些职场人士在沟通的时候严格遵循了这个原则,就事论事地和你沟通,虽显得有一丝冷淡,但其实这恰恰是专业沟通的表现。员工们经常在私下里议论:某某同事非常热情、某某同事非常冷淡或者某某同事非常大方等,这都不是在沟通中要谈论的。

2. 要明确沟通

明确就是在沟通的过程中,你说的话一定要非常明确,让对方有一个准确的理解。在沟通过程中有人经常会说一些模棱两可的话,如经理拍着你的肩膀说:“某某,你今年的成绩非常好,工作非常努力。”好像是在表扬你,但是接下去他又说:“希望你明年更加努力。”这句话好像又在鞭策你,说你不够努力。这就使人不太明白,经理传达的到底是什么意思呢?所以,沟通一定要明确,努力了就是努力了,缺乏努力就是缺乏努力。

3. 积极聆听

本部分内容在“四、沟通技巧”部分将详细讲述,此处不再赘述。

三、完整的沟通过程

沟通的过程是一个完整的双向沟通的过程(图7-4);发送者要把想表达的信息、思想和情感,通过语言发送给接收者。当接收者接到信息、思想和情感以后,会提出一些问题,给对方一个反馈,这就形成一个完整的、双向沟通的过程。在发送、接收和反馈的过程中需要注意的问题是:怎样做才能达到最好的沟通效果。

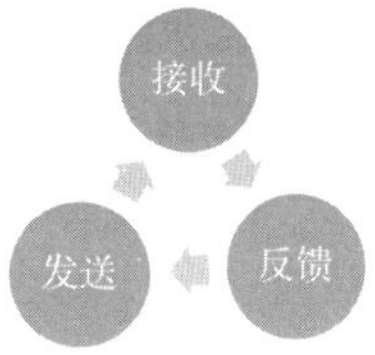

图7-4 沟通的过程

四、沟通技巧

1. 有效发送信息的技巧

在发送信息的时候,需要注意以下几个问题:

(1)选择有效的信息发送方式(How)

在沟通的过程中,为了达到一个良好的沟通效果,首先要选择正确的方法,因为不同方法之间的差距是非常大的。在任何一次沟通的过程中,沟通者都会发送信息、思想和情感。发送方式要根据沟通内容偏重度来选择。例如,你的一份报告传给你的同事或交给你的上级,更多的是一种信息的沟通;在和客户一起沟通的过程中,更重要的是为了增加你和客户之间的感情与信任,这个时候,信息是次要的,情感是主要的。所以说,在选择方法的过程中,首先要考虑到内容本身是以信息为主还是以思想和情感为主,根据这两个不同内容来选择合适的方法。

(2)何时发送信息(When)

在发送信息时要选择合适的时间,充分考虑对方的情绪。

(3)确定信息内容(What)

如前文所述,沟通有两种方式:一种是语言,另一种是肢体语言。在同别人沟通的时候,你所说的话是很重要的,加入相应的肢体语言,所要传递的信息内容会更加确切。只注重语言却不注重肢体语言,沟通效果会非常不好,就像我们每天都会听到很多口号,如欢迎光临,是否能让你真正感觉到欢迎光临呢?很少能感觉到。我们接收到的仅仅是“欢迎光临”这四个字带给我们的信息,喊这句话口号的服务人员的肢体语言并没有传递给我们。所以说,在选择具体内容的时候我们一定要确定说哪些话,用什么样的语气、什么样的动作去表达,这些在沟通中非常重要。

(4)谁该接收信息(Who)

在发送信息的时候还需考虑以下问题:

①谁是你的信息接收对象？

②先获得接收者的注意；

③接收者的观念；

④接收者的需要；

⑤接收者的情绪。

(5)何处发送信息(Where)

发送信息时,还需要考虑在什么环境和场合下发给对方。

在实践中,很多管理者已经越来越认识到:环境对沟通效果的影响非常大。但在我们的工作中,特别是上下级之间的沟通,通常是在上级主管的办公室内进行,在这样的环境中进行沟通往往达不到好的效果。

2. 积极聆听的技巧

发送者发送完信息后,对方就要接收信息,即聆听。发送信息和聆听信息哪一个更重要呢？冷静思考后你会发现,其实在沟通中听比说更重要,平时听别人说了很多的话,却没有认真去聆听对方传递的真实信息,导致沟通失败的例子非常多。所以说聆听是一种重要的非语言性沟通技巧。

(1)聆听的原则

在聆听的过程中,需要注意以下聆听原则:

①聆听者要适应讲话者的风格。每个人发送信息的时候,说话的音量和语速都是不一样的,聆听者要尽可能适应讲话者的风格,尽可能接收讲话者更全面、更准确的信息。

②眼耳并用。聆听不仅要用耳朵听,还应该用眼睛去看。耳朵听到的仅仅是一些信息,而眼睛看到的是他传递给你的更多的一种思想和情感,所以眼耳并用可达到更好地聆听效果。

③首先寻求理解他人的途径,然后再被他人理解。听的过程中一定要注意站在对方的角度去想问题,而不是去评论对方。

④鼓励对方。在听的过程中,看着对方保持目光交流,并且适当地点头示意,表现出在有兴趣地聆听。

(2)有效聆听的四个步骤

①准备聆听。准备聆听就是给讲话者一个已做好准备聆听的信号,给讲话者以充分的注意。

②发出准备聆听的信息。在听之前会和讲话者有一个眼神上的交流,显示你给予发出信息者的充分注意,这就告诉对方:我准备好了,你可以说了。

③采取积极的行动。在听的过程中,可以身体略微地前倾而不是后仰,这是一种积极的姿态,这种姿态表示你愿意去听,努力在听。同时,对方也会有更多的信息发送给你。

④理解对方全部的信息。在沟通的过程中,你没有听清楚或没有理解时,应该及时告诉对方,请对方重复或者是解释,这一点是我们在沟通过程中常犯的错误。所以在沟通时,如果发生这样的情况要及时通知对方。

(3)聆听的五个层次

在聆听的过程中,因为我们每个人的聆听技巧不一样,所以看似普通的聆听又分为五种不同层次的聆听效果。

①听而不闻。你可以从他的肢体语言中看出，他的眼神没有和你交流，他可能会左顾右盼，他的身体也可能会倒向一边。听而不闻，意味着不可能有一个好的沟通结果，当然更不可能达成一个协议。

②假装聆听。在工作中常有假装聆听的现象发生。例如：你和客户交谈的时候，客户有另外一种想法，出于礼貌，他在假装聆听，其实根本没有听进去；上下级在沟通的过程中，下级惧怕上级的权力，所以装作认真倾听的样子，甚至用手托着下巴，实际上是没有听。

③选择性聆听。选择性聆听就是只听一部分内容，倾向于聆听所期望或想听到的内容，这也不是一个好的聆听方式。

④专注地聆听。专注地聆听就是认真地听讲话的内容，同时与自己的亲身经历做比较。

⑤设身处地地聆听。设身处地地聆听就是为了理解对方，站在对方的角度多方着想。如果你的上级和你说话的过程中，他的身体向后仰过去，那就证明他没有认真与你沟通，不愿意与你沟通。当对方和你沟通的过程中，频繁地看表，说明他想快速结束这次沟通，这时你必须去理解对方，这样对方会非常感激你的通情达理，从而为你们的合作奠定基础。

3. 有效反馈的技巧

(1)反馈的含义

反馈就是沟通双方期望得到一种信息的回流。在沟通过程中没有反馈的信息，沟通就不完善，因为信息过去了却没有回来，是一种单向的行为。反馈，就是给对方一个建议，目的是帮助对方把工作做得更好。

(2)反馈的类型

反馈的类型有两种：一种是正面的反馈，另一种是建设性的反馈。正面的反馈就是对对方做得好的事情予以表彰，希望好的行为再次出现；建设性的反馈，就是在别人做得不足的地方，给他一个建议。

4. 有效利用肢体语言进行沟通的技巧

好的第一印象会赢得对方一定的信任，愿意以合作的态度与你沟通。当我们与别人进行沟通的时候，多长时间会形成别人对我们的第一印象呢？科学测试证明，当我们出现在别人面前的时候，7 秒钟就形成了别人对自己的第一印象。所以在沟通过程的前 7 秒钟要给对方留下一个良好的第一印象。

信任是沟通的基础。在平时的工作和生活中，如果双方缺乏信任，那么沟通肯定是无效的、失败的。在工作中与同事接触时，有些人沟通起来非常顺畅，而有些人却很难沟通。一个重要的因素就是你和不同人之间的信任度不一样。下面重点探讨的是在沟通中如何运用你的肢体语言，达到好的沟通效果：

(1)有效沟通的五种态度

每个人在沟通过程中，由于信任的程度不同，所采取的态度也不一样。如果你的态度不端正、不良好，那么沟通的效果肯定是不好的。根据果敢性和合作性的不同，有效沟通的态度可分为五种(图 7-5)。

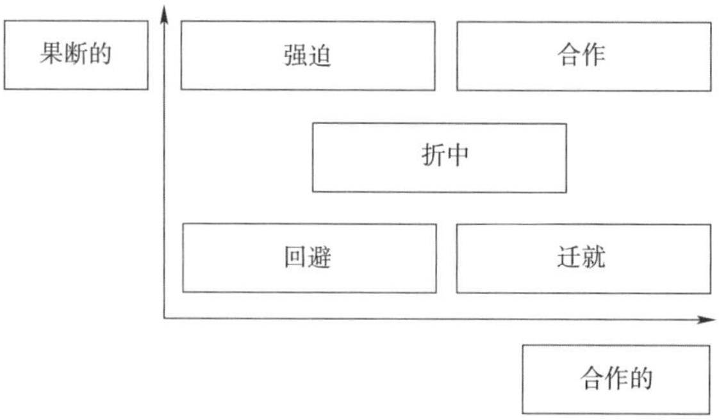

图 7-5　有效沟通的五种态度

①强迫性态度。在工作和生活中,父母对小孩子、上级对下级较易采用强迫态度。在这种强迫的态度下,沟通实际是不容易达成协议的。

②回避性态度。沟通中既不果断地下决定,也不主动合作,这样的态度被称为回避性态度。总是回避,不愿意沟通,不愿意下决定,也得不到一个良好的结果。

③迁就性态度。具有迁就性态度的人虽然果敢性非常弱,但是他同意合作,你说什么他都会表示同意,下级对上级往往采取一种迁就态度。当你与下级沟通的时候要注意:他的态度是否发生了问题,采取的是不是迁就态度。如果是,那么沟通就失去了意义。

④折中性态度。折中性态度果敢性有一些,合作性也有一些。

⑤合作性态度。在沟通过程中,需要有一个正确的态度:既要有一定的果敢性、勇于承担责任,同时又要有合作性,这样的态度才是合作性的态度,才能产生共同的协议。

(2)沟通视窗的运用技巧

肢体语言沟通过程中,一个循环的过程中包括两个非常重要的因素,即说和问的行为。在此介绍一个非常著名的理论,叫"沟通视窗"(图 7-6)。这个视窗说明,说得多或问得多,就会容易让别人对你产生信任。

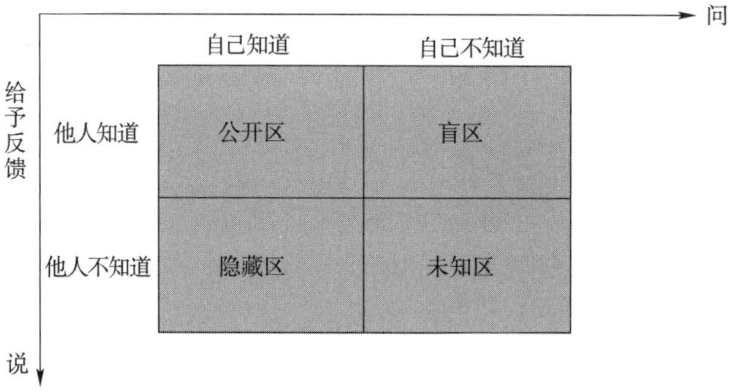

图 7-6　沟通视窗

"沟通视窗"把关于你的所有信息分为四个区间:

①公开区,是自己知道、别人也知道的信息。例如你的家庭情况、姓名、部分经历和爱好等。公开区具有相对性,有些事情对于某些人来说是公开的信息,而对于另一些人来说可能是隐秘的信息。在实际工作中的人际交往中,公共区越多,沟通起来也就越便利,越不易产生误会。

他的信息他知道,别人也知道,这会给人什么样的感觉呢?善于交往的人、非常随和的人。这样的人容易赢得人的信任,容易和他进行合作性的沟通。要想使你的公开区变大,就要多说,多询问,询问别人对你的意见和反馈等。

②盲区,是自己不知道、别人却可能知道的盲点。例如性格上的弱点或者坏的习惯,你的某些处事方式,别人对你的一些感受,等等。反思现代社会,为什么有些地位和权势越高的人,越难听到关于自己的真话?就是因为围绕在这些人周围的大多是一些阿谀奉承的人和话,沟通单向而闭塞。一旦当事人没有博大、开放的胸怀容纳一些敢于对自己讲真话的朋友或善于直言的下属,他的盲区就有可能越来越大。因此,作为党员领导干部,只有不断地缩小自己的盲区,才是走向成功的必由之路。

如果一个人的盲区最大,会是一个什么样的人?是一个不拘小节、夸夸其谈的人。他有很多不足之处,别人看得见,他却看不见。盲区太大的原因就是他说得太多,问得太少,不去询问别人对他的反馈。所以在沟通中,你不仅要多说而且要多问,以避免盲区过大的情况发生。

③隐藏区,是自己知道、别人却可能不知道的秘密。例如你的某些经历、希望、心愿、秘密以及好恶等。一个真诚的人也需要隐藏区,完全没有隐藏区的人是心智不成熟的。但在有效沟通中,适度地打开隐藏区,是提高沟通成功率的一条捷径。

如果一个人的隐藏区最大,说明他是一个内心封闭的人或者说是个很神秘的人。人们对这样的人的信任度是很低的。如果与这样的人沟通,合作的态度就会少一些。因为他很神秘、很封闭,往往会引起人们的防范心理。

④未知区,是自己和别人都不知道的信息。例如某人自己身上隐藏的疾病。未知区是尚待挖掘的黑洞,也许通过某些偶然或必然的机会,得到了别人较为深入的了解,自己对自我的认识也不断地深入,人的某些潜能就会得到较好的发挥。

未知区大的人,不管别人对自己是否了解,也不主动向别人介绍自己。封闭会使他失去很多机会,能够胜任的工作也可能从身边溜走。

单元五 解决问题能力

一、解决问题能力的概念

解决问题是指在问题空间中进行搜索,以便使问题的初始状态达到目标状态的思维过程。解决问题能力就是一种面对问题的习惯和处理问题的能力。这种能力体现在一个人在遇到问题时,能自主、主动地谋求解决问题的途径,能有规划、有方法、有步骤地处理问题,并能适宜、合理、有效地解决问题。

二、解决问题的主要步骤

(1)拟定问题的解决计划

问题的解决计划可以理解为解决问题的总体思路或者总体方案,总体思路包括问题的指向解决的计划等。制定解决问题的计划要坚持如实原则:“解决途径应当是分析性的,或是启发性的,或者二者相结合。首先确定以前的经验、知识和解决方式能被用在当前场合的程度。”分析就是将研究对象的整体分为各个部分、方面、因素和层次,并分别加以考察的认识。分析的意义在于细致地寻找能够解决问题的主线,并以此解决。

在解决问题的过程中,要根据任务需要和个体学习的客观规律,结合问题的实际情况,采用多种思维方式,如发散性思维,达到启发思维并调动个体的主动性和积极性的目的。两者要引发个体对以前是否遇到类似的问题和此类问题解决方法的联想,并对相关内容进行再现。这就需要个体对信息有一定的储备,再根据具体情况进行有效选择。“在问题情境中,总是存在三个基本情境因素,即主体已掌握的信息、掌握过程、要掌握的信息。”这三个基本情境因素往往会影响个体解决问题的程序,影响个体知觉所需的知识和技能。大脑内的和书面的解决问题的计划,是由分析上述各情境因素以后形成的,解决问题计划中可能涉及的几种方法,但是拟定的计划必须确定方法中的优选方案。

(2)提出推测和论证假想

提出推测是在前一个步骤的基础上进行的。个体会根据解决一般问题的经验和现有储备的知识,确定自己行动的先后顺序,在思维中进行必要的加工,模糊地想象问题的解决方式。或者采用直觉思维,通过猜测来达到问题的部分或者完全解决。经过这种尝试、这种思维加工运作,最终产生如何解决问题的想法并作出推测。

要获得推测,可以通过两条途径:一是从已知的理论、观念、原则和准备中引出;二是对工作和生活经验中已知的,或由观察或试验而获取的事实和现象进行必要的归纳而得出。这一过程既是问题性学习的特征,也是一般形态上的科学性研究的特征。这些推测或假设是根据最初的、不确切的概念和观念作出的,因而这些推测或假设有合理的成分,也有不合理的成分,这就需要思维进行下一步活动,即从多种可能推测中选择较为合理的一种假想。例如,是什么力量推动着大洋里的水运动?这个问题,可以有四种推测:①大洋的底部不平,水从浅处往深处流;②大海连接陆地,因而大海高于大洋,故水从大海流向大洋;③流入大海和大洋中的河水引起海洋中水的运动;④风引起海洋中水的运动。经过进一步分析,第①、②、③种推测都不成立,只有第④种推测似乎成立,从而成为假想。可见,不是所有推测都能成为假想,只有经过论证的那个推测才能成为假想。那么下一步的任务就是证明(证实)假想。

(3)证明假想

有这样一个逻辑行为,即在证明某一问题的过程中,某一思想的真理性可以用“实践已证明的另一种思想”来论证,这种逻辑行为就称作证明。同时证明也有其相应的结构:“论题——它的真理性需用别的判断来论证;论据——借助它们来论证论题的真理性;论证过程本身——论据与论题的逻辑联结,即一连串推理,其中一个推论跟另一个推论紧密相连。”这意味着个体要善于分析和把握信息,分清主要成分和次要成分,沿着推理的思路,对目标进行分析论证。在这个过程中,个体的思路要指向分析、比较和结论等方面,利用事实对假想进行论证。

(4)检验问题的解决结果

问题的解决是否有效?这需要检验,也就是说,问题的解决过程通过“检验解决结果是否正确”而告一段落。一般情况下,已解决的问题是否能立即得到检验取决于问题的性质,因为不同问题所需要的时间是不同的。对于即时性问题,可以立即检验,而对于需要时间来检验的问题,判断问题解决的效果是困难的事。不过,对于需要时间验证的“解决问题”,重温和分析解决过程是必要的步骤,它有助于问题未来的真正解决。

(5)重温和分析解决过程

为了进一步解决问题,或者为了牢固掌握问题解决的方法,重温和分析解决过程显得尤为必要。清楚地重温解决过程的步骤和方法,尤其是分析过程中的错误,认清所出现错误和不正确推测及假想的原因,可以帮助个体认知哪些逻辑方式和操作是合理的,哪些是错误的。重温和分析解决过程可以让个体反思:是不是有更为准确的、更为清晰的问题概述方法？有没有更为合理的解决途径？实际上,重温和分析问题解决过程是解决问题的必要步骤,有助于经验的积累,有助于解决问题能力的提高。

总之,解决问题的五个步骤其实就是强调过程的重要性。而在现实问题解决中,这过分依赖上级和同事的指导,对培养自己的问题解决能力是不利的。问题的解决过程,实质是通过解决问题来达到掌握知识、技能的过程,所以职业人需要经常独立自主地解决问题。

单元六　团队合作能力

一、团队的内涵

团队是由员工和管理层组成的一个共同体,该共同体合理利用每一名成员的知识和技能协同工作,解决问题,达到共同的目标(图7-7)。

1. 团队的主要构成要素

(1)目标。团队应该有一个既定的目标,为团队成员导航,使团队成员知道向何处去。没有目标的团队就没有存在的价值。

(2)人。人是构成团队最核心的力量。三个(包含三个)以上的人就可以构成团队。目标是通过人员具体实现的,所以人员的选择是团队中非常重要的一个部分。在一个团队中,可能需要有人出主意,有人定计划,有人实施,有人协调不同的人一起去工作,还有人去监督团队工作的进展,评价团队最终的贡献。不同的人通过分工来共同完成团队的目标,在人员选择方面要考虑人员的能力如何、技能是否互补、人员的经验如何等。

图7-7　团队

(3)定位。团队的定位包含两层含义:一是团队的定位,团队在企业中处于什么位置,由谁选择和决定团队的成员,团队最终应对谁负责,团队采取什么方式激励下属。二是个体的定位,作为成员,在团队中扮演什么角色,是定计划还是具体实施或评估。

(4)权限。团队当中领导人的权利大小跟团队的发展阶段相关。一般来说,团队越成熟,领导者所拥有的权利相应越小;在团队发展的初期阶段,领导权相对比较集中。

(5)计划。计划有两个层面的含义:一是目标最终的实现,需要一系列具体的行动方案,可以把计划理解成目标的具体工作的程序;二是提前按计划进行,可以保证团队的顺利进行。只有在计划的操作下,团队才会一步一步地贴近并最终实现目标。

协作是指劳动协作,许多人在同一生产过程中,或在不同的但相互联系的生产过程中,有计划地协同劳动。在一个企业里,协作是指为实现预期的目标而用来协调员工之间、工作之间以及员工与工作之间关系的一种手段。协作能创造出一种比单个战略业务单元收益更大的收益,即实现协同效应。协作的优点是可以充分有效地利用组织资源,扩大企业经营空间,缩短产品的生产时间,便于集中力量在短时间内完成个人难以完成的任务。

2. 团队的类型

(1)问题解决型团队

问题解决型团队的核心是提高生产质量、提高生产效率、改善企业工作环境等。在这样的团队中,成员几乎没有什么实际权利来根据建议采取行动。

(2)自我管理型团队

企业总是希望能建立独立自主、自我管理的团队。但推行自我管理团队并不总能带来积极的效果,虽然有时员工的满意度随着权力的下放而提升,但同时缺勤率、流动率也在增加。所以首先要看企业目前的成熟度如何,员工的责任感如何,然后再来确定自我管理团队发展的趋势和目标。

(3)多功能型团队

多功能型团队是由来自同等级、不同领域的员工组成成员之间交换信息、激发新的观点、解决所面临的一些问题的团队。

3. 团队目标

(1)团队目标的作用

建立高绩效团队首要的任务就是确立目标,目标是团队存在的基础,也是团队运作的核心动力,是团队决策的前提。团队目标的实现是一个动态执行的过程,领导者需要随时进行决策,没有目标的团队只会走一步看一步,处于投机和侥幸的不确定状态中,风险系数加大,就像汪洋中的一条船,不仅会迷失方向,也很容易触礁。目标是发展团队合作的一面旗帜。团队目标的实现关系全体成员的利益,自然也是鼓舞团队成员斗志、协调团队成员行动的关键因素。

(2)确定团队目标的原则

①了解是谁确定团队的目标。团队目标的确定需要几个方面的成员:首先领导者必须参加;团队的核心成员,也可能是团队的全体成员都要参与。

②团队的目标必须与团队的远景相连接。目标是与远景目标的方向相一致的,它是达成远景目标的一部分,所以目标必须跟团队的远景目标相连接。

③必须发展一套目标运行程序来随时纠偏或修正目标。目标定下来以后,还需要根据监督、检查的情形随时向正确的路上引导。

④实施有效目标的分解。目标来自远景目标,远景目标又来源于组织的大目标,而个人的目标来自团队的目标,它对团队目标起支持性作用。

⑤必须有效地把目标传达给所有的成员和相关的人。相关的人可能是团队外部的成员,如相关的团队、有业务关系的团队,也可能是团队的领导者。

(3)设定目标的窍门

①使用精确的描述性语言。"我们在三天内回答客户的问题",这就是一个精确的描述性语言。

②使用积极的动词,如增加、提升、取得等,不要使用被动词,如了解、熟悉等;因为不同的人对于它们的判断标准是不一样的。

③具体明确,如"人力资源部要求每三天更换一次人头报告",这就是一个具体、明确的说法。

④使用简单而有意义的衡量标准。例如,"团队今年的预算比去年同期减少 15%",这就是个相对比较简单而有意义的衡量标准;不要使用一些模糊的衡量标准,如"把部门的预算控制在去年的水平内"。

为了让目标尽可能符合 SMART 标准,让人感觉是个好目标,必须按照一定的衡量标准来确定。

(4)制定目标的过程中应该避免一些陷阱

①不要定高不可攀的目标。高不可攀的目标将没有办法激励员工的士气,反而会使员工泄气。目标的最佳位置是适当偏高,好的目标就像跳起来能够摘到树上的柿子,努力一把就能够得着。

②不要低估你的团队,也不要低估团队成员的潜力,他们有能力完成得比现在更好。同理,如果目标定位太低,不需要怎么努力就能实现,这也不是一个有挑战性的目标。

③不要使用过多的文字或数字,这让人感觉很难记住。一个好的目标应该简洁可操作,并且需要集中到关键的领域。

④不要保密。目标定出来以后,一定要通过各种渠道,如会议个别沟通、张贴公告等让所有的成员都知道。

二、团队精神

1.团队精神的含义

团队精神有两层含义:一是与别人沟通、交流的能力,二是与人合作的能力。员工个人的工作能力和团队精神对企业而言是同等重要的,如果说个人工作能力是推动企业发展的纵向动力,团队精神则是横向动力。

(1)团队精神的基础——挥洒个性。团队业绩来自哪里?从根本上说,首先来自团队成员个人的成果;其次来自集体成果。团队精神的形成,其基础是尊重个人的爱好,对其特长的培养和肯定,让每一个成员都拥有特长,都表现特长。

(2)团队精神的核心——协同合作。团队的一大特色:团队成员在才能上是互补的。共同完成目标任务,保证充分发挥每个人的特长,并注重流程,使之产生协同效应。

(3)团队精神的最高境界——凝聚力。向心力、凝聚力来自团队成员自觉的内心动力,来自共识的价值观,很难想象在没有展示自我机会的团队里能形成真正的向心力,同样也很难想象,在没有明确的协作意愿和协作方式下能形成真正的凝聚力。

2.团队精神的作用

(1)目标导向功能

团队精神的培养,使企业员工齐心协力,拧成一股绳,朝着一个目标努力,对单个职工来说,团队要达到的目标即是自己所努力的方向,团队整体的目标顺势分解成各个小目标,在每个职工身上得到落实。

(2)凝聚功能

任何组织群体都需要凝聚力。传统的管理方法是通过组织系统自上而下的行政指令,淡化个人感情和社会心理等方面的需求,而团队精神则通过对群体意识的培养,在长期的实践中形成习惯、信仰、动机、兴趣等文化心理,引导人们产生共同的使命感、归属感和认同感,反过来逐渐强化团队精神,产生一种强大的凝聚力。

(3)激励功能

团队精神要靠员工自觉地要求进步,力争向团队中最优秀的员工看齐。通过员工之间正常的竞争可以实现激励功能,而且这种激励不是单纯停留在物质的基础上,而是得到团队的认可,获得团队中其他员工的尊敬。

(4)控制功能

员工的个体行为需要控制,群体行为也需要协调。团队精神所产生的控制功能,是通过团队内部所形成的一种观念的力量氛围的影响，去约束规范控制职工的个体行为。这种控制不是自上而下的硬性强制力量，而是由硬性控制转向软性内化控制，由控制员工行为转向控制员工的意识，由控制职工的短期行为转向对其价值观和长期目标的控制。因此，这种控制更具持久意义，更容易深入人心。

三、团队合作

团队合作是指一群有能力、有信念的人在特定的团队中，为了一个共同的目标而相互支持、合作、奋斗的过程。它可以调动团队成员的所有资源和才智，并且会自动驱除所有不和谐和不公正现象，同时会给予那些诚心、大公无私的奉献者适当的回报。如果团队合作是出于自觉自愿，它必将产生一股强大而持久的力量。

1. 团队合作的四大基础

(1)建立信任

要建设一个具有凝聚力并且高效的团队，第一个且最为重要的步骤就是建立信任。这不是任何种类的信任，而是坚定地以人性脆弱为基础的信任。这意味着一个有凝聚力、高效的团队的成员必须学会自如、迅速、心平气和地承认自己的错误、弱点、失败并求助。他们还要乐于认可别人的长处，即使这些长处超过自己。

(2)团队良性的冲突

团队合作的一大阻碍就是对冲突的畏惧。这来自两个不同方面的担忧：一方面，有些管理者采取各种措施避免团队中的冲突，因为他们担心丧失对团队的控制，以及有些人的自尊心会在冲突过程中受到伤害；另一方面，一些人把冲突当作浪费时间，他们更愿意缩短会议和讨论时间，果断作出自己看来早晚会被采纳的决定，留出更多时间来实施决策，以及实施他们认为的“真正的”工作。

无论是上述哪种情况，管理者们都相信：他们在通过避免破坏性的意见分歧，来巩固自己的团队。其实他们的做法是在扼杀建设性的冲突，久而久之，那些未解决的问题会变得更加棘手，而管理者也会因为这些不断重复发生的问题而越来越恼火。管理者和他的团队需要做的是学会识别虚假的和谐，引导和鼓励适当的、建设性的冲突。这是一个杂乱的、费时的过程，但这是不能避免的。否则，一个团队建立真正的信任就是不可能完成的任务。

(3)坚定不移地付诸行动

要成为一个具有凝聚力的团队，领导必须学会在没有完善的信息、没有统一的意见时作出决策。

如果一个团队没有鼓励建设性的冲突和没有戒备的冲突，就不可能学会决策。这是因为只有当团队成员彼此之间热烈、不设防地争论，直率地说出自己的想法时，领导才可能有信心作出充分体现集体智慧的决策。

(4)无怨无悔，才有彼此负责

卓越的团队，不需要领导提醒，团队成员就会竭尽全力工作，因为他们清楚地知道需要做什么；而不够优秀的团队，一般对于不可接受的行为采取向领导汇报的方式，甚至更恶劣，如在背后说闲话。这些行为不仅破坏团队的士气，而且让那些本来容易解决的问题迟迟得不到解决。

2. 团队合作六项要求

(1)愿意接受并遵守团队决定

作为一个团队人的首要特征就是相信团队所作出的决议有其优点及必要性。也许你不是完全满意每次的团队决议,甚至有时可能觉得自身的权益受损,但是优质的团队人深知,在团体中并不是每一次都能找到完美的解决方案。

因此若要发挥团队的整体力量,一旦作出决议后,每个人就该抛弃个人的主观想法,告诉自己“已经尽力,别太在意”,因而接受并且遵守大家的共识。万一仍有不同观点也应该在下一次团体讨论中提出,试着说服大家,使之成为新的共识,而不是消极抵制或我行我素。

(2)主动表达高度合作意愿

合作,是团队运作的基础。身为优质团队人的你,必定有着与人合作的高度诚意,即使有些时候,自己一个人做事似乎远比跟大家一起做来得有效率,但为了团体的长远利益,你仍会乐意跟大家分享专业知识,并耐心询问每个人是否有其他的看法。

(3)重视其他成员的利益

一个好的团队人之所以能受到大家的喜欢,是因为他拥有良好的同理心。换句话说,他有能力了解并重视每个人的想法及感受。在这方面,一个很漂亮的做法是在讨论中提出自己的建议后,主动问问大家,自己的想法是否会对其他人造成不便。

(4)肯定其他成员的成就

团队动力是需要相互激发的,因此请别忘记对团队中其他成员的杰出表现给予真诚、大方的赞美。适当地称赞,才会发挥真正的激励效果。

(5)提出建设性的批评

在团体中,一不小心就很可能会因为相互批评而扼杀好不容易建立起来的“革命情感”,所以在提出不同意见时应当发挥超高的情商技巧,给予对方建设性的批评。实际的做法是批评对方的做法,而不是对方本身,也就是所谓的“对事不对人”。

(6)主动承担解决问题的责任

真正的团队人绝对不是光说不练的意见发表者,而是一个脚踏实地的实际行动者。有问题,大家坐下来讨论该如何处理,一旦有了结论,优质的团队人就会衡量状况,主动承担责任。

3. 团队合作的三重误区

(1)“冲突”会毁了整个团队

团队的管理者往往会对冲突讳莫如深,他们会采取种种措施避免团队中的冲突,无论这种冲突是良性的还是恶性的。要成为一个高效、统一的团队,领导就必须学会在缺乏足够的信息和统一意见的情况下及时作出决定,果断的决策机制往往是以牺牲民主和不同意见为代价而获得的。对于团队领导而言,最难做到的莫过于避免被团队内部虚伪的和谐气氛所误,导致采取种种措施引导和鼓励适当的有建设性的良性冲突。

(2)“1+1”一定大于或等于“2”

在通常情况下,团队工作的绩效往往大于个人的绩效,但也不是那么绝对,这取决于团队工作的性质;如果团队的任务是要搬运重物,单凭其中一个成员的力量绝对搬不动,必须要两个或两个以上的成员才能够搬动,这时团队的绩效要大于个人绩效,“1+1”的结果会大于或等于2;但如果换成体操比赛中的团体项目,往往会因为某名成员的失误而名落孙山,这时团队的绩效还不如其中优秀成员的个人成绩,“1 + 1”的结果反而会小于“2”。

在团队的组建过程中,管理层会竭力在每个工作岗位上安排最优秀的员工,期望能够通过团队的整合使其实现个人能力简单叠加所无法达到的成就。然而,在实际操作过程中,众多的精英分子共处一个团队之中反而会产生太多的冲突和内耗,“1 + 1”的结果不仅不会大于或等于2,甚至会小于单打独斗。

(3)个性是团队的天敌

每个团队成员都有个性,这是无法改变也无须改变的,而团队的艺术就在于如何发掘组织成员的优缺点,并根据其个性和特长合理安排工作岗位,使其达到互补的效果。

但遗憾的是,多数团队的管理者并不乐于鼓励其成员彰显个性;相反,他们会要求属下削弱自我意识,尽量与团队达成一致,导致个体在适应团队的过程中所丧失的不仅仅是其独立性,同时也失去了创造力,许多天才和有创意的想法就这样被抹杀,而这恰恰是企业是否获得成功的关键所在!

4.团队合作的六个原则

(1)平等友善

与同事相处的第一步便是平等。不管你是资深的老员工还是新进的员工,都需要丢掉不平等的关系,无论是心存自大或心存自卑都是同事相处的大忌。信任是联结同事间友谊的纽带,真诚是同事间相处共事的基础。即使你在各方面都很优秀,即使你认为自己以一个人的力量就能应对眼前的工作,也不要显得太张狂。要知道还有以后,以后你并不一定能完成一切工作,所以应平等友善地对待对方。

(2)善于交流

同在一个公司、办公室里工作,你与同事之间会存在某些差异,知识、能力、经历造成你们在对待和处理工作时,会产生不同的想法。交流是协调的开始,要把自己的想法说出来,同时也倾听对方的想法。

(3)谦虚谨慎

法国哲学家罗西法古曾说过:如果你要得到仇人,就要表现得比你的朋友优越;如果你要得到朋友,就要让你的朋友表现得比你优越。当我们让朋友表现得比自己优越时,他们就会有一种被肯定的感觉;但是当我们表现得比他们优越时,他们就会产生一种自卑感,甚至对我们产生敌视情绪,因为谁都在自觉不自觉地强烈维护自己的尊严和形象。所以,对自己要轻描淡写,要学会谦虚谨慎,只有这样,我们才会永远受到别人的欢迎。

(4)化解矛盾

一般而言,与同事有点小摩擦、小隔阂,是很正常的事。但千万不要把这种小不快演变成大对立,甚至成为敌对关系。对别人的行动和成就表示真正的关心,是一种表达尊重与欣赏的方式,也是化敌为友的纽带。

(5)接受批评

不要与之争论不休,而是从积极方面来理解他的抨击,从批评中寻找积极成分。如果这样对同事,不但对你改正错误有帮助,也避免了敌对场面的出现。

(6)创造能力

培养自己的创造能力,不要安于现状,试着发掘自己的潜力。一个有不凡表现的人,除了能保持与人合作以外,还需要所有人乐意与你合作。总之,作为一名员工,应该以你的思想感情、学识修养、道德品质、处世态度、举止风度,做到坦诚而不轻率,谨慎而不拘泥,和其他同事融洽相处,提高自己所在团队的工作能力。

5. 团队合作的重要性

(1)团队合作的作用

当今社会,随着知识经济时代的到来,各种知识技术不断推陈出新,竞争日趋紧张激烈,社会需求越来越多样化,使人们在工作学习中所面临的情况和环境极其复杂。在很多情况下,单靠个人能力已很难完全处理各种错综复杂的问题,须采取切实高效的行动。所有这些都需要人们组成团体,并要求组织成员之间进一步相互依赖、相互关联、共同合作,建立合作团队来解决错综复杂的问题,并进行必要的行动协调,开发团队应变能力和持续的创新能力,依靠团队合作的力量创造奇迹。

(2)不合作的后果

①如果不合作,自我价值就得不到淋漓尽致的发挥。

当一个人处于不合作的状态时,这个人是不可能融入团队的,也不可能去设身处地为团队,多作付出,多作贡献,在工作中所表现出来的就是明哲保身。不合作的人没有团队意识,眼里只有自己。他们恃才傲物,自命不凡,遇到问题只会抱怨,不思解决。

②如果不合作,将会造成与组织关系的不和谐。

西方的工业文明出现得较早,企业人数不多的时候,经营很顺畅,很赚钱。但是随着规模的壮大,利润却不成正比。西方的企业家们通过拉绳实验的数据深刻地了解到,人是有惰性的,人会不自觉地偷懒。因此雇佣与被雇佣关系的矛盾是:如果雇员已经贡献全力了,老板会很开心;但老板如果知道这个雇员本身很有能力,却不发挥出来,就会与之产生矛盾,继而会造成组织关系不和谐。所以,西方国家的生产线故意分成很多段,这一段由你来做,那一段由他来做,这样就从某种程度上避免了偷懒,也是企业为了规避偷懒所进行的探索。

6. 团队合作方法

(1)植入正确的团队合作观念

一个人要给自己植入正确的团队合作观念,这不是别人能训练的,而是要靠自己训练。有没有这样的观念将会直接影响这个人的行动,团队合作观念深入骨髓时,就会影响行动。

(2)合作需要勇气

合作是智慧,同时也是勇气的一种体现。也就是说,个人敢不敢有团队精神,是一种勇气的体现。人往往做不到的是与不如自己的人合作。

(3)合作需要奉献

为团队付出时间、精力、热情和智慧,有时可能是一种默默的付出,在当时别人不会觉得这个人为团队做出了特别的努力,但是愿意吃亏的人最后得到的也最多。企业表达对一个人的高度信任时,就可能交付给他更富有挑战性的工作。

目前在中国,很多西方的管理观念和做法正慢慢地渗透进来。中国企业的管理者也会这么想:最终能够得到机会的人,是在岗位上有更多付出的人。如果没有奉献的观念,就不可能多付出。所以在看到以前同部门的人得到发展时,不要吃惊,因为这背后是他默默的付出。

(4)合作需要改变

在企业发展初期时,门槛是最低的,能够很轻易地进入企业。当企业处于上升阶段时,出于对人才的需求,会吸收到更优秀的人才加入。当有幸进入这样的企业,并跟随它发展到一个比较壮大的阶段时,企业的发展还需要新员工的加入。这时一部分人的心态就变得复杂了,不愿意让真正有能力的人、能够超过自己的人进入公司,甚至给新员工设置障碍或不配合,让新员工很难融入团队中。

但是,一个人真正的成长是要向前走。与高手对比,才能实现真正意义上的快速成长。这个环境是谁创造的呢?是企业创造的。当比自己优秀的人进入公司时,需要迅速调整自己,配合他的工作。你会发现,他是高手,在他的周围,自己的能力也会相应地提升,当有优秀人才加入时,越快进行改变越能适应新环境的变化,自己才可能水到渠成地成长。否则,在给新员工设置障碍的同时,也阻碍了自己进步的速度。

(5)合作需要爱与被爱

在现实中,人做事有两个层面:第一个层面是在能力层面上做事,当一个人的积极性不高的时候,他只是驾驭了自己的能力,去完成一件事;第二个层面是在潜力层面上做事,当一个人的积极性高的时候,他会上升到潜力层面——过去以自身能力达不到的"高度"。

(6)合作需要忠诚

现在的诱惑确实越来越多。如果一个人在企业中,尤其是发展到一定阶段,成为一个真正意义上的人才的时候,可能来找他的人会很多,这就要做到远离诱惑。当远离诱惑的时候,事实上得到的是更多的机会。经受住了诱惑,会得到被磨炼的机会;经受住了诱惑,会得到被培养的机会;经受住了诱惑,还会得到驾驭资源的机会。

(7)合作需要坚韧

每个人都应该努力承担责任,竭尽全力。一个人能够长期做到勇敢乐观和坚持是不容易的,但这种坚韧的精神是可以被训练出来的。

(8)合作需要沟通

在团队中,需要正面积极地沟通,不要说消极的话。在团队当中,沟通的前提是不要让团队的成员抵触自己。要让自己说的话不受团队其他成员的抵触,就要进行换位思考。这种沟通不仅体现在说话上,还体现在做事情的方式上。

(9)合作需要学习

在团队中,学习是一种能力,是使得团队里的成员进步,并得以成长和成熟的能力,反之则谓之为衰老。每个人都知道学习很重要,但不知道学什么。现在是知识爆炸的年代,未知的领域太多了,不可能什么都要学,所以一定要找到该学的东西,学以致用的东西。今天学的东西,可能会影响明天的结果。所以,学习的时机要把握好。

四、个人如何在团队中生存

让我们通过幸存者游戏中的十条启示来分析个人如何在团队中生存。

(1)在一个团队中,第一批被淘汰的通常是这样一些人:要么是有明显的缺陷,要么是刚开始就成了众人厌恶的说谎者。

(2)在一个团队中,第二批被淘汰的人通常是那些不愿与团队中的成员充分沟通和交流的人,由于大家不知道这些人的想法,所以对与这些"不合群"的人合作没有信心。

完全可以预见的是,如果你的做事能力差,但你愿意和其他团队成员充分沟通,你就有可能在与大家的沟通中"碰撞"出"灵感的火花",从而为整个团队找到"好办法",这样大家就知道你是有用的人,虽然可能做具体事能力不足,但你的地位至少在初期是稳固的。

(3)当不合群的人被淘汰后,接下来就是那些有能力为团队工作而又不肯工作,终日懒散而试图坐享其成的人。

(4)居功自傲、藐视同僚的人将是团队初期的最后一批被淘汰者。这种人认为自己有过出色的成绩,于是藐视同僚,把整个团队的竞赛看成个人英雄的表演。显然,作为团队的竞赛,这种人在初期是有用的,是不可能被淘汰的,而当团队开始进步发展的时候,这种人便会成为整个团队的桎梏。

(5)一个公司初期和中期的发展,也是以真正的团队领导的出现来划分的。团队的发展方向是由整个群体作出的,通常也会是公正的。而当团队领导出现后,团队的发展方向将会受到群体意见的影响,也会受到团队领导个人意见的左右,换言之,团队的发展将是这两个"分力"的"合力"。

(6)在一个团队里,总有一些不会做事,只会"耍嘴皮子"的"甜言蜜语"制造者,而且这些人的地位通常会比人们想象的稳固得多,或者说,一旦整个团队出现问题时,这种人反而不会被淘汰。这种例子古今中外颇为多见。

(7)当两个已经走过初创期,并开始步入发展期的团队合并时,双方会面临很多差异、分歧和碰撞,而当面对一个共同的竞争时,这种碰撞将尤为激烈,而且表现方式是多种多样的,甚至是不择手段的,而一种暗地里的,被称作"阴谋"的东西通常就在这个时候应运而生。

(8)在激烈的团队竞赛中,个人的生存只有两条道路:支持和反对。如果你想走第三条路,一定会失败。很多公司的内部斗争都被简称为"站队",结果通常是如果你不站在我这一队里,你就是我的敌人,我不仅要防着你,而且迟早要"铲除"你。

(9)在一个高度竞争的团队中,必须有敏锐的洞察力,并时刻警惕危险的出现,对于潜在的危机,必须充分估计并制订有效的对策。如果动作慢了,或者犹豫了,可能面临危险。虽然也许不会马上被淘汰,但这种危险将使你陷入被动,最终导致无法逆转的后果。

(10)在这种竞争中,最终的"幸存者"会是什么人呢?很好判定,这种人应该具有三个特点:年富力强,善于把握机会,在一次最关键的竞争中有极好的"运气"。

个人在团队中如何生存的总结:

①做一个诚实的人。

②和团队的其他成员充分沟通,让别人了解你。

③尽自己的力量为团队做事,尤其是在你比较擅长的方面。

④取得成绩后可以适当表现,但不要过分张扬,更不要藐视他人。

⑤虽然你不搞"阴谋",但不等于"明谋"不会找上你,所以你必须保持高度的警惕,对潜在的危机有充分的估计,并且尽快制订出对策。

案例

【案例 7-1】美国西点军校里有一个广为传诵的悠久传统,就是遇到军官问话,只有四种回答:"报告长官,是!""报告长官,不是!""报告长官,不知道!""报告长官,没有任何借口!"除此之外,不能多说一个字。据《美国商业年鉴》统计,第二次世界大战后,在世界500强企业中,经过西点军校培养的董事长有1000多名,副董事长有2000多名,总经理、董事一级的有5000多名。任何商学院都没有培养出这么多优秀的经营管理人才。这也告诉我们，在接受上司指令时，不能推诿责任，要用心地完成任务，这是一个员工执行力的基本表现。

【案例7-2】

不可泡时间，而要抢时间

有两个人，到非洲去考察。他们突然迷路了，正当他们在想怎么办时，突然看到一只非常凶猛的狮子朝着他们跑过来。其中一人马上从自己的旅行袋里拿出运动鞋穿上，另外一人看到同伴在穿运动鞋就摇摇头说："没用啊，你怎么跑也没有狮子跑得快。"同伴说："嗨，你当然不知道。在这个紧要关头最重要的是我要跑得比你快。"

【案例7-3】

时间管理专家的故事

时间管理专家为商学院的学生讲课。他现场做了演示，给学生们留下了很深的印象。站在那些高智商、高学历的学生面前，他说："我们做个小测验。"他拿出一个玻璃瓶放在桌上。随后，他取出一堆拳头大小的石块，一块一块地放进玻璃瓶。直到石块高出瓶口，再也放不下了，他问道："瓶子满了？"所有学生答："满了！"

时间管理专家反问："真的？"他伸手从桌下拿出一桶砾石倒了一些进去，使砾石填满下面石块的间隙。"现在瓶子满了吗？"他第二次问道。"没满！"学生们再次回答。

"很好！"专家说。他伸手从桌下拿出一桶沙子，开始慢慢倒进玻璃瓶。沙子填满了石块和砾石的所有间隙。他又一次问学生："瓶子满了吗？""没满！"学生们大声说。他再一次说："很好！"然后他拿过一壶水倒进玻璃瓶，直到水面与瓶口相平。随后，他抬头看着学生，问道："这个例子说明什么？"

一个心急的学生举手发言："无论你的时间表多么紧凑，如果你确实努力，你可以做更多的事情！""不！"时间管理专家说，"那不是它真正的意思。这个例子告诉我们：如果你不是先放大石块，那你就再也不能把它放进瓶子里了。那么，什么是你生命中的大石块呢？与你爱的人共度时光，你的信仰、教育、梦想？切记得先去处理这些'大石块'，否则，一辈子你都不能再去处理它们了"。

【案例7-4】在一家服装公司，老板吩咐三个员工去做同一件事：调查供应商的材料数量、价格、质量情况。第一个员工花了5分钟就回来了，他并没有亲自去调查，而是向下属打听了一下情况就回来报告；30分钟后，第二个员工回来报告，他亲自去供应商那里了解了情况；90分钟后，第三个员工回来报告，他亲自了解供应商的价格、质量情况，并向销售经理详细了解公司最有价值的材料情况，一一做了记录，回来的路上又去另外两家作了一些比较，向老板作了一份详细的报告。

第一个员工完成任务敷衍了事，第二个员工只能算是被动听命，第三个员工才是自动自发、尽职尽责。如果你是老板你会选择谁？谁应该晋升加薪呢？

【案例7-5】一家知名公司面试员工时，经常会让10个应聘者在一个空荡的会议室里一起做一个小游戏，很多应聘者在这个时候都感到不知所措。在一起做游戏的时候，主考官就在旁边看，他不在乎你说的是什么，也不在乎你说的是否正确，他是看你这三种行为是否都出现，并且这三种行为是按一定比例出现的。如果一个人要表现自己，他会喋喋不休地说，可想而知，这个人将是第一个被请出考场或者淘汰的。如果你坐在那儿只是听，不说也不问，那么，也将很快被淘汰。只有在游戏过程中不仅听，而且会说会问，才具备一个良好的沟通技巧。

【案例 7-6】麦当劳有一个危机管理队伍，责任就是应对重大危机，由来自麦当劳营运部、训练部、采购部、政府关系部等部门的一些资深人员组成，他们平时接受关于危机管理的训练，甚至模拟当危机到来时该怎样快速应对，如广告牌被风吹倒，砸伤了行人，这时该怎样处理？一些人员考虑是否把被砸伤的人送到医院，如何回答新闻媒体的采访，当家属询问或提出疑问时如何应对？另外一些人要考虑的是如何对伤者负责，保险谁来出，怎样确定保险？所有这些都要求团队成员能够在复杂问题面前快速行动，并且进行一些专业化的处理。

虽然这种危机管理团队究竟在一年当中有多少时候能用得上还是个问题，但对于跨国公司来说是“养兵千日，用兵一时”，因为一旦问题发生就不是一个小问题。在面临危机的时候，如果作出快速而且专业的反应，危机会变成生机，问题会得到解决，而且会给客户及周围的人留下很专业的印象。

【案例 7-7】

犹太人的教育方式

犹太人很有智慧，很富有，他们在教育小孩子的时候，是从观念上进行教育的。小孩子出生后，没有认知和识字的能力，看不了书。犹太人会在书本上抹上蜂蜜，然后让小孩子去舔。这样小孩子从小就知道书本是甜的，他就慢慢地越来越爱书，长大后就会越来越爱读书，所以就越来越有智慧，然后就越来越富有。

【案例 7-8】

不同教育方式的后果

两个孩子考试同样得了 80 分。其中一个孩子的父母说：“你怎么这么笨，离 100 分还差 20 分。”孩子一听，20 分确实挺多的，他可能就会有畏难情绪，也就不追分或不敢追分了。

而另一个孩子的父母沟通的方法就不一样。他们对孩子说：“真不错，你的同学才考了 83 分，你跟他只差了 3 分。一定能追上。”这个孩子一想 3 分好像是没多少，追上没问题。这样，他的行动就完全不一样了。等得到了 83 分，父母就会说，孩子真努力，要是得了 90 分，就更优秀了。孩子一想，就差 7 分，问题也不大。所以，这个孩子就不会有抵触的情绪，且会越来越优秀。

【案例 7-9】

大 雁 飞 行

大雁飞行时，自动地呈 V 字形排列。这些大雁飞行时定期变换领导者，因为为首的大雁在前面开路，能帮助它两边的雁队形成局部的真空。科学家发现，大雁以这种形式飞行，要比单独飞行节省 12% 的能量。

案例分析：这则案例说明了一个道理：团队行动者可以完成的工作是单个行动者永远也不敢奢望的事情。

【思政案例】

【案例 7-10】NBA 的著名球星科比和奥尼尔，他们的内外线组合被称为“OK 组合”。奥尼尔在内线具有统治力，他的内线牵制为科比的外线投射创造了良机，但是如果没有科比在外线的接应以及突破，奥尼尔的内线也是压力倍增。在双方最初的几年里，奥尼尔和科比之间还算融洽。但是随后让“OK 组合”迷失了自己，他们过分放大了自己的功绩，两人都想成为湖人的核心球员，可偏偏主教练将核心给了奥尼尔，湖人的每次进攻最后都先交到奥尼尔手中。但是科比并不喜欢这样，他宁愿自己去终结进攻。所以，科比和奥尼尔之间产生了矛盾。从竞技体育本身两说，两名球员都没有错，谁都希望自己的球队能够在比赛中获胜，但是从球队利益来说，显然科比更注重个人利益，而不是集体利益。两人开始相互攻击，矛盾激化。2004 年两人分道扬镳，从此 NBA 再也没有“OK 组合”。2015 年奥尼尔约科比做节目，两人相逢一见泯恩仇，都为自己当年的年轻气盛感到惭愧。时过境迁，如今奥尼尔退役多年，科比不幸遇难。由此可见，相互理解、相互包容是团队合作的前提。

实施或预期成效：同学们通过 NBA 球星的故事，更加深刻地认识到包容的魅力，包容是一种美好的情感，俗话说：“吃亏是福”。其实这里面蕴涵的真正内涵是宽容，用博大的态度对待他人，就等于给自己送了一份价值不菲的礼物。同学之间要明白生活里多一点宽容，生命就会多一份空间和爱心，生活也就会多一份温暖和阳光。

思考题

1. 什么是学习力？学习力三要素指的是什么？
2. 什么是思想力？如何提升铁路职工的思想力？
3. 什么是执行力？企业执行力的关键是什么？
4. 如何提高铁路职工的执行力？
5. 什么是沟通？沟通的三大要素指的是什么？
6. 沟通的技巧有哪些？
7. 什么叫“沟通视窗”？如何运用？
8. “解决问题”的主要步骤有哪些？
9. 什么叫团队精神？团队精神有什么作用？

模块八　铁路职业化员工培养

学习目标

【知识目标】

1. 了解什么是 PDCA 循环及其特点；
2. 了解 5W2H 的内容；
3. 了解鱼刺图的绘制步骤；
4. 了解铁路如何开展 AAR 活动；
5. 铁路职业化员工应树立的观念；
6. 铁路职业化员工转变的关键。

【能力目标】

1. 能够形成良好的职业化素养；
2. 能够掌握一定的职业化技能。

【素质目标】

培养学生知行合一，树立良好的职业化理念。

建议学时：4 学时

理论知识

作为国民经济大动脉的铁路企业，与各地区、各行业紧密相连，是展现社会政治、经济、文化的重要窗口，加强职工的职业道德建设，提升职工的职业道德素养，一直是企业管理和思想政治工作的优良传统，是贯彻落实《公民道德建设实施纲要》精神，提高铁路市场竞争力，培育“四有”职工队伍的根本任务。为了提高和完善从业人员的道德品质，一般采取内外结合的方式。一是进行职业道德教育，即社会的培养和组织的教育；二是加强职业道德修养，即通过自己的主观努力，提高自身的修养。职业道德品质要达到较高的境界，关键在于“自我努力”。

单元一　铁路员工职业化观念

职业化是现代化过程中的必然产物，其主要作用是提高劳动生产率，保证企业产品达到一定的标准。企业应对所有员工的职业化素养进行培养和引导，帮助员工在良好的氛围下逐渐形成良好的职业化素养。要成为职业化的员工，除了发扬良好的职业道德、培育敏锐的职业意识、修炼积极的职业心态外，还必须树立十二种职业观念。职业化内容如图 8-1所示。

一、理念至上

理念至上，全面制胜。把正确的工作理念放在第一位，不管遇到什么样的困难都能够克服，不管面对什么样的挫折都能够战胜。一个人的理念就像是黑暗中永不熄灭的光亮，个人的理念就像是荆棘路上握在手中的一把利剑，只要你为自己树立正确的职业理念，那么成功一定属于你。

以主人公的身份管理公司，削减成本、改善生产力、减少浪费、提升对客户的服务品质，让公司的工作气氛更加和谐。当然,除了自己分内的工作,还要找机会为公司作出更大的贡献。这是一个合格员工应具备的重要条件。

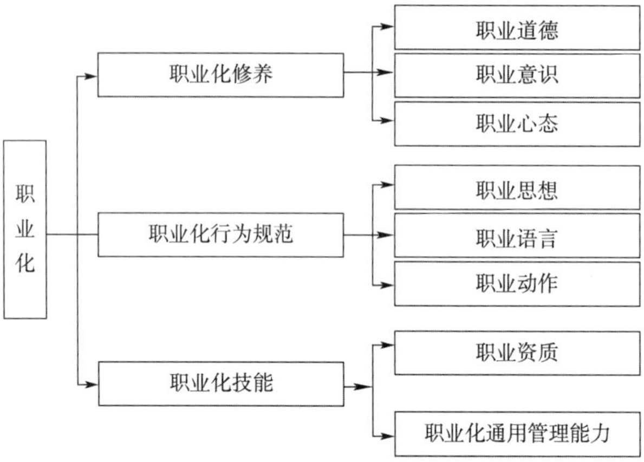

图 8-1　职业化内容

二、火热激情

热情不仅是促进团队作用的润滑剂,还是一件幸福的差事。可是为什么有的员工却把它当作苦差事呢？绝大多数的员工都会回答工作太枯燥了。实际上,问题往往出在员工对待公司的态度上,最主要的还是出在员工自己身上。如果员工本身不能热情地对待自己的工作,那么即使让他做他喜欢的事情,一个月后他依然觉得工作乏味至极。

每一个上级领导都会认为兢兢业业、神情专注、充满热情的员工更加值得信任。这些员工的积极心态也会感染到他的上级领导,同时对那些散漫拖沓的员工也会起到激励作用。然而,在那些冷漠、马虎、懒惰的员工的影响下,管理者的工作态度也会改变很多,存在一种随遇而安的心理。所以,他会自觉地与有良好心态的员工在一起,关心他们的生活,对那些不专心工作、逃避责任、不注重实绩的员工,有一种本能的排斥心理。

三、敬业为魂

西点军校把敬业作为军校军规的一条,是希望所有的西点军校人都能把对军人职业的热爱转化为不断前进的动力。没有敬业的思想,便不会热爱自己的工作,就缺乏了在工作中前进的动力,久而久之便会养成倦怠的习惯,职责也就不能得到保证。

工作敬业,表面上看是为了老板,其实是为了自己。因为敬业的人能从工作中学习到比别人更多的经验,而这些经验正是你向上发展的基石,就算以后换了单位,进入另外一个行业,你的敬业精神也会为你带来帮助。因此,把敬业变成一种习惯的人,从事任何职业都容易成功。

四、荣誉为先

在公司中,优秀员工应该具有以公司为荣的基本道德规范,保持诚实和公正的态度,保持个人的尊严和公司的荣誉,不断进取,具有恪尽职守的优良品德。同时,还要根据自己的志向和公司的发展规划,忠实地履行职责,尽可能以最完美的方式,按照有关法律规定完成公司所赋予的职责，保护和维护公司的财产，通过与同事间及与有关部门的交流与合作，竭力提高工作效率，完善自我，创造更好的工作环境。

五、挑战自我

挑战自我，就是勇于向自己的弱点和缺点宣战，做到这一点就能不断地完善自我。然而，向别人挑战易，向自己挑战难。一个伟大的人就是能够自觉地向自己的弱点和缺点挑战，向自己心中的“怕”和“懒”二字宣战，有跳起来去摘取胜利果实的勇气。

六、勇争第一

在西点军校不存在平级调动，他们要么晋升，要么出局，留下来的全都是成功且积极进取的学员。“第一”是目标，更是信念，在他们的字典里没有第二，只有第一。

七、自动自发

工作需要热情和行动、努力和勤奋，还需要积极主动、自动自发的精神。只有以这样的态度对待工作，我们才可能获得工作所给予的更多的奖赏。对一个企业家和老板而言，他们需要的绝不是遵守纪律、循规蹈矩却缺乏热情和责任感，不能积极主动、自动自发工作的员工。

八、立即行动

拖延会侵蚀人的意志和心灵，消耗人的能量，阻碍人潜能的发挥！处于拖延状态的人，常常陷入一种恶性循环之中。这种恶性循环就是：“拖延—低效能＋情绪困扰—拖延”。

九、全力以赴

全力以赴是指引命运之舟的灯塔，是积极的心态，是打开成功之门的钥匙，是巨大的潜能，是自动自发的动力源泉，是开拓的精神，是积极进取的人生理念，是综合的素质，是成功人士必备的条件。人本来是有很多潜能的，但是我们往往会为自己或他人找借口：“管他呢，我们已经尽力而为了。”事实上，尽力而为是远远不够的，尤其是在这个竞争激烈的年代。

十、无条件执行

在公司，每一名员工都要学会服从上级领导的安排，执行是最重要的，执行力就是竞争力和生产力。无条件执行是员工的第一要务，没有服从理念的员工就不是优秀的员工。无条件执行不是盲目地遵从，而是睁大眼睛，审时度势，利用丰富的想象力和首创精神设法规避障碍，寻找解决办法，直到完成一切指定的工作，包括那些不太重要的细节。

铁路系统指挥架构中，要求司机服从行车调度命令，尤其是在发生故障时，要以行车调度指令为动车依据，就是要求司机在无条件执行的要求下，尽力配合指挥者完成突发状况的调整，使得对旅客的影响降到最低。作为铁路司机，要为一列车上千人的安全负责，因此有效地执行命令，以敬业的精神服从命令，以无条件执行的精神站好每一班岗，是每一个铁路司机的必备理念。

十一、工作无借口

借口总是在人们的耳旁窃窃私语，告诉人们因为某原因而不能做某事，久而久之，我们会潜意识地认为这是“理智的声音”。只要细心去找，借口总会有的，有许多员工不再是想方设法去争取成功，而是把大量的时间和精力放在如何寻找一个更合适的借口上。那些喜欢发牢骚、抱怨不幸的员工曾经都有梦想，却始终无法实现。为什么呢？因为他们有找借口的毛病。那些认为自己缺乏机会的员工，往往是在为自己的失败寻找借口。成功的管理者不善于也不需要编织任何借口，因为他们能为自己的行为和目标负责，也能承受自己努力的成果。

每当你使用“理由”一词时，请用“借口”来替代它，也许你会发现自己再也无法心安理得了。事实上，把事情“太困难、太无头绪、太麻烦、太花费时间”等种种理由合理化，确实要比相信“只要我们足够努力、勤奋就能完成任何事”的信念容易多了，但如果你经常为自己找借口，你就不能完成任何事，这对你以后的职业生涯也是极为不利的。

十二、为自己奋斗

不管你从事什么领域的工作，都要全心全意地投入其中，不要只是因为必须工作才拖着沉重的脚步去上班，你应该抱着开创新局面的期待去工作。不要抱怨找不到自己喜欢的工作，应该专心于自己的这份工作，调整自己的想法，并且发挥创造力，规划出可行的策略，提高自己对工作的贡献。

单元二　铁路员工职业化理论

一、PDCA 循环

1. PDCA 循环的概念

PDCA 循环(PDCA Cycle)最早是由美国质量管理专家戴明提出来的，所以又称为戴明循环(Deming Cycle)。它是全面质量管理所应遵循的科学程序。全面质量管理活动的全部过程，就是质量计划的制订和组织实现的过程，这个过程就是按照 PDCA 循环，不停顿地、周而复始地运转的(图 8-2)。

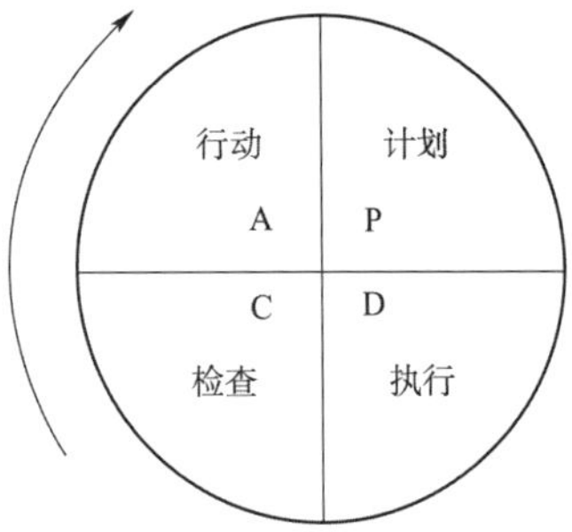

图 8-2　PDCA 环

2. PDCA 的含义

PDCA 是英语单词 Plan(计划)、Do(执行)、Check(检查)和 Action(行动)的第一个字母，P、D、C、A 四个英文字母所代表的意义如下：

P(Plan)——计划，确定方针和目标，确定活动计划；

D(Do)——执行，实地去做，实现计划中的内容；

C(Check)——检查，总结执行计划的结果，注意效果，找出问题；

A(Action)——行动，对总结检查的结果进行处理，对成功的经验加以肯定并适当推广、标准化；对失败的教训加以总结，以免重现，未解决的问题放到下一个 PDCA 循环(图 8-3)。

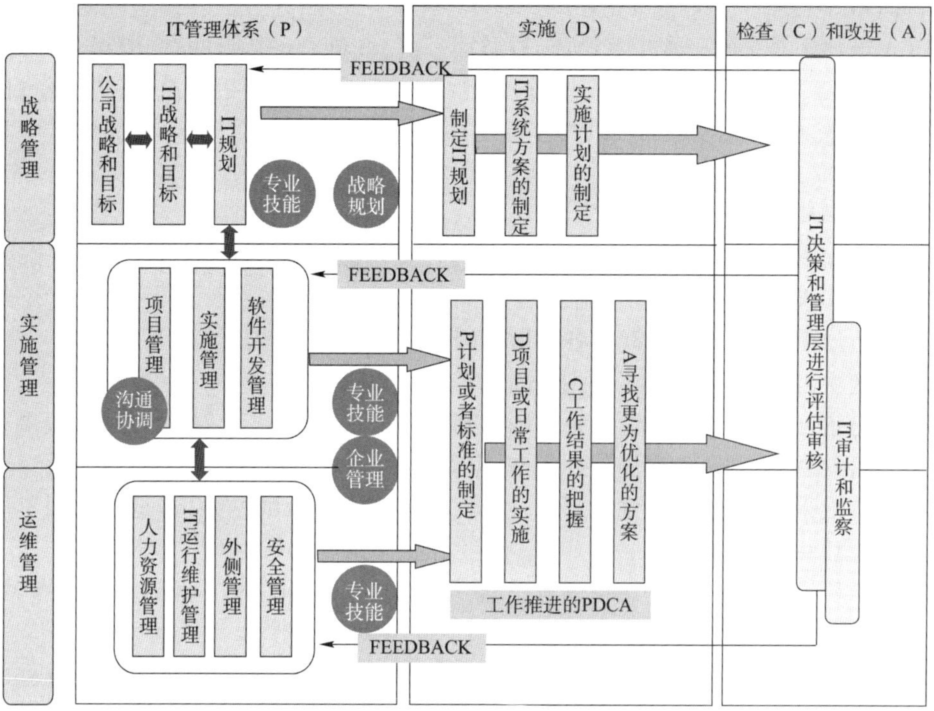

图 8-3　PDCA 循环

以上四个过程不是运行一次就结束的，而是周而复始地进行，一个循环完了，解决一些问题，未解决的问题进入下一个循环，这样阶梯式上升。

3. PDCA 循环分析说明

PDCA 循环实际上是有效进行任何一项工作的合乎逻辑的工作程序。在质量管理中，PDCA 循环得到了广泛的应用，并取得了很好的效果，因此有人称 PDCA 循环是质量管理的基本方法。之所以将其称为 PDCA 循环，是因为这四个过程不是运行一次就完结，而是要周而复始地运行。一个循环完了，解决了一部分的问题，可能还有其他问题尚未解决，或者又出现了新的问题，再进行下一次循环，其基本模型如图 8-4 所示。

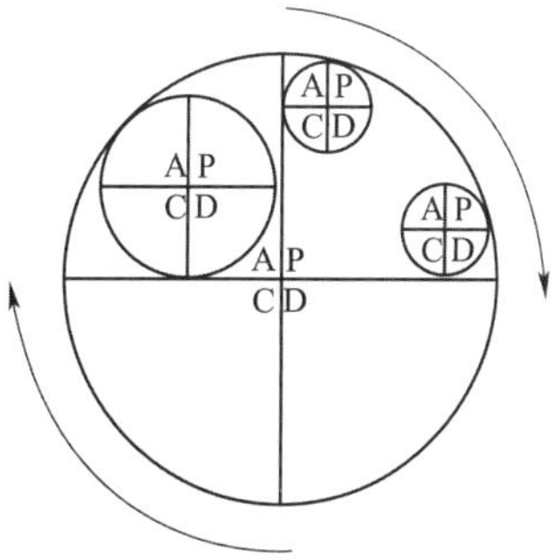

图 8-4　PDCA 循环基本模型

4. PDCA 循环特点

（1）大环套小环、小环保大环，推动大循环

PDCA 循环作为质量管理的基本方法，不仅适用于整个工程项目，也适应于整个企业和企业内的科室、工段、班组以及个人。各级部门根据企业的方针目标，都有自己的 PDCA 循环，层层循环，形成大环套小环，小环里面又套更小的环。大环是小环的母体和依据，小环是大环的分解和保证。各级部门的小环都围绕着企业的总目标朝着同一方向转动。通过循环把企业上下或工程项目的各项工作有机地联系起来，彼此协同，互相促进。

（2）不断前进、不断提高

PDCA 循环就像爬楼梯一样，一个循环运转结束，生产的质量就会提高一步，然后再制定下一个循环，再运转、再提高，不断前进，不断提高。

(3)门路式上升

PDCA循环不是在同一水平上循环,每循环一次,就解决一部分问题,取得一部分成果,工作就前进一步,水平就进步一步。每通过一次PDCA循环,都要进行总结,提出新目标,再进行第二次PDCA循环,使品质治理的车轮滚滚向前。PDCA每循环一次,品质水平和治理水平均更进一步。

5. PDCA循环步骤

(1)找出问题:分析现状,找出存在的问题,包括产品(服务)质量问题及管理中存在的问题。尽可能用数据说明,并确定需要改进的主要问题。

(2)分析原因:分析产生问题的各种影响因素,尽可能将这些因素都罗列出来。

(3)确定主因:找出影响质量的主要因素。

(4)制订措施:针对影响质量的主要因素制订措施,提出改进计划,并预计其效果。

(5)执行计划:按既定的措施计划实施,也就是D——执行阶段。

(6)检查效果:根据措施计划的要求,检查、验证实际执行的结果,看是否达到了预期的效果,也就是C——检查阶段。

(7)纳入标准:根据检查的结果进行总结,把成功的经验和失败的教训都纳入有关标准、规程、制度之中,巩固已经取得的成绩。

(8)遗留问题:根据检查的结果提出这一循环尚未解决的问题,分析因质量改进造成的新问题,把它们转到下一次PDCA循环的第一步去。

所有问题不可能在一个PDCA循环中全部解决,遗留的问题会自动转进下一个PDCA循环中,如此,周而复始,螺旋上升。PDCA循环在现代社会中得到了广泛的应用,并取得了良好的效果,因此PDCA循环是班组管理的基本方法之一。

二、5W2H分析法

5W2H分析法又叫七问分析法,是第二次世界大战中美国陆军兵器修理部首创的。广泛用于企业管理和技术活动,对于决策和执行性的活动措施也非常有帮助,也有助于弥补考虑问题的疏漏。发明者用五个以W开头的英语单词和两个以H开头的英语单词进行设问,发现解决问题的线索,寻找发明思路,进行设计构思,从而搞出新的发明项目,这就叫作5W2H分析法(图8-5)。

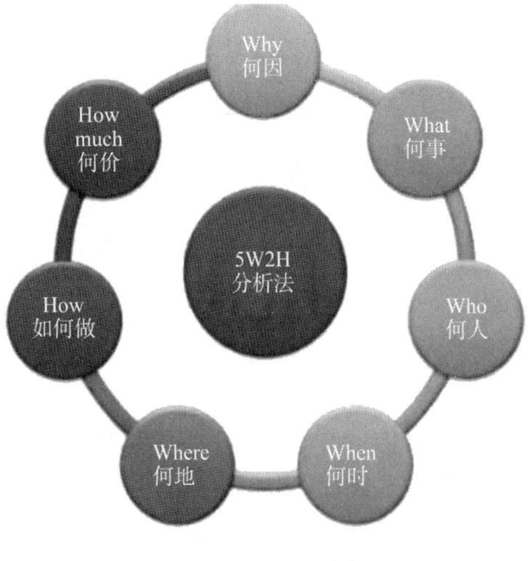

图8-5 5W2H分析法

(1)What——是什么?目的是什么?做什么工作?

(2)Why——为什么要做?可不可以不做?有没有替代方案?

(3)Who——谁?由谁来做?

(4)When——何时?什么时间做?什么时机最适宜?

(5)Where——何处?在哪里做?

(6)How——怎么做?如何提高效率?如何实施?方法是什么?

(7) How Much——多少？做到什么程度？数量如何？质量水平如何？费用产出如何？

如果现行的做法经过七个问题的审核已无懈可击，便可认为这一做法可取。如果七个问题中有一个答复不能令人满意，则表示这方面有改进余地。如果哪方面的答复有独创的优点，则可以扩大这方面的效用。5W2H 分析法的特点和作用如下：

(1)可以准确界定、清晰表述问题，提高工作效率。

(2)有效掌控事件的本质，完全地抓住事件的主骨架，把事件打回原形思考。

(3)简单、方便，易于理解、使用，富有启发意义。

(4)有助于思路的条理化，杜绝盲目性。有助于全面思考问题，从而避免在流程设计中遗漏项目。

三、鱼刺分析图

1. 鱼刺分析图

鱼刺分析图是一种发现问题"根本原因"的方法，也可以称为"Ishikawa"或者"因果图"。其特点是简捷实用，深入直观。它看上去有些像鱼骨，问题或缺陷(后果)标在"鱼头"处。在鱼骨上长出鱼刺，上面按出现机会多寡列出产生问题的可能原因，有助于说明各个原因之间是如何相互影响的。图 8-6 为铁路员工培训学习鱼刺分析图。

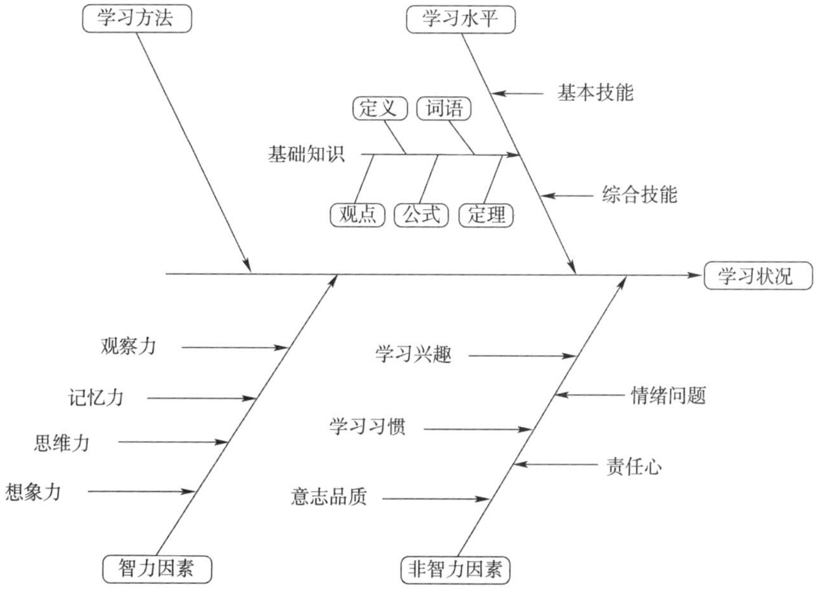

图 8-6　铁路员工培训学习鱼刺分析图

2. 鱼刺分析图绘制的一般步骤

(1)确定要分析的问题

将质量问题写在原因的右边，画出主干，箭头指向右边。

(2)确定造成质量问题的因素分类项目

例如，分析制造过程中的质量问题，可按影响工序质量的因素——人、机器、材料、工艺、环境等分类，也可按工艺的先后顺序等分类。画大枝箭头指向主干，在箭头尾端记上因素分类的项目。

(3)将上述项目分别展开

中枝箭头表示对应的项目中造成质量问题的一个或几个原因,一个原因画一枝,箭头平行于主干指向大枝,将原因记在中枝线的上下。

(4)将上述原因再展开,分别画小枝

小枝为造成中枝的原因。如此展开下去,一直到能够提出有效的解决措施为止。

(5)注明鱼刺分析图的名称、绘制者、绘制时间、参加分析的人员等

鱼刺分析图的图形比较简单,图的质量与追问深度有关,追问越深,探索的原因也越细。如果没有一定的技术水平和生产经验,没有对生产过程比较全面、深入的了解,是难以针对存在的问题找出其根源的。因此,这种图最好是集体讨论绘制。各人工作岗位不同,对于影响质量的原因都能根据自己的经验提出不同的认识,集思广益,把影响质量的各种主次因素都统一到鱼刺分析图上来,这样画出的图比较完整,既能群组化,又具有连续性,逻辑关系强,能够恰到好处地表达事物内在的原因结构。画好一张鱼刺分析图,还应注意:原因分析尽可能深入细致,细致到可以直接采取措施为止,原因表达简练、明确;画出鱼刺分析图,确定主要原因后应到现场去进行调查核实,并落实主要原因的项目,然后制订对策,加以解决。“鱼刺分析图”同样可用来分析其他问题。

四、AAR 行动后反思

行动后学习机制又称行动后反思(After Action Review,AAR)或事后回顾。AAR 的定义为:对一事件的专业性讨论,着重于表现标准,使参加者自行发现发生了什么、为何发生及如何维持优点,并改掉缺点。AAR 的目的不在于评定对错、成败与奖惩,而是在于学习,人们需要相信他们的谈话是导向于学习,而非作为惩罚之用。AAR 与检讨会不可彼此替代,因为二者各有不同的功能。

具体而言,开展 AAR 这样的活动,有两个层面:一是设定层面,谁、在何时、何地、讨论什么、进行多久;二是历程层面,讨论如何进行、程序、促进者(facilitator)如何辅助 AAR 讨论的进行。

AAR 具体步骤和问题设置:

步骤一:讨论当初行动的意图是什么(What was the intent)。当初行动的意图或目的是什么?当初行动时尝试要达成什么?是怎样达成的?

步骤二:讨论发生了什么(What happened)。实际上发生了什么事?为什么?怎么发生的?真实地重现过去所发生的事,并不是容易的,人类的知觉与推论历程是有很多偏误的,而且不同人所看到的也是不同的。有两个方法是常被使用的:依时间顺序重组事件;成员回忆他们所认为的关键事件,并优先进行分析。

步骤三:讨论从中学到什么(What have we learned)。我们从过程中学到了什么新东西?如果有人要进行同样的行动,我会给他什么建议?

步骤四:讨论如何将学习转化为行动(What do we do now)。接下来我们该做些什么?哪些是我们可直接行动的?哪些是其他层级才能处理的?是否要向上呈报?

步骤五:采取行动(Take action)。知识存在于行动中,必须透过应用才会发挥效用,必须产生某些改变的行为才是学习。

步骤六:分享给别人(Tell someone else)。谁需要知道我们生产的这些知识?他们需要知道什么?杠杆性地把“有用知识”有效传递给组织其他“有用的人”。

五、WBS 工作分解结构

WBS(Work Breakdown Structure)意为工作任务分解。其原理就是把一个项目,按一定的原则进行分解,项目分解成任务,任务再分解成一项项工作,再把一项项工作分配到每个人的日常活动中,直到分解不下去为止,即项目—任务—工作—日常活动。工作分解结构是以可交付成果为导向,对项目要素进行的分组,它归纳和定义了项目的整个工作范围,每下降一层代表对项目工作的更详细定义(图 8-7)。

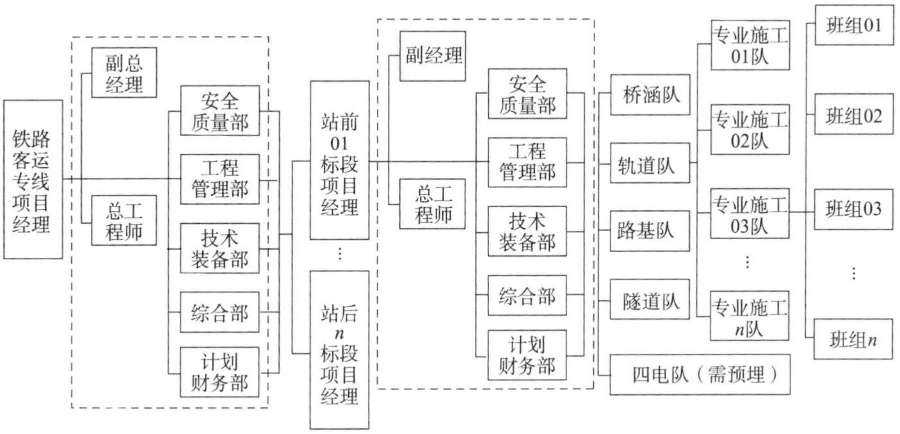

图 8-7　铁路客运专线项目有组织分解结构图

WBS 可以由树形的层次结构图或者清单表示。树型的层次结构图的层次清晰,非常直观,结构性很强,但不容易修改,对于大的、复杂的项目很难表示出全景。由于其主观性,其一般在小的、适中的项目中使用较多。

单元三　铁路员工职业化理念

职业化是企业发展的核心竞争力,企业要培育员工养成良好的职业化素养,应重点引导铁路员工树立六个关键理念(图 8-8)。

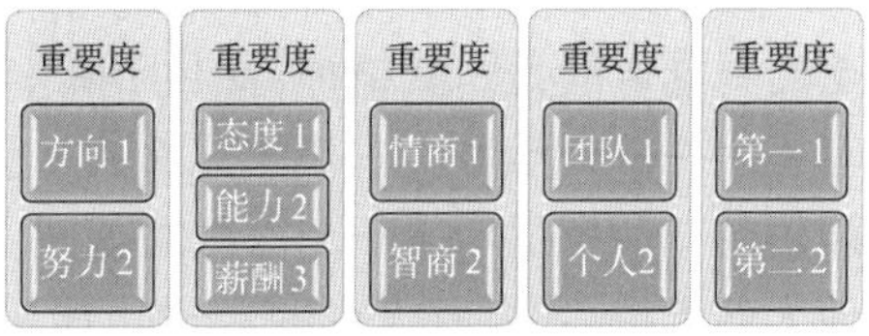

图 8-8　铁路职工应树立的六个关键理念

一、方向比努力重要

目标的作用不仅是界定追求的最终结果,它在整个人生旅途中都起着重要作用。可以说,目标是成功路上的里程碑。目标的选择比努力重要,确定方向比出力流汗重要,如果方向错误,你越努力,离成功越远,离失败越近。

要发挥潜能,你必须全神贯注于自己的优势,目标能助你集中精力。当你不停地在自己有优势的方面努力时,这些优势会进一步发展,最终,在实现目标时,你成为什么样的人比你得到什么东西重要得多。

二、态度比能力重要

态度是内心的一种潜在意志,是个人的能力、意愿、想法、感情、价值观等之外的表现。要做好一件事,需要具有一定的能力,而更重要的是必须具备端正、认真的态度。不管你在什么地方工作，你的态度都决定了你成就的高度。那些有能力而态度不好的人，我们随处可见，而他们说得最多的就是公司没有给他们机会。其实他们根本不知道，态度比能力更重要。

美国西北大学理事会主席、心理学博士史各特说："决定成功与失败的原因，态度比能力更重要。"哈佛大学的一项研究表明：成功、成就、升迁等原因的85%是因为我们的态度，而仅有15%是由于我们的专门技术。然而，现实中我们往往花费90%的时间、精力、金钱来学习那15%的成功因素，而对于占85%的成功因素却很少意识到。

三、能力比薪酬重要

每个职业人士在进行自己的职业生涯规划时，一般有三个导向：一是薪酬导向，就是以薪酬为中心，谁给的钱多就跟谁干；二是成长导向，就是把自己的能力提升和成长空间放在职业选择的首位，工资待遇差不多就行了；三是兴趣导向，就是把兴趣、爱好作为自己职业选择的主要标准。应该说，这三个导向没有对错之分，但是，作为一个想在职业道路上有大发展的人来说，恐怕能力导向应该是第一位的。因为有了能力的依托，薪酬不用你担心，你也才有选择发展兴趣的更大空间。眼里只盯着工资高低的人往往忽视了自己能力的提升，这种舍本逐末的行为，最终只能在频繁的跳槽之中荒废了自己的能力，也得不到自己获取高薪的砝码。

职业人士的价值不是老板或别人施舍的，而是由市场需求和自己的能力决定的。如果一个职业人缺乏业绩的支持，他随时都会面临被市场抛弃的可能。因此市场价值是职业人的生命，失去了职位，没有关系，但是失去了市场价值，就意味着职业生涯的终结。所以，你必须树立一个最基本也是最重要的理念——"个人成长第一，工资待遇第二"。一定要珍惜企业为你搭建的平台，把工作真正当成愉快的带薪学习过程，抓住一切可能的机会，创造一切可能的条件，在职业实践中提高自己。

四、团队比个人重要

团队是由单个个体所组成的。在工作中，每个员工在端正态度、掌握专业技能的同时，更需要具备的是团队精神，要和团队中所有的人积极协调配合，才能把工作做到出色。曾经有人问一位哲学家："一滴水怎么样才能够不干？"哲学家回答说："把它放到大海里去。"这简短的对话也揭示了一个深刻的道理：个人与他人之间就是相互支撑的，只有得到团队或者他人的支持，才会有无穷的力量。如果没有他人对你的支持，没有团队每个成员的群策力量，我们就无法克服重重障碍，闯过道道险关。离开了团队，即使你在困难面前使出了浑身的力量，也终究会有枯竭的一天。个人在一个团队中的重要性在于服从团队的决定，以团队的目标、宗旨为个人目标、宗旨，进行分工配合，来完成团队的工作目标。

五、第一比第二重要

一个健全的公司最好的征兆是职工在努力工作时得到乐趣。职业化引导人们务实的职业态度，包括勤奋工作、业务熟练，忠于职守、爱岗敬业、诚实守信、公平公正、顾全大局、勇于让步、认真专注，懂得责任比职责更重要，有职业信誉，并能够积极进行自我开发，不断提高职业能力。敬业是职业化的品格，是职场从业者最基本的素质。对敬业者而言，工作是事业而非生计，工作就是娱乐，工作是人生的一种享受，没有工作的人生是灰色的。"工作者"是美丽和愉快的，不用强迫，也无须监督，员工的主动、自觉和热情投入是最好的秩序。要做好手头的工作，就必须有源源不断的热情、兴致，要有苦中作乐的本事。

拿破仑说："不想当将军的士兵不是好士兵。"一名优秀的职工不仅要有坚定的理想追求和言行一致的德行，还应有勇争第一的精神。其实第一与第二的比较就是一种心态的比较，谁更积极、要求上进，谁就是第一。如果没有一个积极上进的心态同样很难在自己的岗位上有所作为和发展。要不断地告诉自己第一比第二重要，不断地去超越自己。

六、情商比智商重要

情商（Emotional Quotient，EQ）又称情绪智力，是表示认识、控制和调节自身情感的能力。情商主要反映一个人感受、理解、运用、表达、控制和调节自己情感的能力以及处理自己与他人之间的情感关系的能力。情商所反映的是个体把握与处理情感问题的能力。情感常常走在理智的前面，它是非理性的，其物质基础主要与脑干系统相联系，大脑额叶对情感有控制作用。美国心理学家认为，情商包括以下几个方面的内容：一是认识自身的情绪，因为只有认识自己，才能成为自己生活的主宰；二是能妥善管理自己的情绪，即能调控自己；三是自我激励，它能够使人走出生命中的低潮，重新出发；四是认知他人的情绪，这是与他人正常交往，实现顺利沟通的基础；五是人际关系的管理，即领导和管理能力。

智商（Intelligence Quotient，IQ）是用以表示智力水平的工具，也是测量智力水平常用的方法，智商的高低反映着智力水平的高低。智商主要反映人的认知能力、思维能力、语言能力、观察能力、计算能力、律动能力等。也就是说，它主要表现为人的理性的能力。它可能是大脑皮层，特别是主管抽象思维和分析思维的左半球大脑的功能。

美国一家很有名的研究机构调查了188个公司，测试了每个公司的高级主管的智商和情商与工作表现之间的联系，结果发现：情商的影响力是智商的9倍，智商略逊的人如果拥有更高的情商指数也一样能成功。概括来说，管理者的能力主要来自情商和智商，而且基本上情商比智商更重要。

案例

【案例8-1】有一位名叫艾伦的女大学生毕业后被分到英国大使馆做接线员。一个小小的接线员，是很多人觉得很没出息的工作，但她却在这个普通工作中做出了成绩。她将使馆所有人的名字、电话、工作范围甚至他们家属的名字都背得滚瓜烂熟。有些电话打进来，有时不知道该找谁，她就会尽量帮他准确地找到人。慢慢地，使馆人员有事要外出，并不是告诉他们的翻译，而是给她打电话，告诉她会有谁来电话，请转告哪些事，有很多公事、私事也委托她通知。艾伦逐渐成了大使馆全面负责的留言中心秘书。

一天，大使竟然跑到电话间，笑眯眯地表扬她，这是破天荒的事。结果没多久，她就因工作出色而被破格调去给英国某大报记者处做翻译。该报的首席记者是个名气很大的老太太，得过战地勋章，被授过勋爵，本事大，脾气也大，她把前任翻译给赶走后，刚开始也不要艾伦，后来才勉强同意一试。一年后，工作出色的艾伦被破格升调到外交部，她干得同样出色，之后获得外交部嘉奖。

【案例8-2】在西点军校，从军官到士官，言必称"荣誉法则""军校学员不说谎、不欺骗、不偷窃，也不容忍有此恶行的人"。诚信、正直、讲真话，是每个学员必须遵守的原则和品格，是领导者取得追随者信任的重要素质。西点军校在4年中，对士官生反复灌输诚信理念，在生活中、课堂上、宿舍里、训练场上,以及在与同学、家人交往中,严格监督,要求学生不说谎,不欺骗,讲真话,讲实话。通过成就创造荣誉,通过荣誉感取得更大成就,西点军校对此坚信不疑,始终把荣誉教育放在首位。

【案例 8-3】很多知名企业都有一个相似的特点,就是十分重视职工的学习。BM 公司的大楼上写着"学无止境",公司每年投入 20 多亿美元进行 130 万人次的培训,不仅创建了各类培训学院,还建立了网上大学,采取"自助餐式培训"的方式,为员工的自选培训提供了更多的便利,由此造就了众多优秀人才。

美国排名前 25 位的企业,80% 是学习型企业。全世界排名前 10 位的企业,100% 是学习型企业。可以说,重视员工的学习培训,积极创建学习型企业,正是这些企业成功的关键所在。

【案例 8-4】有人问,登上美洲大陆的第一名探险者是谁? 没有人犹豫,那是哥伦布;又有人问,世界第一高峰是什么峰? 也没有人犹豫,那是珠穆朗玛峰。那么如果有人问,第二个踏上美洲大陆的人是谁,世界第二大高峰又在哪里,你还能回答自如吗?

没有人刻意追寻第二、第三,虽然只一位之差,但已离得太远太远。

谁也不会反驳这种说法:只有想当将军的士兵才是一个真正的士兵。

专业第一就是专业顶级,叫品牌,就像奔驰汽车得到世人赞许。

行业第一就是行业旗帜,叫标志,就像聊起足球就使人想到贝利。

产业第一就是产业龙头,叫引领,就像火车头牵引着车厢前进。

【案例 8-5】1970 年,哈佛大学对当年毕业的天之骄子们进行了一次关于人生目标的调查:27% 的人没有目标,60% 的人目标模糊,10% 的人有清晰但比较短期的目标,3% 的人有清晰而长远的目标。25 年后,哈佛大学对 1970 年毕业的这批学生进行了跟踪调查,结果是这样的:25 年间有 3% 的人朝着一个既定的方向不懈努力,现在几乎都成为社会各界的成功人士,其中不乏行业领袖、社会精英;10% 的人的短期目标不断实现,成为各个行业、各个领域中的专业人士,大都生活在社会的中上层;60% 的人安稳地生活与工作,但都没什么特别突出的成绩,他们几乎都生活在社会的中下层;还有 27% 的人,他们的生活没有目标,过得很不如意,并且常常在抱怨他人、抱怨社会、抱怨这个"不肯给他们机会"的世界。其实,他们之间的差别仅仅在于:25 年前,他们中的一些人知道自己的人生目标,而另一些人不清楚或不是很清楚自己的人生目标。

案例分析:现实生活中,没有方向或者跑错方向的大有人在。很多人都坚信"天道酬勤""一分耕耘、一分收获""勤奋 + 汗水 = 成功""世上无难事,只要肯登攀""笨鸟先飞"等成功的格言,殊不知,这些必定成功的道理是建立在一个基本前提之上的,那就是有正确的方向。

【案例 8-6】在 35 岁前,乔·吉拉德患有严重口吃,曾做过洗碗工、送货员、电炉装配工等 40 多种工作,在生活和职业发展中,他是个极度失败者。屋漏偏逢连夜雨。乔·吉拉德通过朋友介绍,在底特律承包了一个修建私人住宅的项目,刚启动没多久,项目就泡汤了,这使得他的短期信贷转为长期信贷,债主纷纷上门催讨。他情绪低落,但不消极,总是主动地寻找机会。乔·吉拉德的一个朋友是汽车销售员,他便请求这位朋友帮他找份销售工作,但他的朋友总是拒绝他,还打击他。最后,乔·吉拉德对他说:只要给他在汽车店的背后摆张桌子和电话就行。朋友终被他的执着所打动,乔·吉拉德从此进入汽车销售业。从那以后,再也没有让妻子和家人失望。

1978 年 1 月 1 日,49 岁的乔·吉拉德退休了。到目前为止,他的销售业绩无人打破。乔·吉拉德那种不怕失败、敢于面对压力、追求事业成功的态度,成就了他的职业生涯。

【案例 8-7】众所周知,在自然界中,团队配合性最强的动物是狼。提到狼这种动物,大家都会认为它是凶残动物的代表,但在自然界中的狼绝大多数是以团体的方式来生存的,单独的狼是很难在自然界中生存的。就以狼猎食为例,在狼群中有严格分工,如侦察、战斗、保护幼狼、指挥等。在猎取食物或战斗中,在狼王下达攻击的命令后所有参加的狼都会竭尽全力地战斗,直到战斗结束。也正是狼有这样的团队精神,才没有被生存法则淘汰。

【案例 8-8】一天,猎人带着猎狗去打猎。猎人一枪击中兔子的后腿,受伤的兔子拼命奔跑。猎狗在猎人的指示下拼命追赶兔子。可是追着追着,兔子跑不见了,猎狗只好悻悻地回到猎人身边。猎人开始骂猎狗:“你真没用,连一只受伤的兔子都追不到。”猎狗听了后,不服气地说:“我尽力了呀。”

兔子带伤终于跑回洞里,它的兄弟们都围过来惊讶地问他:“那只猎狗很凶呀,你又带了伤,怎么跑得过他的?”“他是尽力而为,我是全力以赴呀,他没追上我,最多挨一顿骂,而我若不全力以赴的话就没命了呀。”

案例分析:成功是没有止境的,成功背后还会有更大的挑战,接受挑战意味着更大的成功,经验在人生的旅途中会让你少走许多弯路,获得心灵的浇灌和抚慰。一旦你的理想逐渐实现,你将会获得真正的成就感,将会拥有一种新的自信,发现自己的价值,让我们全力以赴,一起走向成功。

【案例 8-9】一位农夫的农田当中,多年以来横亘着一块大石头。农夫的好几把犁头都被这块石头碰断,还损坏了他的耕种机,农夫对此无可奈何。

一天,在又一把犁头被碰坏之后,农夫终于下定决心移走这块石头。于是,他找来撬棍伸进石头底下,惊讶地发现,石头埋得并没有想象的那么深,稍微使劲就可以把石头撬起来,再用大锤打碎,清出农田。农夫想到可以更早些把这桩头疼事处理掉,禁不住一脸的苦笑。

案例分析:从这则故事中,我们领悟出一个道理:遇到问题应立即弄清根源,解决问题,绝不拖延。平时的工作中,亦是如此,如若讳疾忌医或拖延了事,积压下来,就必然给工作造成困难。所以,对工作中出现的问题,不应回避,而应抓住苗头,及时调查,追根溯源,找出解决问题的途径和办法。

【案例 8-10】各铁路公司每年都会有很多新人到岗,每年也会因为不同的原因产生很多新的岗位,而在竞聘这些岗位的同事中,尤其是在生产部门,每次竞聘成功的人员都是大家公认的在技术上、专业上比较出类拔萃的。他们之前积累了经验,提高了自己的能力,没有把着眼点放在薪酬上,当他们竞聘成功以后,薪酬也自然会随之增加。

【思政案例】

【案例 8-11】讲述“158”雷锋服务站始终恪守“人民铁路为人民”的宗旨,秉承“以服务为宗旨,待旅客如亲人”的理念,大力践行社会主义核心价值观,在学雷锋的道路上孜孜以求,用博大的胸怀、精湛的技艺、火一般的热情,为南来北往的旅客提供优质服务,接力传承雷锋精神。

在讲到 50 多年的传承,四代人的接力,“158”雷锋服务站的全体职工,以信念承载使命,以坚守实践诺言,以热情播撒爱心,以行动彰显价值,创造了与时俱进的“158”精神。

实施或预期成效:让同学们明白人对信仰宗旨的不懈追求相互作用的产物,是中华传统美德与新时期学雷锋融为一体的高尚风范,是社会主义制度优越性在铁路企业的具体体现。其内涵从本质上讲,是共产主义理想信念的体现,是无产阶级性质的体现,是全心全意为人民服务的体现。

思考题

1. 什么是PDCA循环？它有哪些特点？
2. 5W2H的内容有哪些？
3. 鱼刺分析图的绘制步骤是什么？
4. 如何开展AAR活动？
5. 职业化员工应树立哪些观念？
6. 职业化员工转变的关键有哪些？
7. 如何理解情商比智商重要。
8. 如何理解团队比个人重要。

参 考 文 献

[1] 李一龙.铁路职业意识[M].成都:西南交通大学出版社,2016.

[2] 徐新玉.城市轨道交通员工职业素养[M].2版.北京:人民交通出版社股份有限公司,2018.

[3] 丁晓昌.职业素养职业能力考试指南[M].南京:南京大学出版社,2017.

[4] 李昊轩.思想力[M].北京:中国华侨出版社,2008.

[5] 刘兰明,等.职业基本素养教程[M].北京:高等教育出版社,2009.

[6] 李霞.大学生礼仪指导与训练[M].北京:首都经济贸易大学出版社,2009.